中国金融期货交易所
China Financial Futures Exchange

50 Years of Global Foreign Exchange Futures Market:
History and Experience

全球外汇期货市场50年：
发展历程与经验借鉴

何庆文◎主编

中国金融出版社

责任编辑：李林子
责任校对：潘　洁
责任印制：程　颖

图书在版编目（CIP）数据

全球外汇期货市场50年：发展历程与经验借鉴/何庆文主编．—北京：中国金融出版社，2023.9
ISBN 978-7-5220-2151-5

Ⅰ．①全…　Ⅱ．①何…　Ⅲ．①外汇市场—期货市场—研究—世界　Ⅳ．①F831.52

中国国家版本馆CIP数据核字（2023）第171803号

全球外汇期货市场50年：发展历程与经验借鉴
QUANQIU WAIHUI QIHUO SHICHANG 50 NIAN：FAZHAN LICHENG YU JINGYAN JIEJIAN

出版发行　中国金融出版社
社址　北京市丰台区益泽路2号
市场开发部　（010）66024766，63805472，63439533（传真）
网上书店　www.cfph.cn
（010）66024766，63372837（传真）
读者服务部　（010）66070833，62568380
邮编　100071
经销　新华书店
印刷　保利达印务有限公司
尺寸　170毫米×240毫米
印张　15
字数　210千
版次　2023年9月第1版
印次　2023年9月第1次印刷
定价　64.00元
ISBN 978-7-5220-2151-5
如出现印装错误本社负责调换　联系电话（010）63263947

编委会

主　　编：何庆文

副 主 编：张晓刚　刘绍统

执行编辑：李慕春　李　莹　袁绍锋

编写组成员（按姓氏拼音排序）：

安文强　何沁阳　黄　博

黄玉彬　姜　涵　金湘姮

刘道云　刘槿轩　王莹丽

吴昳卓　杨　昊　余　翔

赵宏亮　朱徇齐

前　言

党的二十大报告提出，要坚持把发展经济的着力点放在实体经济上，推进高水平对外开放，加快建设贸易强国，有序推进人民币国际化，这为建设与综合国力相匹配的中国特色外汇市场指明了前进方向。一直以来，我国外汇市场发展始终坚持将服务实体经济放在首要位置。历经二十余年发展，境内外汇市场在产品体系丰富、交易主体多元化、交易机制完善以及市场对外开放等方面取得长足发展，已基本构建起适应经济发展的外汇市场体系。但同时应看到，境内外汇市场体系尚存外汇期货市场建设空白，外汇风险管理工具有待进一步丰富。

外汇期货是国际成熟衍生品，交易公开透明、金融普惠性强，在降低实体企业外汇避险成本，提升各类跨境投资者对冲金融资产汇率波动便利性等方面可发挥重要作用。适时推出境内人民币外汇期货，有助于增强我国外汇市场服务实体经济高质量发展、资本市场高水平对外开放以及人民币国际货币地位提升的能力。1972 年，芝加哥商业交易所成功推出全球首个以汇率为标的的期货产品，外汇期货由此诞生，也拉开了全球金融期货市场建设序幕。历经 50 年发展，外汇期货市场年成交量从最初的几十万手增长至 2022 年的近 42 亿手，发展足迹遍及全球 21 个国家（地区）的 26 个交易所。伴随人民币汇率形成机制市场化改革和人民币国际化的稳步推进，境外交易所也纷纷上市人民币外汇期货。截至 2022 年底，全球共有 11 个国家（地区）的 13 家交易所上市了人民币外汇期货，为外汇市场提供了重要的风险管理工具，其功能作用得到广泛认可。

中国金融期货交易所是全国唯一一家专门从事金融期货、期权等金融衍生品交易与结算的交易所，目前已上市股指类、利率类两条产品线共 11 个金融期货、期权品种，市场运行平稳，功能发挥良好。在中国证监会领导下，中国金融期货交易所自 2011 年起启动外汇期货产品开发工作，持续深入研究境外主要外汇期货市场建设成功经验及失败教训。基于国别研究成果，交易所编写了《全球外汇期货市场 50 年：发展历程与经验借鉴》。

本书首先介绍了全球外汇市场以及人民币外汇市场建设情况。随后从建设背景、监管与法规、产品设计和市场运行特点等角度阐释全球主要外汇期货市场发展历程，并总结相关市场建设经验与启示。同时，本书也着重研究了境外主要人民币外汇期货市场建设发展情况，为未来境内人民币外汇期货市场建设提供进一步的参考借鉴。希望本书的出版能够抛砖引玉，起到促进交流、凝聚共识，推动探索境内人民币外汇期货市场建设的作用。

中国金融期货交易所党委书记、董事长　何庆文

2023 年 7 月

目　录

第一章　全球外汇市场发展概况

第一节　全球外汇市场概览

外汇市场历史悠久，与股票、债券、大宗商品等市场共同组成现代金融市场体系。现代外汇市场发端于20世纪70年代，随着国际货币体系变革、科学技术进步、国际资本流动、金融监管完善，其在产品体系、交易机制、清算方式、监管模式等方面不断演进发展。近50年来，现代外汇市场在保持市场规模快速增长的同时，在币种分布、地理分布、参与者结构、期限结构等方面呈现结构性、趋势性变化。场内外外汇衍生品市场协同性进一步提升，推动货币兑换、资金融通、金融交易、风险管理等功能发挥更加充分。在监管部门的引导和金融科技的支持下，外汇市场在市场结构、交易机制、清算方式、监管体制等方面的变革仍将持续深化，更好地服务于我国经济高质量发展。

一、外汇市场的缘起与发展

当古埃及出现第一批金属货币时，就产生了金属货币与其他实物货币兑换的交易，这可以视为外汇交易的雏形。随着国际贸易和航海的发展，14世纪意大利北部伦巴第地区出现了经营不同国家货币兑换业务的兑换商，银行家和商人之间也开始开展货币兑换业务。20世纪70年代，布雷顿森林体系解体，在全球经济发展、科学技术进步、金融市场创新等因素的推动下，现代外汇市场逐步建立，呈现出产品体系不断丰富、市场功能逐步拓展等发展态势。同时，交易机制、清算制度、监管体系逐步完善，外汇市场功能发挥良好，运行平稳。

（一）产品体系不断丰富

现代外汇市场的交易品种涵盖外汇即期、外汇远期、外汇期货、外汇期权、外汇掉期和货币掉期（互换）等产品。外汇即期交易也称现汇交易，是指交易双方以约定的外汇币种、金额、汇率，在成交日后第二个交易日或第二个交易日以内交割的外汇交易。在外汇市场，即期交易是最基础的产品，除即期外的产品一般被定义为衍生品。即期汇率是外汇衍生品定价的重要基础，一般以基准货币为一单位，对应可兑换的标价货币的数量来报价。按照国际汇市惯例，美元兑大部分货币的汇率报价中，一般以美元为基准货币，非美元为标价货币。但欧元和大部分英联邦国家货币，如英镑、澳元、新西兰元等货币兑美元汇率报价时，美元为标价货币，非美元为基准货币。不涉及美元的交叉汇率报价，一般由相关货币兑美元的汇率套算得出。举例说明，如美元对日元汇率报价中，美元是基准货币，日元是标价货币，如市场所报价格为120，是指1美元兑换120日元；再如欧元对美元汇率报价中，欧元是基准货币，美元是标价货币，如市场所报价格为1.05，是指1欧元兑换1.05美元。

外汇远期是指交易双方约定在将来某一特定的时间，以特定的汇率交割一定数量外汇的金融合约。在外汇远期成交时，双方并未即时完成货币兑换，而是先签订合约，规定交易的货币、数额及适用的汇率，并于将来某个约定的时间进行交割。远期的功能主要是帮助交易者实现本外币资金的保值，提前锁定未来汇率，规避汇率变动带来的风险。外汇远期一般采用远期汇率全价报价，须明确合约到期日。

外汇期货是指期货交易场所统一制定的、约定在将来某一特定的时间和地点，以特定的汇率交割一定数量外汇的标准化金融合约。外汇期货与远期功能相似，主要区别有以下几点：一是远期是个性化定制产品，其货币币种、合约面值、到期时间等要素均由交易双方自行商定，而期货是标准化合约，上述要素均为全市场统一标准；二是远期在场外市场成交，主要是“一对一”交易和清算，而期货在交易所成交，是场内集中交易和集中清算；三是远期市场参与主体以大中型金融机构和大中型实体企业为主，而期货市场参与主体较为多元，除大中型金融机构和大中型实体企业外，中小企业也是重要参与对象；四是外汇远期交易面临对手方违约风险，而外汇期货市场由交易所集中管理市场风险，风险管控更聚焦市场全局。

外汇期权是指约定买方有权在将来某一时间以特定价格买入或者卖出约定外汇标的物（包括期货合约）的标准化或非标准化合约。外汇期权合约的购买方在向出售方支付一定期权费后，获得在未来约定日期，按照规定汇率买进或卖出一定数量外汇资产（现货或期货）的选择权。期权的买方有行权或不行权的选择权利，而期权的卖方只有根据买方选择履行合约的义务。外汇期权的产品要素更为复杂、损益非对称，报价方式也更为多元。一般来说，银行对客户的报价主要采用期权权利金报价的方式，银行间市场主要采用波动率报价的方式。

外汇掉期是指交易双方约定在一前一后两个不同的交易日进行方向相反的两次货币交换的金融合约。在前一次货币交换中，一方按照约定的汇率（称为近端汇率）用货币 A 交换货币 B；在后一次货币交换中，该方再按照另一约定的汇率（称为远端汇率）用货币 B 交换货币 A。外汇掉期主要解决不同货币的短期流动性管理和资金筹措问题；影响合约价格的主要因素是两种货币的利率；面临的主要风险是利率风险。外汇掉期以对应远端汇率与近端汇率的价差报价。

货币掉期（互换）是指交易双方在约定期限内交换约定数量的两种货币本金，同时定期交换两种货币利息的金融合约。货币掉期的交易双方一般在合约生效日按约定汇率交换两种货币的本金，在合约终止日再以相同的汇率、相同的金额进行一次本金的反向交换。在实践中，期初和期末可根据实际需要选择是否交换本金。在约定期限内，交易双方定期向对方支付以换入货币计算的利息金额，计息利率可以是浮动利率，也可以是固定利率。货币掉期交易的功能与外汇掉期类似，但更侧重于中长期限资产负债币种错配的风险管理；影响合约价格的主要因素也是两种货币的利率，货币掉期以互换币种相应的利率报价。

专栏一

货币掉期和外汇掉期的区别

货币掉期交易中，交易的一方在约定的期间内，定期向另一方支付货币A的利息，以换取另一方向其支付货币B的利息，两种货币的利息金额可以某一固定利率计算，也可以定期进行调整的浮动利率计算，利息的计算基于两种货币事先约定的本金数额。在合约的生效日和到期日，交易双方可以选择是否进行本金交换以及本金交换的形式。外汇掉期中，交易的一方在期初以约定汇率换入货币A，向另一方支付货币B，在期末以另一汇率从另一方换回货币B，支付货币A，这期间不涉及利息交换。因此，利率是影响货币掉期与外汇掉期的主要因素。

货币掉期和外汇掉期的区别主要有二：一是前者涉及利息交换，后者不涉及利息交换；二是前者汇率固定，两次交换的本金相同，而后者两次交换的汇率和本金不同，其差额由两种货币的利率和即期汇率决定，反映了两种货币利率水平的差异。在实践运用中，前者的期限较长，一般在1年以上，最长可达10年甚至更高，而后者成交活跃的期限一般为1年以内。从功能上看，货币掉期一般被机构用于资产负债币种错配的风险管理，而外汇掉期则会更多用于短期流动性管理和资金筹措。

（二）交易方式日趋多元

金融科技助推交易方式创新，催生了全球外汇市场结构组织形式的变革。全球外汇市场在发展早期分层明显，以银行间批发市场为中心，银行对客户零售市场为外围。随着互联网电子交易平台的兴起，银行与非银金融机构、跨国企业、财务公司等各类主体可平等参与交易，从而使外汇市场呈扁平化发展态势。随着交易方式的融合，批发市场与零售市场之间的边界越来越模糊，市场的整体结构越来越复杂。

声讯交易出现于20世纪70年代，在银行间市场以及终端零售市场都曾广泛使用。终端客户买卖外汇需要电话联系交易商银行，银行给出报价被客户接受后，该行在银行间市场向同行询价并执行对冲交易。在银行间市场，交易大多通过电话或电传进行。声讯系统的显著特征是通过一个开放式多用户电话系统将经纪商、询价—报价双方等联结起来，对各项交易要素进行传播，电话系统内的每个成员均可实时接收到系统内的报价、成交讯息。

随着计算机技术的发展普及，银行间市场逐渐实行电子化交易。1987年，路透推出了交易商之间通过双边对话达成交易的电子交易系统“Thomson Reuters Dealing”，以文字沟通代替声讯交易模式下的电话交流，交易速度、效率与准确性均得到大幅提升，其系统内的语言和编码时至今日仍在全球汇市广泛使用。1992年，路透推出了支持限价交易的电子经纪系统“Thomson Reuters Matching”。为防止路透垄断交易商间市场，1993年，12家银行联合推出了电子经纪系统（Electronic Broker System，EBS），该系统接受限价订单之后，采用价格优先、时间优先原则，自动撮合匹配成交。

互联网兴起之后，基于计算机和互联网的交易方式主要有以下四种：

一是多交易商平台。该类平台出现于20世纪90年代中期，最初是面向客户市场的终端，实现客户与客户之间的直接交易，后由于流动性不足而引进多家银行提供流动性，逐步转化成多交易商平台。此类平台一般采用订单驱动模式，如FX all、Reuters Dealing 3000等，后者至今依然是国际外汇市场大额交易常用平台。

二是单一交易商平台。这类平台一般是大银行针对本行客户所开发的交易平台，客户既可选择标准化成交，也可采用个性化的询价方式，属于报价驱动型交易平台。最早的单一交易商平台是1996年道富银行启用的FX connect（后转为多交易商平台）。2000年后，各大银行都纷纷推出了自己的电子交易平台，较知名的如德意志银行的Autobahn、巴克莱银行的BARX、花旗银行的Velocity以及摩根大通的Morgan Direct。

三是零售整合平台。2000年前后，一些非银行公司和小型银行发起了零售整合平台，旨在为个人、小型公司、资产管理人、交易公司等提供外汇交易服务。零售整合平台以外汇经纪人角色运作，将小额交易合并为大额订单推送到银行间市场进行撮合。这些平台已经实现互联互通，不同类型投资者之间都可能成为相互的交易对手。零售整合平台种类繁多，比较有代表性的有HotSpot FX、IFX Markets等。

四是算法交易和高频交易。2004年，EBS推出了Spot Ai，向银行用户开放了自动化交易接口，并于2005年向对冲基金及其他机构投资者开放。此后，以高频交易为代表的程序化交易逐步兴起，成为全球外汇交易额上升的动因之一。

专栏二

全球外汇市场成交的电子化趋势特点

根据国际清算银行（BIS）2019年外汇市场的专题报告，近年来，随着金融科技的发展，全球外汇市场成交方式不断演进，朝着电子化方向快速发展，呈现以下几个特点。

一是在做市交易商与金融机构类客户的交易中，电子化交易迅猛发展，其中即期、远期交易中电子化交易频度逐年上升，主要原因是多样化电子平台的开发提高了交易效率，降低了客户的交易成本。远期交易中通过主经纪商业务使用电子化交易达成的无本金交割远期外汇交易（NDF）显著增长，参与者主要是对冲基金与主交易商（PTF）等。表1-1依次统计了2013年、2016年及2019年声讯交易与电子化交易所占的市场份额、电子化交易中交易商之间以及交易商与金融客户之间达成的交易所占的份额、交易商与金融客户之间达成的电子化交易在即期、远期、掉期（包括外汇掉期和货币掉期）等产品上的分布情况。

表 1－1　　　　　　　　电子化交易相关份额统计

交易方式	市场份额			电子交易	市场区分			交易商与金融客户	交易品种		
	2013年	2016年	2019年		2013年	2016年	2019年		2013年	2016年	2019年
声讯交易	43%	44%	40%	交易商间	58%	54%	50%	即期	63%	65%	75%
								掉期	53%	54%	57%
电子交易	57%	56%	60%	交易商与金融客户	55%	57%	62%	远期	52%	55%	68%

二是电子交易模式在做市商银行间即期交易中呈下降趋势。虽然全球外汇交易电子化趋势明显，但在做市商间通过电子渠道达成的即期交易却在近6年来呈下降趋势，尤其是在伦敦和北美汇市中，下降趋势明显。这主要归因于做市商对即期头寸处理的内部化——做市商并未对客户头寸进行背对背平盘，而是暂时将其存放在簿记系统中，等待其被方向相反的客户头寸对冲。2019年，北美和伦敦汇市的头部交易商将即期交易“内部化”处理的比例高达80%，亚太和欧洲的头部交易商将即期交易“内部化”处理的比例也高达60%。此外，近年来算法交易兴起，电子交易商间经纪平台上订单深度的下降，也是造成银行间做市商即期电子交易下降的另一个原因。2004年，EBS平台算法交易与传统手动交易之比尚且微乎其微，2007年已突破25%，2010年突破50%，2019年算法交易在EBS上的占比已超过75%。

三是随着交易在多银行平台展开，市场被进一步细分。由于交易成本较低，近年来多银行交易平台是交易量增长最快的电子交易方式。多银行平台既支持订单驱动的匿名撮合交易，也支持传统的询价交易。算法交易在执行较大金额的交易时效率较高，经验丰富的客户偏好运用算法交易将大额订单分散到不同期限及多个电子场所。自2013年以来，对冲基金执行算法交易的频率稳定在22%左右；基金管理者的使用频率逐年升高，由2013年的12%增长至2018年的27%。银行对算法交易的使用频率一直不高，2018年才超过10%。多银行平台所占的市场份额分析结果显示，排名最高的两个平台为Refinitiv和FX Connect，所占份额分别为32.7%、28.3%；排名第3～6位的分别是 Bloomberg、Currenex、360T、EBS，所占份额在5% ~10%。

（三）双边逐笔清算向集中清算拓展

外汇交易涉及两个国家（地区）的货币，由此产生的货币清算机制在不同场景中有所不同。当外汇交易双方都是境内主体时，一般通过中央银行设立的境内外汇支付结算系统进行清算，支付指令逐笔发送，实现实时全额结算（Real Time Gross Settment，RTGS）。当外汇交易双方涉及跨境主体时，可采用分散的双边支付清算安排和集中的多边支付清算安排。其中，分散的双边支付安排，依靠两国银行之间双边直接往来，不依靠中介机构或中间系统，通过计算机网络远程连接合作伙伴银行，其实质是通过两个国家两种货币各自相对独立的清算系统来完成的；在集中的多边支付清算系统下，参与成员的信息是通过一个集中式的机构进行处理的。

即时性原则是外汇清算的基本原则，是指在交易清算过程中能消除从付款指令发出到清算最终结束之间的时差，从而可以消除清算风险敞口。从国际经验来看，受两国地理位置、时间区域的差异制约，两种货币的清算很难同时进行，致使分散的双边系统可能挑战"即时性"原则，存在清算风险。[①] 为减少外汇交易清算风险，保障款项安全交收，维持国际金融市场稳定，各国中央银行不断完善跨国多边支付清算系统。1997 年，巴克莱、汇丰、摩根等 20 家全球最活跃的外汇交易银行发起成立了持续联系结算银行（Continuous Linked Settlement Bank，CLS），承担持续联结清算系统的运营。

CLS 采用会员制，各清算会员在 CLS 开设一个多币种账户，同时 CLS 在所有的清算货币发行国的中央银行开设账户并与其国内的实时全额结算系统连接。资金通过货币发行国的实时全额结算系统支付给 CLS 在其央行开设的账户。反之，CLS 也通过清算货币币种发行国的实时全额结算系统向清算会员在央行的账户划付资金。由此可见，CLS 本质是各国国内实时全额结算系

① 在外汇市场历史上，曾经出现过因两个国家的支付体系不在相同的时间段运作，外汇交易的一方已经完成了资金汇划，但另一方却不能完成应付货币划转的风险，即赫斯塔特风险。

统在国际外汇清算中的互联通道。

CLS 系统严格遵守"同步支付"原则（Payment vs Payment），即每一笔外汇交易的双边支付指令匹配并同时进行清算。CLS 是清算各方的中介，并非交易对手，其主要特点有：一是付款和清算同时进行，只有当交易双方开设在 CLS 的账户里都有足够的交易货币资金，才会进行清算，且为不可撤销的最终清算，从而保证一笔外汇交易的两种货币收付能够同时进行；二是不需要单独的抵押担保，按照同步支付原则，CLS 的某个成员在支付某一币种的同时，将收到等值的另一种货币，因而可以均等地保护交易双方利益。

尽管 CLS 不是中央对手方，但是因具有连续性、联结性特征，兼具全额与净额清算系统的优势。从连续性看，与实时全额结算一样，在工作日内连续运转，提供实时、连续和具有终结性的清算，从而提高各币种资金的跨境清算效率；从联结性看，由于交易双方货币的交付联结，双方货币交付可同时完成，因而具有净额清算对多边头寸轧差的功能，从而大大缩减清算敞口的量。CLS 认为，多边净额清算方法将资金需求平均缩减了 96% 以上。截至 2022 年 6 月末，CLS 提供与 18 种主要货币相关的外汇交易支付指令结算服务，每天结算量超过 5.5 万亿美元。

2008 年国际金融危机后，为防范系统性金融风险，维护金融市场稳定，全球积极推进场外衍生品集中清算业务。2010 年，美国出台《多德—弗兰克华尔街改革与消费者保护法案》（以下简称《多德—弗兰克法案》），支持符合条件的中央清算机构向场外外汇市场提供清算服务。此后，芝加哥商业交易所（CME）、洲际交易所（ICE）等具有中央清算资格的基础设施，陆续开展针对场外外汇市场的集中净额清算业务。在此背景下，CLS 建立 CLS Cleared FX 平台，为中央对手方及其清算会员提供场外外汇交易产品的同步交收结算服务。2015 年，伦敦清算所集团（LCH）接入 CLS Cleared FX。

（四）外汇市场功能不断深化

外汇市场的传统功能是货币兑换，随着产品体系的丰富、投资者结构的完善，外汇市场的需求被逐步激发，市场功能不断深化。首先，一国企业或个人到另一国创办新企业、收购外资股权等直接对外投资，以及购买外国债券、股票、基金等间接对外投资，均需要将持有货币转换为投资所在国的货币，由此产生外汇交易；一国政府或企业为利用较低的外资成本，从外国贷款或在境外发行债券、股票、基金，并将所融资金用于本国国内，也将产生外汇交易。其次，在汇率波动成为常态的浮动汇率制下，无论是进出口企业收付汇，还是跨国投资机构出于金融资产保值需求，都需要有效规避汇率风险，由此产生外汇交易。最后，汇价的变动蕴藏着获利空间，没有贸易背景或投融资背景的机构或个人，也可以基于自身对汇价未来走势的预期判断，通过在外汇市场上的低买高卖等行为攫取利润，从而产生外汇交易。

（五）行业监管转向政府监管与自律管理相结合的模式

国际外汇市场是典型的场外市场，由于各国货币国际化程度不同，对资本项目的管制程度也不同，所以各国对外汇市场监管尺度有所差异。长期以来，外汇市场以行业自律管理为核心，监管当局通过对银行等外汇市场的主要参与者的交易准入、交易行为进行管理，以此规范银行间市场和银行柜台市场。

近年来，各国监管机构越来越重视国际外汇市场的各类风险。2017 年 5 月，由 16 个国家（地区）的外汇市场委员会（FX Committee）联合组成的全球外汇委员会（Global Foreign Exchange Committee，GFXC）在伦敦召开第一次会议，宣告了 GFXC 的成立，并发布《全球外汇市场准则》。该委员会旨在汇聚各国央行等国际汇市参与者，共同建设一个稳健、公平、流动性高、适度透明的国际汇市，使所有参与者均能高效、规范地参与外汇交易。该委员会会员一般由各国央行组成，定期会晤（每年至少一次），组织市场参与者对《全球外汇市场准则》的制定和执行进行调查。美国外汇交易委员会、伦敦外汇联合委员会、东京外汇市场委员会、中国外汇交易委员会等重要经济体的外汇委员会均为其成员。需要指出的是，《全球外汇市场准则》并不对市场参与者构成法律法规上的约束，仅仅是对全球外汇市场良好实践和流程的明确，是对有关国家或地区法律法规和监管的补充，并非替代监管。

随着国际汇市风险案例的出现，各国监管部门普遍通过制定法律法规，建立交易报告库，在压实自律监管责任的同时加强对外汇市场的制度监管。例如，美国商品期货交易委员会（CFTC）依据《商品交易法》，负责外汇衍生品交易行为管理，对市场欺诈、操纵等不当交易行为进行直接监管；美联储、货币监理署等根据《联邦存款保险法》，监管其下辖机构的外汇交易行为。

二、外汇市场发展整体情况

（一）外汇市场发展迅速

从1995年开始，国际清算银行每3年发布一次外汇市场运行情况统计报告。国际清算银行最新的统计数据显示，2022年，全球场外外汇市场日均成交7.508万亿美元①，约是全球日均GDP的30倍，较2019年增长14.1%。2022年，全球场内外汇衍生品市场日均成交约0.152万亿美元，较2019年增长19.7%，增速为2010年以来的历史新高。

2010年以来，外汇市场经历长达12年的快速增长，如图1－1所示，2013年日均成交突破5万亿美元。2010—2022年，日均成交金额由3.973万亿美元增长至7.508万亿美元，报告期内平均每3年增长超过18%。在此期间，全球外汇市场除2016年出现负增长外，其他时期均保持平稳增长势头。

从各品种成交情况来看，2010—2022年，外汇即期交易额保持平稳增长，外汇掉期等场外衍生品交易额增长势头强劲。如图1－2所示，外汇即期日均交易额由1.489万亿美元上升至2.107万亿美元，增长41.50%；外汇掉期日均交易额由1.759万亿美元上升至3.810万亿美元，增长116.60%；外汇远期日均交易额由0.475万亿美元上升至1.163万亿美元，增长144.84%；货币掉期日均交易额由0.043万亿美元上升至0.124万亿美元，增长188.37%；

① 此处为单边口径。外汇交易涉及两个货币对，本书按币种统计时市场总份额为200%。

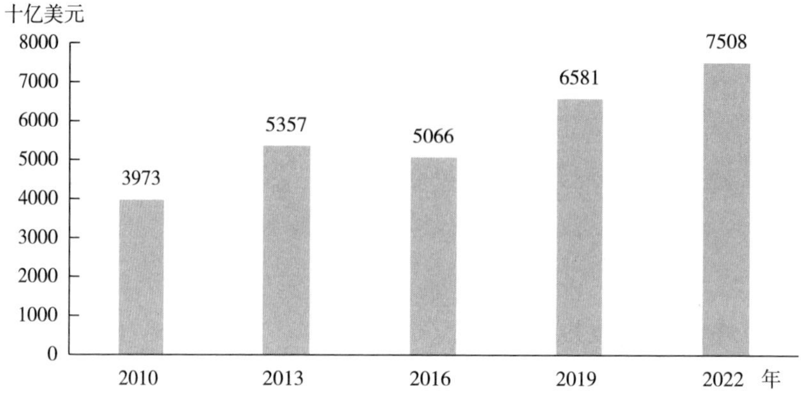

图 1－1　2010—2022 年全球场外外汇市场日均交易金额

（资料来源：国际清算银行三年一度的外汇市场调查报告）

期权及其他日均交易额由 0.207 万亿美元上升至 0.304 万亿美元，增长 46.86%。日均交易额增速方面，与 2019 年相比，2022 年各成交品种中，外汇掉期日均交易额增速最高，为 19.14%；外汇远期、货币掉期、外汇即期、期权及其他产品的交易额增速依次降低，分别为 16.53%、14.81%、6.47%、

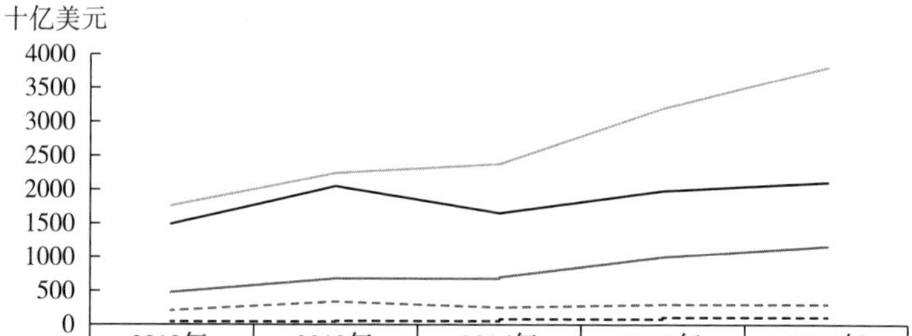

	2010年	2013年	2016年	2019年	2022年
外汇即期	1489	2047	1652	1979	2107
外汇远期	475	679	700	998	1163
外汇掉期	1759	2240	2378	3198	3810
货币掉期	43	54	82	108	124
期权及其他	207	337	254	298	304

图 1－2　2010—2022 年主要外汇产品交易额变化趋势

（资料来源：国际清算银行三年一度的外汇市场调查报告）

2.01%。交易额占比方面，如图 1－3 所示，2010—2022 年，外汇即期交易占比由 37.48% 下降至 28.06%，以外汇掉期为主的场外外汇衍生品市场份额相应上升。2022 年，外汇掉期交易在五类场外外汇产品中占比最高，超过 50%，其次为外汇即期、外汇远期、期权及其他和货币掉期，份额分别为 28.06%、15.49%、4.05%、1.65%。

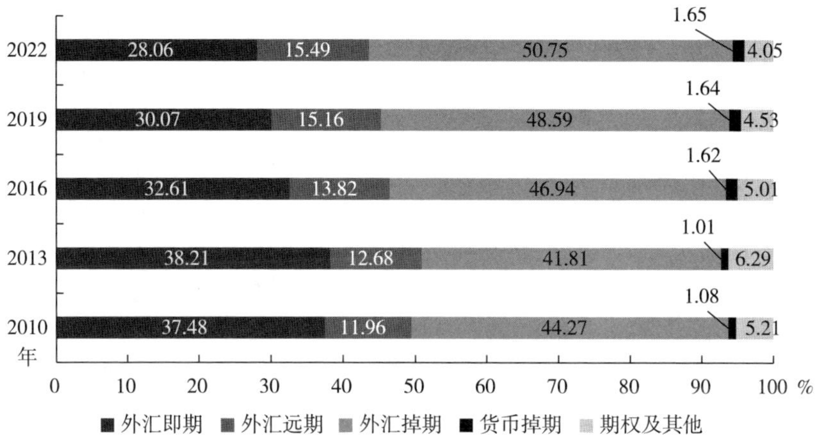

图 1－3　2010—2022 年外汇即期与场外外汇衍生品市场份额概况

（资料来源：国际清算银行三年一度的外汇市场调查报告）

（二）各外汇衍生品功能有所不同，期限结构存在差异

外汇掉期主要是管理流动性风险的工具，成交期限集中在 7 天以内。外汇掉期在期初和期末涉及两种货币的本金交换，对应时点相应货币头寸发生双向流动，实现货币头寸期限结构的调整，是一种被广泛用于调节外币头寸和外币融资的利率工具，兼具部分汇率风险管理功能。因此，外汇掉期以短期交易为主，是流动性管理的重要工具。如图 1－4 所示，2022 年 7 天以内期限掉期交易额较 2019 年增长超过 30%，占比超过 71%，较 2019 年提高近 7 个百分点。

外汇远期是直接管理汇率风险的工具，成交期限以 3 个月以内为主。如图 1－5 所示，2022 年，3 个月以内合约交易合计占比为 89.4%。其中，7 天以内、7 天至 1 个月、1～3 个月 3 种期限的占比分别为 32.9%、28.1%、28.4%，而 3～6 个月和 6 个月以上期限合计占比仅为 10.6%。值得注意的是，7 天以内的外汇远期交易占比在 2022 年有所上升。如图 1－6 所示，2010 年以来，外汇远期交易中 7 天以内期限交易份额总体呈现下降趋势，但 2022 年有所反弹。2010—2019 年，7 天以内外汇远期交易份额占比由 46.1% 下降至 26.9%；2022 年，7 天以内期限合计交易份额占比从 2019 年的 26.9% 上升至 32.9%，上升 6 个百分点。

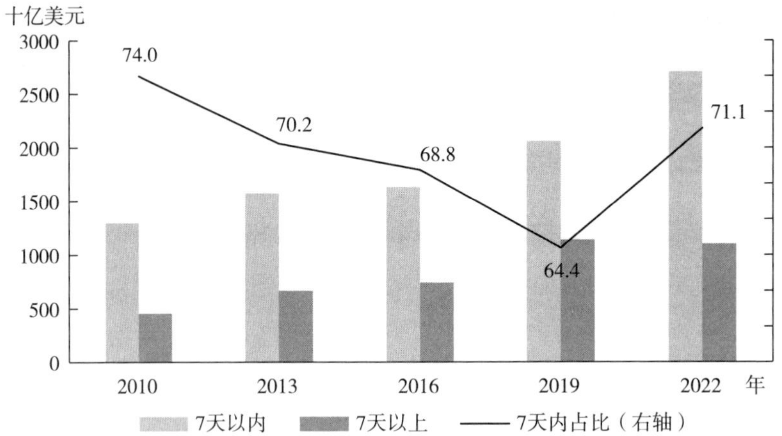

图 1－4　2010—2022 年外汇掉期交易期限分布

（资料来源：国际清算银行三年一度的外汇市场调查报告）

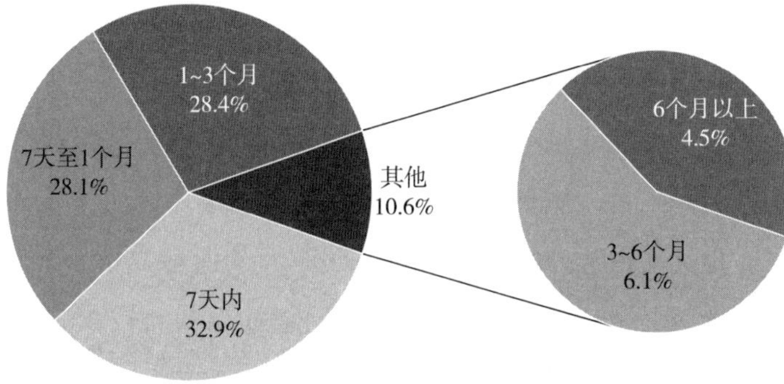

图 1－5　2022 年外汇远期交易期限分布

（资料来源：国际清算银行三年一度的外汇市场调查报告）

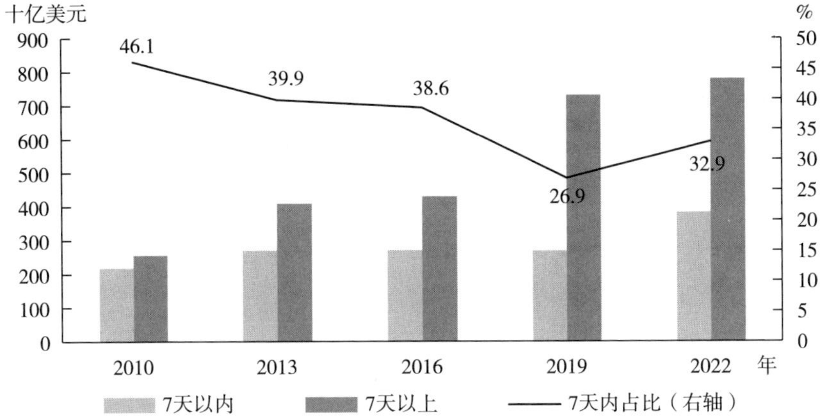

图 1－6　2010—2022 年外汇远期交易期限分布

（资料来源：国际清算银行三年一度的外汇市场调查报告）

（三）场内外汇衍生品市场规模有限，但近年来进入平稳增长阶段

场内外汇衍生品规模相对有限，在全部外汇交易中占比在 5% 以下，但近年来交易额呈现平稳增长态势。如图 1－7 所示，2010—2022 年，场内衍

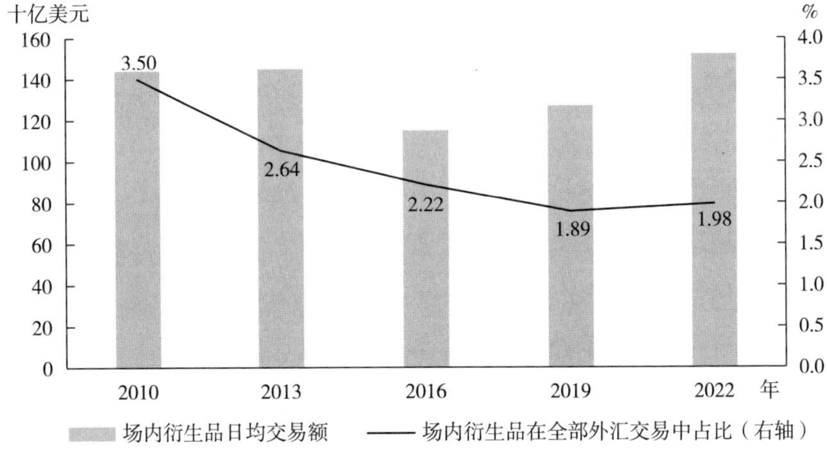

图 1－7　2010—2022 年全球场内外汇衍生品市场日均交易规模

（资料来源：国际清算银行三年一度的外汇市场调查报告）

生品日均交易额先是由2010年的0.14万亿美元降至2016年的0.12万亿美元，此后逐步恢复增长至2022年的0.15万亿美元，较2019年增长19.7%，为近10年最高增速水平。伴随市场规模的变化，场内外汇交易的市场占比在2022年止跌回升。2010—2019年，外汇场内衍生品的市场占比由3.50%逐步降至1.89%，2022年上涨至1.98%。

（四）主要外汇交易中心地位稳定，新兴市场尤其是中国境内市场影响力逐步增强

一是主要外汇交易中心地位稳定，但内部有所分化。如图1-8所示，2010—2022年，英国、美国、日本、新加坡、中国香港、瑞士一直是全球排名靠前的外汇交易中心。近10年，上述外汇交易中心的交易额保持在全球外汇交易额的75%以上。其中，英国和美国份额在波动中保持相对稳定，日本份额逐渐被超越。2010—2022年，英国市场份额在36.7%～43.2%之间波动；美国市场份额在16.5%～19.5%之间波动；日本市场份额由6.2%下降至4.4%；新加坡和中国香港市场份额分别由5.3%和4.7%上升至9.4%和7.1%。自2016年起，新加坡和中国香港外汇交易份额超过日本。2022年，英国外汇交易份额较2019年下滑5.1个百分点，占比下降至38.1%，但仍然保持第一。相应美国和新加坡则分别增长2.9个百分点和1.7个百分点。

二是新兴市场扩张速度放缓，中国境内市场份额稳步提升。如图1-9所示，2010—2022年，新兴市场扩张速度相对放缓，各市场占比趋于稳定。以金砖国家为例，近10年，各市场占比变化相对较小，除中国境内外，其他市场规模均呈现相对收敛的趋势。2022年，巴西、印度、中国境内和南非的市场占比分别为0.21%、0.54%、1.55%和0.16%，与2019年数据基本持平。自1994年中国外汇交易中心成立以来，中国境内场外外汇市场增长速度迅猛，全球占比从不足0.1%增至1.55%，提升很快，增长速度居新兴市场首位。

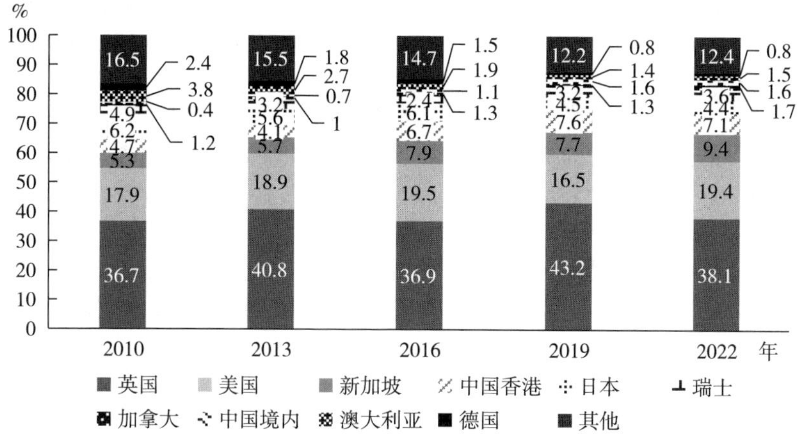

图 1－8　2010—2022 年全球外汇市场地区份额变化

（资料来源：国际清算银行三年一度的外汇市场调查报告）

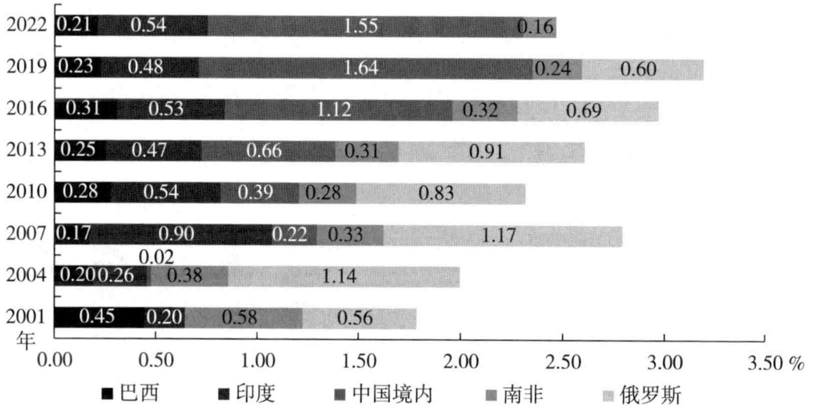

注：2022 年由于俄乌冲突俄罗斯没有相关数据。

图 1－9　2001—2022 年新兴市场外汇市场份额变化

（资料来源：国际清算银行三年一度的外汇市场调查报告）

（五）外汇市场的主要参与主体为金融机构

国际清算银行将国际外汇市场的参与者分为三类：做市交易商、非做市金融机构及非金融机构。其中，做市交易商是指在国际外汇市场上交投活跃，并承担在市场上实时报价、提供流动性的金融机构，主要包括全球大型商业银行、投资银行以及证券公司等金融机构；非做市金融机构不承担报价、提供流动性等做市义务，主要包括地区性中小商业银行、投资银行、证券公司，自营交易商、机构投资者以及中央银行等；非金融机构是指实体企业、政府的非金融部门、直接与做市交易商达成交易的个人等。国际清算银行以做市交易商申报的外汇交易的交易对手类型为依据对交易进行分类，做市交易商的交易对手包括三类，分别是其他做市交易商、非做市金融机构和非金融机构。全球外汇市场交易者结构方面呈现如下两方面特征：

一是外汇市场的参与主体为金融机构，做市交易商与非做市金融机构之间的交易占主导，但份额有所下降。金融机构是外汇市场的活跃交易商，是外汇市场最重要的参与主体。如图 1－10 所示，2010—2022 年，金融机构在外汇市场的交易占比由 86.6% 提升至 94.3%，上升 7 个百分点；非金融机构的市场份额呈现逐年下滑趋势，从 13.4% 降至 5.7%。2010—2019 年，做市交易商之间交易的市场占比在 40% 左右。2022 年，做市交易商间日均交易为 3.462 万亿美元，较 2019 年增长 37.2%，市场占比为 46.1%，较 2019 年提高 7.8 个百分点。非做市金融机构日均交易为 3.622 万亿美元，占比为 48.2%，较 2019 年下降 6.4 个百分点。

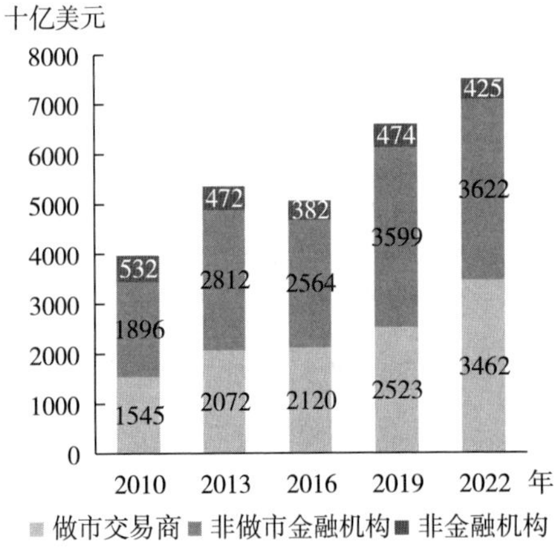

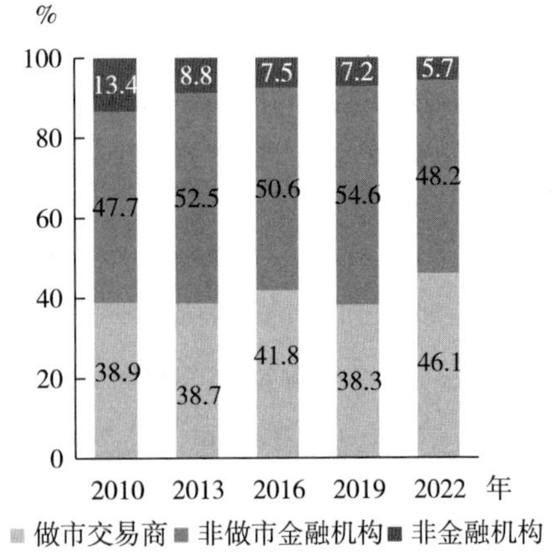

图 1－10　2010—2022 年做市交易商交易对手结构变化

（资料来源：国际清算银行三年一度的外汇市场调查报告）

二是与做市交易商发生交易的非做市金融机构以银行为主。非做市金融机构是做市交易商之外的其他金融机构，分为非做市银行、机构投资者、对冲基金和自营交易商、官方金融机构和其他金融机构。① 如图 1－11 所示，2022 年，与做市交易商发生交易的非做市金融机构以非做市银行为主，日均交易额为 1.619 万亿美元，占比为 45%；机构投资者次之，日均交易额为 0.847 万亿美元，占比为 23%；对冲基金和自营交易商以及其他金融机构规模较小，日均交易额分别为 0.514 万亿美元和 0.522 万亿美元，占比均为 14%；而官方金融机构和其他类别参与者的市场份额最低，日均交易额分别为 0.099 万亿美元和 0.022 万亿美元，占比分别为 3% 和 1%。

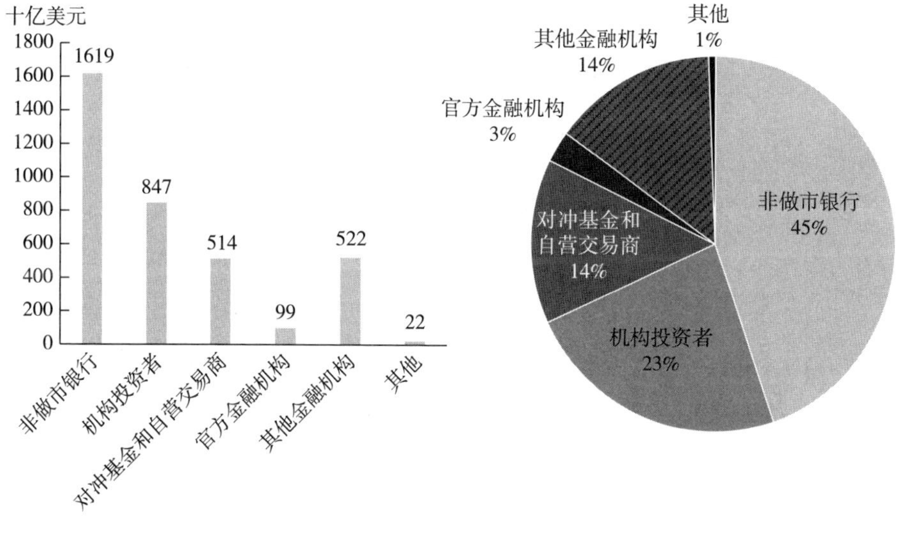

图 1－11　2022 年非做市金融机构参与外汇市场情况

（资料来源：国际清算银行三年一度的外汇市场调查报告）

三、全球外汇市场的币种特征

从全球外汇市场的交易币种来看，美元居于市场主导地位，欧元、日元、

① 非做市银行主要包含不承担做市义务的中小商行、中小投行、中小券商；机构投资者包含各类基金、保险及再保险公司等以套保、投资风险管理为目的参与交易的金融机构；官方金融机构包含中央银行、主权财富基金、BIS、IMF 等。

英镑等发达经济体货币的市场份额相对稳定，其他发达经济体货币整体呈现下滑态势，新兴市场货币崛起。人民币在新兴市场货币中表现最为突出，已成为全球第五大交易货币。

（一）美元占据全球外汇市场成交的主导地位

如图1－12所示，2022年，美元日均交易规模占比高达88.5%，主导地位稳固。欧元日均交易规模占比较2019年小幅下降至30.5%。日元和英镑交易的占比基本保持不变，分别为16.7%和12.9%。前十大交易货币中，人民币、加元和新加坡元交易占比显著提升，分别由4.3%、5.0%、1.8%上升至7.0%、6.2%、2.4%；港元交易占比有所下降，由2019年的3.5%降至2022年的2.6%，为第九大交易货币。

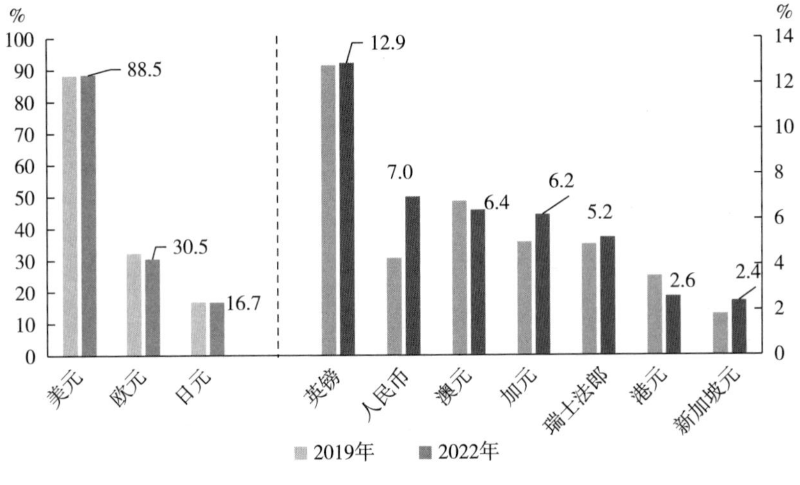

图1－12　2019—2022年前十大货币外汇交易份额情况

（资料来源：国际清算银行三年一度的外汇市场调查报告）

如图1－13所示，2022年前十大货币对均为美元兑其他币种，美元兑欧元、美元兑日元、美元兑英镑仍为前三大货币对，交易占比分别为22.7%、13.0%和9.5%。2019—2022年，前十大货币对中美元兑欧元、美元兑澳元、美元兑港元、美元兑韩元的市场份额有所下降，其中美元兑欧元市场份额降至

22.7%，美元兑港元的市场份额降至2.4%，为第八大货币对。2022年美元兑人民币元市场份额升至6.6%，为第四大货币对，体现了我国经济实力的提升。

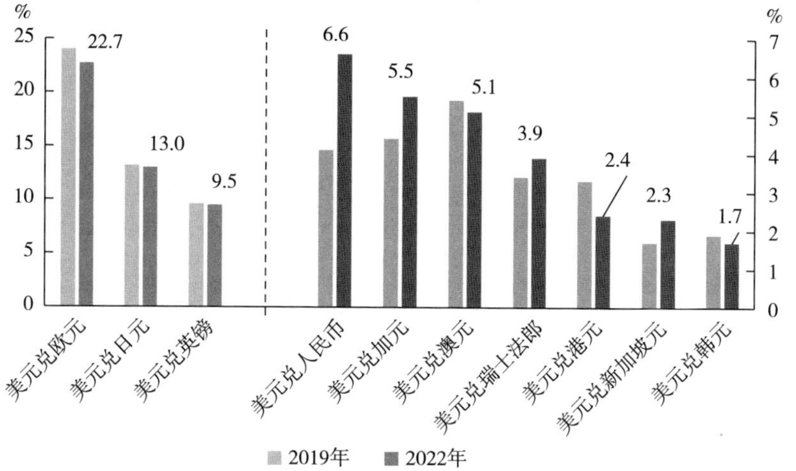

图1-13　2019—2022年前十大货币对交易市场份额情况

（资料来源：国际清算银行三年一度的外汇市场调查报告）

（二）新兴经济体货币①占比显著提升，成交结构与发达经济体趋同

近20年来，新兴经济体货币交易份额不断提高。如图1-14所示，2022年，新兴经济体货币日均成交规模达1.38万亿美元，较2019年增长16.85%；发达经济体货币的日均成交金额13.335万亿美元，较2019年增长13.25%。2022年，新兴经济体货币在全球外汇成交规模中的占比为18.4%，较2001年提高13.4个百分点。

新兴经济体货币的成交结构与发达经济体趋同。如图1-15所示，从成

① 按照BIS在2022年12月发布的季度回顾，发达经济体货币包括：美元、欧元、日元、英镑、澳元、加元、瑞士法郎、瑞典克朗、丹麦克朗、挪威克朗、港元、新加坡元、新西兰元；新兴经济体货币包括：人民币、韩元、墨西哥比索、印度卢比、俄罗斯卢布（2022年未披露相关数据）、南非兰特、土耳其里拉、巴西雷亚尔、波兰兹罗提、泰铢、印度尼西亚卢比、匈牙利福林、捷克克朗、以色列新谢克尔、智利比索、菲律宾比索、哥伦比亚比索、沙特里亚尔、马来西亚林吉特、秘鲁索尔、阿根廷比索。

交产品的结构看，新兴经济体与发达经济体货币的外汇即期占比均趋势性下降，且比例相仿，均为27%左右。从交易对手类型结构看，金融客户是驱动外汇市场发展的重要力量，新兴经济体外汇市场中金融客户占比规模呈现上升趋势，2022年占比为48%，与发达经济体已相仿。

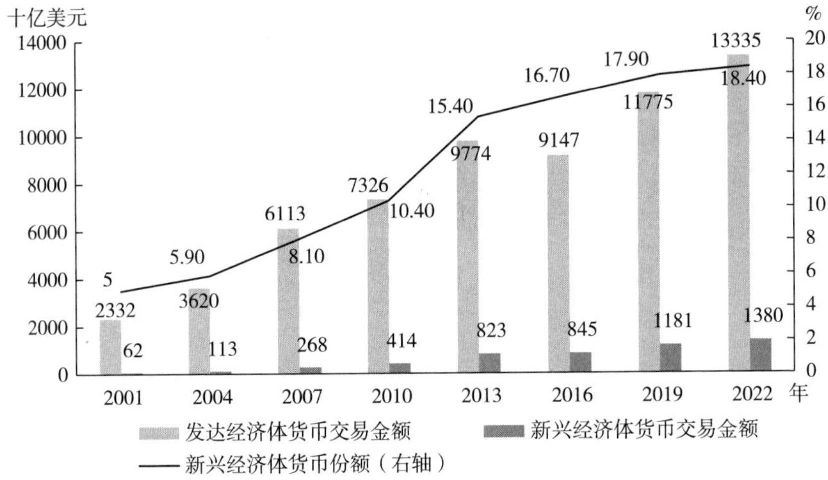

图1－14　2001—2022年发达经济体与新兴经济体货币交易金额情况

（资料来源：国际清算银行三年一度的外汇市场调查报告）

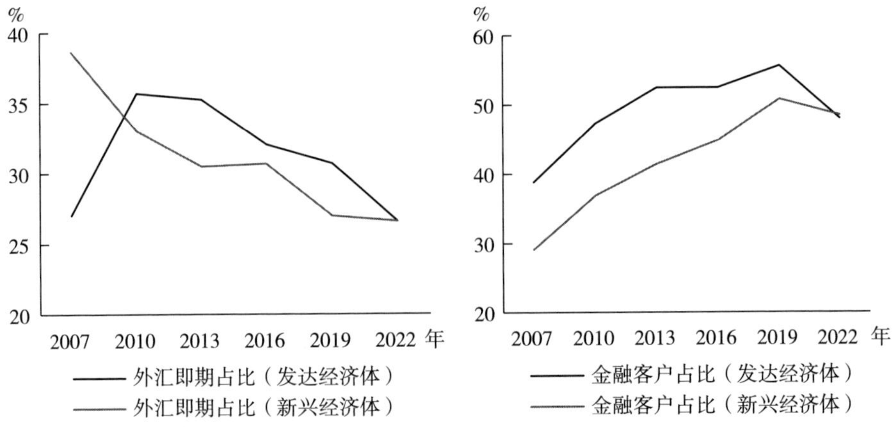

图1－15　2007—2022年即期交易金额占比及金融客户交易占比

（资料来源：国际清算银行三年一度的外汇市场调查报告）

（三）人民币交易规模增长迅猛，成为第五大交易货币

2022 年，人民币超过澳元、加元和瑞士法郎，跃升成为全球第五大交易货币，日均交易规模达 0.53 万亿美元，较 2019 年增长 84.6%，市场规模占比为 7.0%，较 2019 年提高 2.7 个百分点，是 2022 年国际清算银行统计的 39 种货币中上升幅度最大的币种。具体表现为以下四个方面特征：

一是从区域分布来看，境内在岸人民币市场份额增长放缓，但英国、新加坡、美国等离岸人民币市场发展迅速。如图 1－16 所示，全球人民币交易的 90% 以上集中在中国香港、中国境内、新加坡、英国、美国等地。在岸人民币市场方面，2022 年境内份额较 2019 年有所下降，由 28.0% 降至 17.4%，降幅达 10.6 个百分点。离岸人民币市场方面，尽管中国香港依然是最大的人民币外汇交易中心，但其市场份额已呈下降趋势，由 2013 年的 33.5% 下降至 2022 年的 28.2%。中国境内和中国香港市场合计占比也于 2022 年首次降至 50% 以下。相应地，英国、新加坡及美国交易占比提升显著。2022 年，英国人民币交易占比已升至 21.9%，首次超过中国境内交易份额；新加坡、美国交易份额分别达 14.9%、12.4%，较 2019 年分别增长 3.1 个百分点、4.1 个百分点。

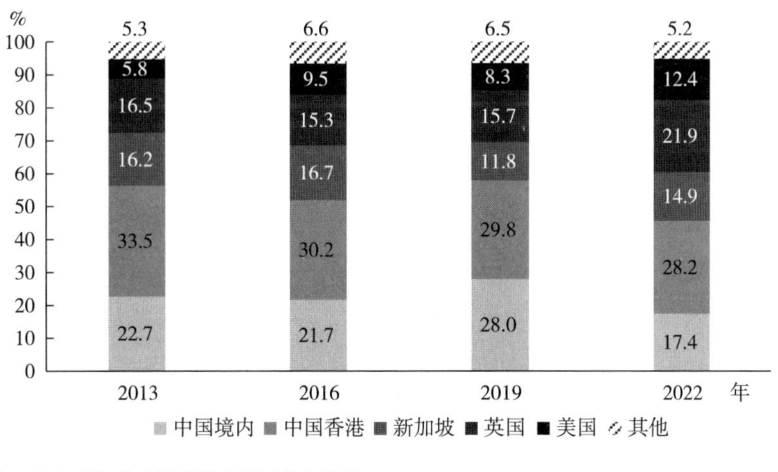

注：2013 年以前人民币没有地区分布数据。

图 1－16　2013—2022 年人民币交易活跃地区分布变化

（资料来源：国际清算银行三年一度的外汇市场调查报告）

二是从交易者结构来看，非银金融机构的人民币交易增长显著。人民币交易的主要参与者为做市交易商、非做市银行、机构投资者、对冲基金和自营交易商及非金融公司。如图 1－17 所示，做市交易商和非做市银行一直是人民币交易的主要参与者，近 10 年二者合计占比保持在 66.5%～79.5%之间。机构投资者、对冲基金和自营交易商是主要的非银金融机构投资者，2022 年，非银金融机构市场参与率显著提升，交易占比合计达 17.39%，较 2019 年提升近 8 个百分点。

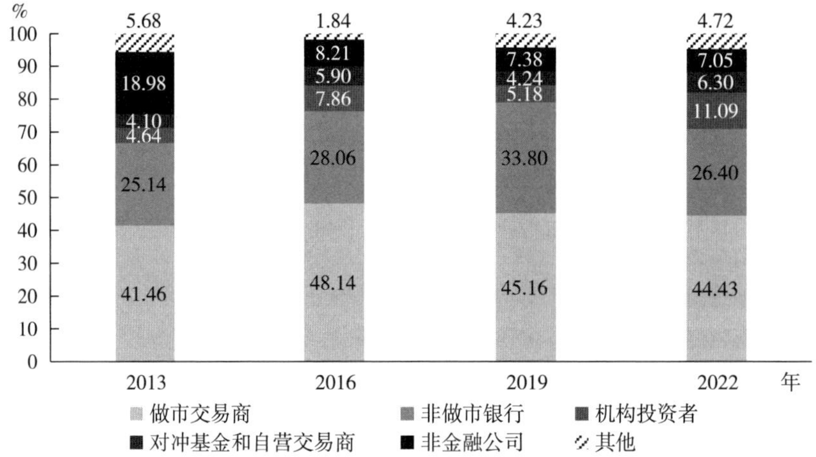

图 1－17　2013—2022 年人民币交易对手方构成情况

（资料来源：国际清算银行三年一度的外汇市场调查报告）

三是从交易品种来看，人民币外汇期权规模增长显著，市场占比提升明显。如图 1－18 所示，2019—2022 年，人民币外汇期权成交金额增长明显，由日均 141 亿美元增至 527 亿美元，增长 273.76%。人民币外汇期权交易占比相应翻倍，由 5%上升至 10%。不同于远期和掉期产品，期权交易对标的资产的波动率变化更加敏感，人民币外汇期权交易的提升也体现了人民币汇率双向波动趋势的增强。

四是从场内标准化衍生品成交情况来看，近 10 余年，人民币外汇期货进入高速增长的新阶段。如图 1－19 所示，2011—2022 年，人民币外汇期货交易规模总体呈较快增长趋势，日均交易额由 500 万美元上升至 78.9 亿美元，年均增长 124.61%。分阶段来看，2017 年人民币外汇期货日均成交额首次突破 10 亿美元，2019 年接近 50 亿美元，此后两年保持基本稳定。随着人民币汇率波动提升，人民币外汇期货成交额恢复较快增长。2022 年，人民币外汇期货日均成交额达 78.9 亿美元，较 2021 年增长 60.04%。

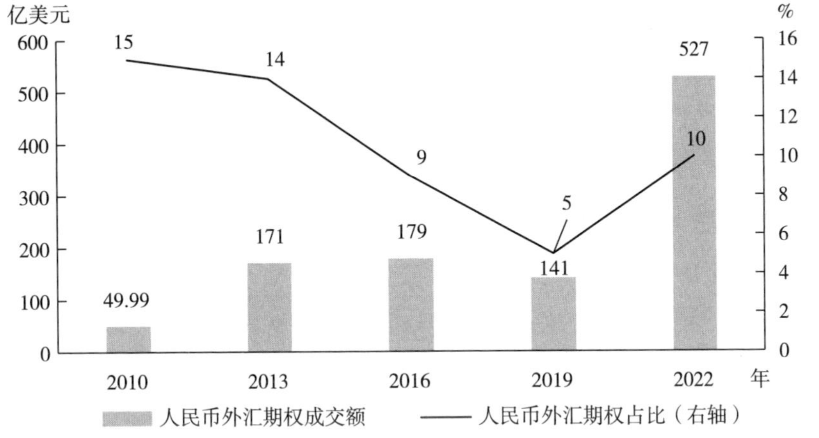

图 1－18　2010—2022 年人民币外汇期权交易情况

（资料来源：国际清算银行三年一度的外汇市场调查报告）

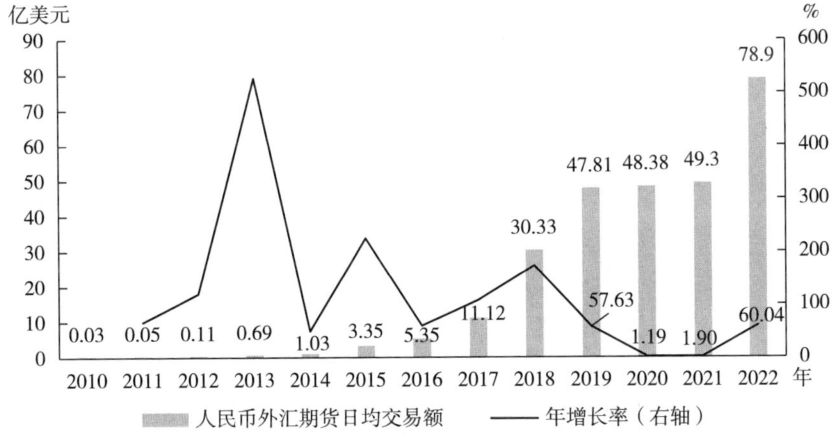

图 1－19　2010—2022 年人民币外汇期货日均交易额及年增长率

（资料来源：国际清算银行三年一度的外汇市场调查报告）

四、全球外汇市场总结与展望

外汇市场因应国际贸易和投资的需求而生，是支撑金融要素跨国流通的基础性市场，为全球各地的货币市场、资本市场和大宗商品市场提供外资入场和规避汇兑风险的通道。外汇市场可以在无形的场外市场以两两询价或有限撮合成交、逐笔或多边净额清算，也可以由交易所组织，在场内以标准化合约竞价撮合成交、集中净额清算，但总的来说场外交易占主导地位。

从交易货币和成交规模来看，发达经济体是外汇市场交易主要发生地，但近年来新兴市场经济发展强劲，相关币种成交快速增长，表现亮眼。外汇市场的交易手段高度依赖金融科技，近年来电子化交易突飞猛进，除商业银行外的各类金融机构，如对冲基金、投资银行、资产管理公司等参与的高频交易、算法交易，使外汇市场的成交模式和参与结构都发生了显著的变化。

近半个世纪以来，全球场外与场内外汇市场各有优势、互有分工，在发展过程中取长补短，在交易机制、市场架构、清算模式、监管体制等方面呈现出融合的趋势。未来，外汇市场将以场外、场内交易多角度、全方位的融合为主线，在金融科技的推动下不断演进。场内与场外外汇市场的边界或将逐渐模糊，各类工具的跨市场运用将成为常态，两个市场将进一步协同发展，互融共促，共同服务于经济全球化进程。

第二节　全球外汇期货市场发展历程及现状

作为全球首个金融期货产品，外汇期货诞生于1972年，并引领了利率、股指等金融期货品种的产生，拉开了场内金融衍生品市场创新发展的序幕。芝加哥商业交易所（CME）成功推出外汇期货后，澳大利亚、英国、日本、德国等成熟经济体纷纷在本土推出外汇期货。20世纪90年代后，以巴西、俄罗斯、南非、印度等金砖国家为代表的新兴市场开始在本土上市外汇期货。目前，全球共有21个国家（地区）的26家交易所上市了外汇期货。作为金融期货的鼻祖，外汇期货在风险管理、促进价格发现和优化资源配置等方面发挥了积极作用。

一、外汇期货市场的产生

布雷顿森林体系解体后，各国汇率制度由固定走向浮动，资本项目开放进程持续深化，外汇现货市场不断壮大，市场汇率避险需求显著增加。在此背景下，外汇期货市场应运而生，并实现与现货市场的协同发展。1972 年，CME 正式建立国际货币市场（IMM），并成功推出外汇期货。外汇期货市场的建立有着深刻历史背景，主要有以下几个方面：

一是汇率弹性增强，催生了强烈的汇率风险管理需求。20 世纪 70 年代初期，伴随欧洲美元市场的形成、外汇管制的放松，以及国际资本市场的发展，以固定汇率制为特征的布雷顿森林体系趋于瓦解，市场所面临的汇率风险逐步暴露。尤其是 1971 年 8 月，尼克松政府宣布暂停美元兑换黄金，美国政府不再承担兑换黄金的义务，直接导致外汇市场出现剧烈波动，市场需要能够直接高效管理汇率风险的工具。在此背景下，以 CME 为代表的期货交易所纷纷致力于外汇期货创新。在美国实行浮动汇率制度后，日本、澳大利亚等纷纷放弃其货币与美元的固定汇率，实行浮动汇率制，为满足市场对汇率风险的管理需求，这些经济体陆续在本土上市了外汇期货（见表 1 –2）。

表 1 –2　　部分国家外汇期货推出时间

国家	汇率制度变化	资本项目可兑换进程	外汇期货推出年份
巴西	1999 年正式实行自由浮动汇率制度	1996 年基本实现资本项目可兑换	1987
日本	1973 年开始实行浮动汇率制度	1984 年取消外汇交易实需原则和日元兑换限制，1989 年外汇管制基本全部取消	1989
澳大利亚	1983 年开始实行浮动汇率制度	1983 年取消资本项目管制	1980 年和 2001 年两次推出，现已摘牌

续表

国家	汇率制度变化	资本项目可兑换进程	外汇期货推出年份
俄罗斯	1992年开始实行浮动汇率制度，后经历汇率走廊制度于1998年实施自由浮动汇率制度	2006年正式宣布资本项目可兑换	1992
墨西哥	1995年墨西哥开始实行自由浮动的汇率制度	1982年开始实行资本项目可兑换	1998
韩国	1997年韩国实现浮动汇率制度	2009年完成资本项目可兑换	1999
土耳其	2001年起土耳其实行自由浮动汇率制度	1990年开始实行本币可兑换	2005
南非	2000年起正式实施浮动汇率制度	1995年开始渐进式的资本项目可兑换进程	2007
印度	1993年实行有管理的浮动汇率制度	资本项目尚未完全开放	2008

资料来源：根据公开资料整理。

二是资本项目可兑换水平提高，进一步拓展外汇期货市场的创新空间。借鉴商品期货市场发展经验，CME在推出外汇期货时采用实物交割制度，合约标的选择了英镑、日元、德国马克等7种国际化程度高、可兑换程度较强的货币。后续巴西、印度、俄罗斯等国在资本项目不可自由兑换的市场环境中推出了本币外汇期货，受制于货币可兑换的程度，选择了现金交割制度。伴随资本项目可兑换程度的提高，各国外汇期货产品推陈出新，外汇期货市场持续发展。

三是外汇现货市场规模壮大、监管体制及相关法律的完善共同推动了外汇期货市场不断发展。主要发达国家相继进行汇率市场化改革后，迎来经济全球化浪潮，国际贸易、借贷、投融资等规模不断增长，推动了外汇现货市场交易、汇兑、投资更为活跃，进出口商、商业银行等外汇债权或债务者面临日益增长的汇率波动风险。据国际清算银行统计，自1995年以来，全球外汇市场规模持续扩大，各产品规模保持增长趋势，2022年，全球外汇市场日均成交7.5万亿美元，是1995年交易金额的6.8倍，虽然期间有小幅回落，但全球外汇市场的交易规模基本保持扩张态势。在此契机下，外汇期货作为管理汇率风险的有效工具，与现货市场互为补充、协同发展，规模不断扩大。同时，各国从完善法律制度、加强金融机构监管等方面规范外汇期货市场运行。

二、主要发达经济体及新兴经济体外汇期货市场发展历程

外汇期货市场自诞生以来，在全球经历了两轮快速发展期，第一轮是由美国向发达经济体发展，第二轮是由发达经济体向新兴经济体发展。在美国实行浮动汇率制度后，澳大利亚、英国、日本等发达经济体纷纷实行浮动汇率制度，并从20世纪80年代开始推出基于其主权货币的外汇期货。外汇期货由此从美洲向欧亚等区域拓展，全球市场经历第一次发展浪潮。20世纪90年代以来，伴随全球经贸一体化程度的加深和新兴经济体经济的崛起，印度、南非、土耳其、墨西哥、阿联酋和泰国等国均在此时机建立了外汇期货市场（见表1－3），全球外汇期货市场经历了第二次迅速成长期。目前，在金砖国家中，除中国以外的其他国家均已建立本土外汇期货市场，且市场发展态势良好。2005年人民币汇率形成机制改革后，CME于2006年推出人民币外汇期货，而后全球多家交易所陆续推出各类人民币外汇期货，市场规模稳步扩大。

表1－3　　　　全球外汇期货市场建立时间

建立年份	国家（或地区）	市场建立情况
1972	美国	芝加哥商业交易所成立国际货币市场分部，推出7种外汇期货
1980	澳大利亚	悉尼期货交易所推出以澳元现金结算的外汇期货
1982	英国	伦敦国际金融期货期权交易所推出英镑、美元外汇期货等
1982	荷兰	阿姆斯特丹的欧洲期权交易所（后并入Eurex）推出外汇期权
1982	加拿大	蒙特利尔交易所推出外汇期权
1984	新加坡	新加坡国际货币交易所推出德国马克兑美元及日元兑美元期货
1987	巴西	巴西商品期货交易所推出美元外汇期货
1989	日本	东京国际金融期货交易所推出日元兑美元期货
1990	德国	德国期货交易所（后并入Eurex）推出外汇期货

续表

建立年份	国家（或地区）	市场建立情况
1992	俄罗斯	莫斯科商品交易所上市美元兑俄罗斯卢布期货
1998	墨西哥	墨西哥衍生品交易所推出外汇期货
1999	韩国	韩国期货交易所推出美元兑韩元外汇期货及期权
2005	土耳其	土耳其衍生品交易所上线土耳其里拉兑美元期货等
2005	匈牙利	布达佩斯证券交易所推出美元兑土耳其里拉期货
2006	阿联酋	迪拜黄金与商品交易所上市欧元兑美元期货等
2007	南非	南非约翰内斯堡证券交易所上市美元兑南非兰特期货
2008	印度	印度3家交易所推出外汇期货
2012	泰国	泰国期货交易所上市美元期货
2012	中国香港	香港交易所推出美元兑离岸人民币期货
2015	中国台湾	台湾期货交易所推出美元兑离岸人民币期货
2020	阿根廷	罗萨里奥交易所推出美元及人民币外汇期货

资料来源：相关交易所官网。

（一）CME占据外汇期货先发优势，许多发达国家外汇期货市场在与美国的竞争中显露颓势

如前所述，CME推出全球首个外汇期货产品，并取得了巨大成功。澳大利亚、德国、英国等主要发达国家欲效仿美国，但在市场竞争中却逐步显露颓势。

从澳大利亚看，澳大利亚是第二个推出外汇期货的国家，但因产品不活跃退市。1980年，悉尼期货交易所推出以澳元现金结算的外汇期货，由于交易不活跃而退市。2001年，悉尼期货交易所再次挂牌澳元兑美元期货合约，交易量未见改善，后于2008年摘牌。场外外汇市场的强势发展和CME等交易所的竞争是导致澳大利亚外汇期货失败的重要原因。

从德国看，德国期货交易所在20世纪90年代曾短暂推出过外汇期货。1998年，德国期货交易所并入欧洲期货交易所（Eurex），2014年7月，欧洲期货交易所重新推出包含欧元兑美元期货在内的6种外汇期货，而CME早在1999年欧元诞生之际就推出了欧元兑美元期货。由于外汇期货交易存在严重

的路径依赖，同时，欧洲场外外汇衍生品市场竞争激烈且监管制度相对宽松，种种因素使欧洲外汇期货市场的发展不尽如人意。

从英国看，欧洲一体化程度的加深及场外外汇市场的强势发展也阻碍了英国外汇期货市场的发展。20 世纪 80 年代，英国政府积极筹划建立了伦敦国际金融期货期权交易所，并于 1982 年推出美元兑英镑、美元兑日元等外汇期货合约。英国是继美国、澳大利亚之后第三个推出外汇期货的国家。在经历了初期的繁荣后，该交易所外汇期货交易量于 20 世纪 90 年代迅速下滑。导致这一现象的原因在于随着欧洲一体化程度加深，电子化程度提高，标准化的产品不必再局限于一个特定区域，英镑期货市场的流动性向整个欧洲乃至全世界转移。同时，英国的场外外汇市场一直占据着全球最大外汇交易中心的地位，客户在场外市场可以较低的交易成本获取符合客户个性需求的产品，场外市场具有一定的竞争优势。随后经历多次合并收购成为纽约泛欧交易所，目前英镑兑外币的期货品种已全部下线。

从日本看，作为亚洲金融中心，日本也顺应市场需求，大力发展外汇期货市场。1985 年《广场协议》签订后，日本外汇自由化程度的提高持续促进了离岸日元外汇期货的交易。在此期间，日元汇率波动加大，1989 年东京国际金融期货交易所成立，并在同年推出日元兑美元期货。但日元外汇期货交易量一路下滑，最终于 2005 年正式摘牌，日转外汇期货交易取而代之。合约条款和关键交易制度设计不够合理且更换频繁，在一定程度上阻碍了日本外汇期货市场的发展。同时，海外市场的先发优势对日本境内市场形成的竞争压力也不容忽视。直至今日，CME 日元期货交易量仍远大于日本境内。

总体而言，主要发达国家外汇期货市场在与美国竞争中显露颓势的原因有以下几个方面：一是随着资本市场开放程度的提升，外汇期货的上市地不必局限于货币所在国家，客户对交易场所形成路径依赖后，有助于 CME 保持并扩大先发优势；二是发达国家货币为全球通用货币，国际化程度较高，对外汇期货的交易需求较为分散，后发国家较难在短时间形成全球优势，聚集较大流动性；三是发达国家的场外衍生品市场较为发达，且监管相对宽松，参与者在场外市场可以较低的交易成本获取符合个性需求的产品，一定程度上挤压了场内市场的需求。

（二）新兴市场国家发展外汇期货市场具有本土优势

当前，新兴市场国家交易所正在逐步改变全球外汇期货市场格局，成为推动全球外汇期货市场发展的重要引擎。主要新兴市场国家如巴西、印度、俄罗斯充分发挥本土优势，本币外汇期货交投活跃，市场蓬勃发展。

巴西外汇期货市场成交金额全球领先。巴西是新兴市场国家中最早建立外汇期货的国家，且外汇期货市场早在浮动汇率制度确定之前就已经建立。2022 年，巴西雷亚尔期货的全球成交金额为 12.09 万亿美元，按币种计算成交全球排名第 2，其中 99.38% 的流动性集中在本国（见附表 1 - 4）。由于存在雷亚尔避险需求的企业和机构大都位于巴西境内，巴西充分发挥本土优势，本币外汇期货合约满足了绝大多数市场需求。此外，巴西在上市外汇期货之初，其资本项目尚未完全开放，在很大程度上为境内外汇期货的发展提供了良好充分的环境，保存了国内的流动性。

印度本土卢比期货在与海外卢比期货市场竞争中发展迅速。2007 年，迪拜黄金与商品交易所率先上市印度卢比期货。面临海外竞争压力，印度决定于 2008 年在其境内的印度国家证券交易所、孟买证券交易所和印度大都会交易所相继推出外汇期货产品。2022 年，印度卢比期货全球成交金额为 2.44 万亿美元，全球排名第 6。近年来，印度卢比期货的本土市场流动性集中度逐渐提升，2020—2022 年本土市场流动性占比分别为 62.68%、67.55%、75.89%。由此可见，印度本土卢比期货在市场规模扩大的同时，吸引了新加坡和阿联酋等离岸印度卢比期货市场的流动性回流（见附表 1 - 4）。

俄罗斯莫斯科交易所积极创新促进外汇期货市场发展。1992 年，俄罗斯实行浮动汇率制度之时，莫斯科商品交易所即推出了美元兑俄罗斯卢布期货合约。2008 年国际金融危机后，俄罗斯交易所从产品种类和交易制度等多方面进行创新，外汇期货市场规模增速较快，2009—2022 年平均每年增长约 25%。2022 年，全球俄罗斯卢布期货成交金额为 6677.51 亿美元，排名第

12，其中96.79%的流动性集中在本土（见附表1－4）。从俄罗斯的发展经验来看，不断推进的外汇管制放松和资本项目开放给外汇期货的发展提供了便利条件。外汇期货的交易伴随了整个改革的过程，充分发挥了本土优势，聚集了主要流动性。

新兴市场国家具有较强竞争力的原因在于以下三点：一是新兴市场国家在推出外汇期货交易时，资本项目尚未完全开放，外汇期货的主要流动性得以留在境内；二是尽管新兴市场国家外汇期货市场起步较晚，但由于国内场外外汇衍生品市场尚在发展过程中，因此相比发达国家，其外汇期货市场能够获得更好的发展机遇和更大的成长空间；三是新兴市场国家货币的国际化程度低，汇率避险和投机需求主要集中在国内，为外汇期货的发展奠定了良好的市场基础。

（三）人民币外汇期货市场蓬勃发展

2005年人民币汇率形成机制改革后，全球多家交易所陆续推出人民币外汇期货。截至2022年底，全球共有11个国家（地区）的13家交易所上市人民币外汇期货。人民币外汇期货的广泛推出和全球关注，不仅与我国综合实力提升、国际影响力增强息息相关，也与人民币汇率形成机制不断完善，潜在对冲需求、交易性需求上升有关。

1. 多家交易所积极推出人民币外汇期货

自2006年以来，美国、巴西、中国香港、南非、新加坡、俄罗斯、中国台湾、韩国、土耳其、阿拉伯联合酋长国（以下简称阿联酋）、阿根廷先后推出了人民币外汇期货（见表1－4）。

表1－4　　全球推出人民币外汇期货及期权的交易所及时间

时间	交易所	产品
2006年8月	芝加哥商业交易所	在岸人民币兑美元、在岸人民币兑欧元、在岸人民币兑日元期货与期权
2011年8月	巴西B3交易所	在岸人民币兑巴西雷亚尔期货
2012年9月	香港交易所	美元兑离岸人民币期货

续表

时间	交易所	产品
2013 年 2 月	芝加哥商业交易所	美元兑离岸人民币标准与电子微型期货
2013 年 5 月	南非约翰内斯堡证券交易所	离岸人民币兑南非兰特期货（2010 年 11 月曾推出在岸人民币兑南非兰特期货）
2014 年 4 月	芝加哥商业交易所欧洲分所	美元兑离岸人民币、美元兑在岸人民币、欧元兑离岸人民币、欧元兑在岸人民币期货，于 2017 年关闭
2014 年 10 月	新加坡交易所	美元兑离岸人民币、在岸人民币兑美元期货
2015 年 3 月	莫斯科交易所	在岸人民币兑俄罗斯卢布期货
2015 年 7 月	台湾期货交易所	美元兑离岸人民币期货标准合约和小型合约
2015 年 10 月	韩国交易所	离岸人民币兑韩元期货
2015 年 11 月	洲际（新加坡）交易所	迷你美元兑离岸人民币期货、迷你在岸人民币兑美元期货
2015 年 11 月	土耳其伊斯坦布尔交易所	离岸人民币兑土耳其里拉期货、美元兑离岸人民币期货（后下线）
2015 年 12 月	阿联酋迪拜商品与黄金交易所	美元兑离岸人民币期货
2016 年 5 月	香港交易所	欧元兑离岸人民币、日元兑离岸人民币、澳元兑离岸人民币以及离岸人民币兑美元期货
2016 年 6 月	台湾期货交易所	美元兑离岸人民币期权
2017 年 3 月	香港交易所	美元兑离岸人民币期权
2018 年 10 月	新加坡亚太交易所	美元兑离岸人民币期货
2020 年 10 月	阿根廷罗萨里奥交易所	离岸人民币兑阿根廷比索期货

资料来源：各交易所官网。

境外交易所推出的人民币外汇期货合约标的选择有二：在岸人民币汇率（CNY）和离岸人民币汇率（CNH）。在岸人民币由于受我国资本项目未完全开放的限制，一般采用无本金交割，而以离岸人民币为标的的外汇期货，既可选择实物交割也可选择无本金交割。2006 年 8 月，CME 率先推出基于在岸人民币汇率的无本金交割外汇期货产品，包括人民币兑美元、欧元以及日元期货和期权产品。CME 人民币兑美元期货合约面值为 100 万元人民币，采用美元报价，并以在岸人民币汇率中间价为结算价，到期以美元结算差额。

CME 人民币兑美元期货每日交易 23 个小时（美国中部时间下午 5：00 至次日下午 4：00），挂牌 13 个连续月份及之后的 8 个季月。

2012 年 9 月，香港交易所推出首只基于离岸人民币汇率的实物交割外汇期货，合约面值为 10 万美元，到期后按照香港财资公会公布的离岸人民币即期定盘价进行实物交割。香港交易所离岸人民币期货每日交易近 18 个小时，分上午 8：30 至下午 6：30 和下午 7：15 至次日凌晨 3：00 两个时段，上市合约覆盖连续 4 个月和 6 个季度周期月份。此后，CME 也推出基于离岸人民币汇率的外汇期货，合约面值为 10 万美元，并推出合约面值为 1 万美元的电子微型离岸人民币期货。

2. 新加坡市场集中了人民币期货主要流动性

2022 年，新加坡、中国香港、美国的人民币期货市场成交总金额覆盖了全球 98.51% 的人民币期货市场流动性（见附表 1 - 5），其中又以新加坡市场成交规模为最大。2017 年，新加坡人民币期货市场规模全面超越中国香港，此后市场规模保持稳步增长，近 3 年其人民币期货市场全球占比稳定于 80% 左右（见图 1 - 20）。

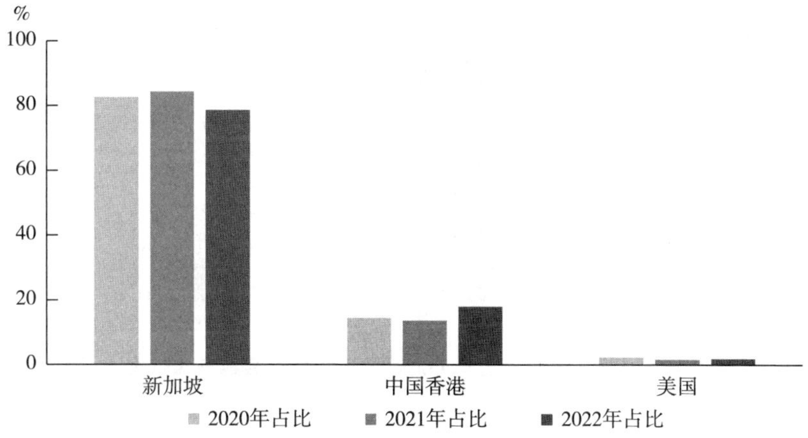

图 1 - 20　2020—2022 年人民币外汇期货主要国家（地区）流动性占比情况

（资料来源：美国期货业协会）

三、全球外汇期货市场现状

2022年，据美国期货业协会统计，全球共计21个国家和地区[①]的26家交易所报告了涉及32个币种的外汇期货数据[②]，共成交41.98亿手，成交金额为40.78万亿美元。

（一）区域分布情况

美国是外汇期货市场发展的引领者，其成交金额占据全球半壁江山。近年来，以印度、巴西、俄罗斯为代表的新兴市场外汇期货市场发展强劲，交易活跃。

从成交额看，2022年，美国外汇期货市场总成交21.38万亿美元，全球占比为52.42%，稳居全球首位（见图1－21）。值得注意的是，巴西虽为新兴市场国家，但其外汇期货市场发展强劲，位列全球第2。2022年，巴西外汇期货总成交12.05万亿美元，全球占比为29.56%（见附表1－1）。

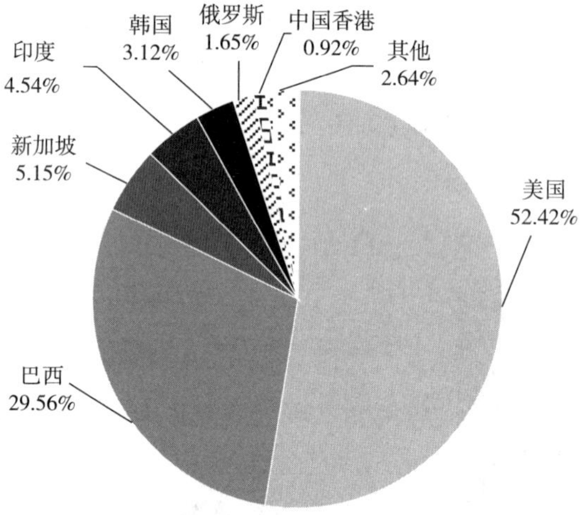

图1－21　2022年全球外汇期货市场成交金额占比情况

（资料来源：美国期货业协会）

① 地区为中国香港、中国台湾。

② 外汇期货合约所涉及币种（剔除虚拟货币相关数据），在岸人民币（CNY）、离岸人民币（CNH、CNT）均归为人民币，美元指数（USD Index）归为美元。

表 1-5　　2022 年外汇期货交易量排名前 12 位的国家情况

排名	国家	交易量（百万手）	占比（%）	排名	国家	交易量（百万手）	占比（%）
1	印度	1833.55	43.68	7	土耳其	65.96	1.57
2	巴西	934.52	22.26	8	日本	36.60	0.87
3	俄罗斯	663.05	15.79	9	新加坡	36.56	0.87
4	美国	246.56	5.87	10	南非	32.52	0.77
5	阿根廷	173.77	4.14	11	泰国	10.32	0.25
6	韩国	127.42	3.04	12	墨西哥	9.02	0.21

资料来源：美国期货业协会。

注：表中 12 国外汇期货交易量占全球比例为 99.32%。

从成交量看，新兴市场交易活跃。2022 年，印度外汇期货市场成交 18.34 亿手，占全球总成交量的 43.68%，位居榜首。巴西、俄罗斯外汇期货市场成交量紧跟其后，三国成交量之和占据全球市场的 81.73%。

（二）币种分布情况

全球外汇期货合约成交金额①明显呈阶梯状分布，主要 G7 货币②与部分金砖国家货币③位列前十。尽管我国境内未建立外汇期货市场且资本项目尚未完全开放，但离岸人民币外汇期货市场成交较为活跃。

一是以美元为核心的 G7 货币成交活跃。如表 1-5 所示，2022 年全球外汇期货市场成交活跃的前十大货币的成交金额占总成交金额的 96.03%，排名依次为：美元、巴西雷亚尔、欧元、日元、英镑、印度卢比、人民币、澳元、加元、韩元，主要涉及 G7 货币和部分金砖国家货币。其中，美元外汇期货全年共成交 39.89 万亿美元，占比为 49.47%，约为第二位巴西雷亚尔的 3.3 倍。

① 统计币种相关数据时，所有跟此币种相关的货币对均计算在内。例如，美元外汇期货就是包括欧元兑美元、美元兑日元、美元兑人民币等在内的所有涉及美元相关外汇期货。由于外汇期货交易涉及两个币种，除美元指数期货成交金额仅计算一次外，其他外汇期货合约成交金额均计算两次。

② G7 货币是指美元、欧元、日元、英镑、澳元、加元和瑞士法郎 7 种货币。

③ 金砖国家货币是指人民币、巴西雷亚尔、印度卢比、俄罗斯卢布、南非兰特 5 种货币。

表1－6　　　　2022年全球外汇期货主要币种交易概况

序号	币种	总成交金额（亿美元）	总成交量（百万手）	成交金额占比（%）
1	美元	398943.36	3933.06	49.47
2	巴西雷亚尔	120946.81	934.90	15.00
3	欧元	90553.01	233.12	11.23
4	日元	42137.59	103.01	5.23
5	英镑	27578.21	127.03	3.42
6	印度卢比	24384.38	1856.73	3.02
7	人民币	20513.79	39.53	2.54
8	澳元	18519.17	33.83	2.30
9	加元	17755.97	24.32	2.20
10	韩元	13054.14	129.31	1.62

资料来源：美国期货业协会、相关交易所官网。

注：1. 统计币种相关数据时，除美元指数期货成交金额仅计算一次外，其他外汇期货合约成交金额均计算两次；

2. 成交金额占比＝涉及该币种的外汇期货成交金额/（全球外汇期货成交金额×2－美元指数期货成交金额）；

3. 美元项包含美元指数期货成交量917.99万手，成交金额9198.10亿美元。

二是金砖国家货币外汇期货表现亮眼。如图1－22所示，2022年，巴西雷亚尔、印度卢比、人民币外汇期货位列全球前十。其中，巴西雷亚尔外汇期货成交金额达12.09万亿美元，超出第3位欧元近34%。瑞士法郎、俄罗斯卢布、新西兰元、墨西哥比索、阿根廷比索、南非兰特等货币外汇期货交投也相对活跃，其他货币外汇期货成交较为清淡，在全球外汇期货市场占比均不足0.1%（见附表1－2）。

三是人民币外汇期货市场发展迅速。2006年，CME率先推出人民币外汇期货。伴随中国经济的快速发展、人民币国际化程度的提升和汇率形成机制的完善，人民币外汇期货市场规模不断增长。2018—2022年，人民币外汇期货成交金额由0.76万亿美元增长至2.05万亿美元，全球占比由1.05%提高至2.54%，全球排名由第11名上升到第7名。

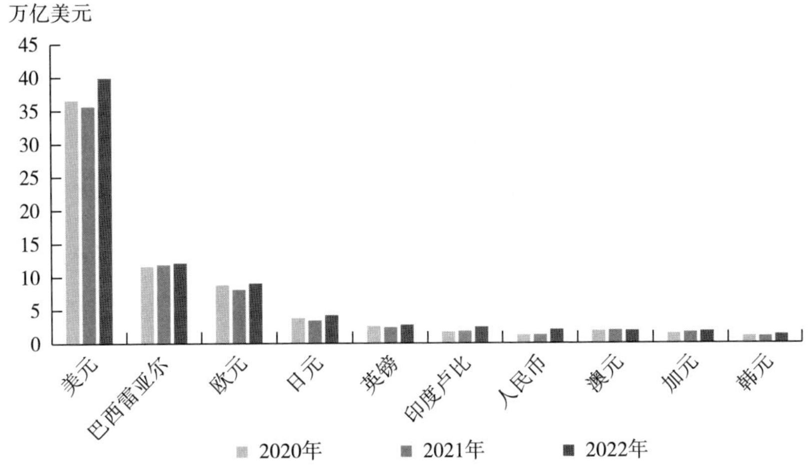

图1－22　2020—2022年主要币种外汇期货交易金额情况

（资料来源：美国期货业协会）

（三）交易所分布情况

2022年，CME与巴西B3交易所的外汇期货成交额合计占据全球市场的79.55%，新加坡交易所、韩国交易所、印度国家交易所依次居于第3位至第5位（见图1－23）。

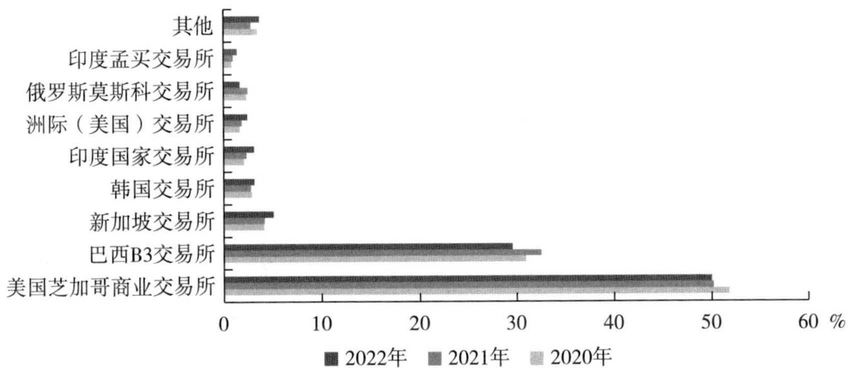

图1－23　2020—2022年全球主要交易所外汇期货市场成交金额占比情况

（资料来源：美国期货业协会）

CME是全球外汇期货市场的引领者，其率先成功推出外汇期货，通过持续推进技术创新、产品创新、市场培育和全球化布局，引领全球外汇期货市场发展。2022年，CME外汇期货市场总成交额约为20.39万亿美元，约占全球市场总成交额的49.99%，高出排名第二的巴西B3交易所20.43个百分点（见附表1－3）。2022年，CME共上市交易46个货币对的外汇期货，分别为欧元兑美元、英镑兑美元等12种主要货币对，澳元兑加元、澳元兑日元等14种交叉货币对，人民币兑美元、巴西雷亚尔兑美元等20种新兴市场货币对，共涉及25个币种。分币种来看，作为全球外汇期货的主要合约标的，美元期货50.15%的流动性集中在CME，其他6种G7货币在CME的交易金额占比均在90%以上。

巴西B3交易所是外汇期货新兴市场的佼佼者。2022年，巴西B3交易所共成交外汇期货12.05万亿美元，在全球市场流动性份额约为29.56%。美元兑巴西雷亚尔期货的活跃交易贡献了巴西B3交易所绝大部分的成交量与成交额。巴西具有一个相对活跃的外汇期货市场，主要原因在于：巴西的法律和监管框架对场外交易进行限制，从而激励了外汇风险管理交易向场内市场转移。巴西外汇期货交易较场外外汇衍生品交易在税收方面也更具优势。另外，巴西限制外币使用和交易的政策进一步刺激了外汇期货替代现货交易，也解释了参与者对无本金交割外汇衍生品的偏好。此外，巴西央行会通过B3交易所电子平台拍卖货币掉期来干预汇率，因此外汇衍生品市场的参与者更加关注场内市场的动态，使市场进一步发展。①

此外，与发达国家不同，新兴国家交易所都主推小面值合约，如印度、俄罗斯、土耳其、南非、匈牙利、泰国、波兰等国交易所都推出了面值1000美元的外汇期货，以吸引中小投资者参与。总体来看，较小的合约面值有利于活跃市场，从而使这些新兴市场交易所在成交量上取得不俗成绩。

---

① Emerging derivatives markets? BIS Quarterly Review, December 2016, Christian Upper, Marcos Valli: 75.

四、外汇期货市场监管

作为金融市场的有机组成部分，外汇期货市场是以外汇期货为交易工具而形成的供求关系及交易机制的总和，主要包括参与主体、金融工具（外汇期货）和市场组织等基本要素，对这些要素的监管构成了外汇期货市场监管的核心内容。从市场监管的角度来看，外汇期货与其他期货品种都是风险管理工具，交易、结算、风险控制等基本制度相通，外汇期货市场因此具有期货市场“谱系”的一般性特点，普遍纳入期货市场集中统一监管框架。从机构监管的角度来看，汇率风险是金融机构全面风险管理的一部分，外汇期货是金融机构众多交易工具的一种，针对金融机构参与外汇期货的风险控制、资本计量等要求与其他金融工具相通，因此针对金融机构参与外汇期货市场的行为监管普遍纳入金融机构统一监管框架，并满足期货市场行为监管的基本要求。汇率调控是中央银行宏观调控的基本手段，外汇管理是国家宏观审慎管理的重要内容，因此中央银行也在一定程度上参与外汇期货市场管理。整体来看，外汇期货市场监管具有如下特征。

（一）证券期货监管机构主要负责市场监管

以美国、日本为代表的发达经济体，实施货币自由兑换，资本项目开放程度高，央行对外汇市场的管理相对较少。外汇期货市场主要由证券期货监管机构监管，央行在外汇期货市场的政策制定、市场监管方面不承担职责。但基于宏观审慎管理需要，央行会监管商业银行等金融机构参与外汇期货市场的相关行为。

美国商品期货交易委员会（CFTC）拥有对外汇期货的直接监管权，主要负责监管交易所及期货中介机构，期货合约的上市、交易和结算，监测市场运行及处理违规行为等。[①] 美联储等主要制定银行参与外汇期货交易的相关

① 依据美国《商品交易法》第 2 条、第 4 条、第 5 条、第 6 条、第 8 条、第 9 条、第 13 条、第 14 条、第 19 条相关规定。

政策，例如，《美联储商业银行检查手册》中的商业银行检查报告指南，明确提出要对银行在金融期货和外汇交易政策、规程、实务等方面的适当性进行评估。①

日本金融厅是日本金融行业最高监管机构，负责对银行业、证券业、保险业、信托业和整个金融市场进行监管，下设的证券交易监督委员会负责直接监管外汇期货市场。② 日本央行不具有监管职责，但出于维护金融稳定的需要，有权对金融市场的系统性风险进行识别和监测，具体体现在对其管辖的金融机构参与期货市场实施现场检查和非现场监测。③

（二）新兴市场重视期货市场集中统一监管与央行宏观审慎管理的协同

相较发达经济体，大部分新兴经济体货币不可自由兑换，存在不同程度的外汇管制，外汇期货市场由证券期货监管机构和央行按照职责分工协同管理。主要体现在，外汇期货市场主要由证券期货监管机构负责监管，央行会在一定程度上参与外汇期货市场的重要政策制定。

印度证监会主要负责包括产品上市批复、会员审批与规范、发布持仓限额及保证金水平、市场监测及信息披露、交易所及清算机构批准在内的外汇期货日常监管。④ 印度央行不直接监管交易所，但作为银行业的监管部门，在银行准入、银行持仓限额等与银行业监管相关的方面具有话语权。⑤ 同时，从宏观审慎管理、维护外汇市场稳定角度出发，印度央行会同证监会对持仓限额、市场准入和风险控制措施等重要制度进行决策。⑥

---

① Commercial Bank Examination Manual, Section 2020. 3.

② 张承惠等：《日本金融监管架构的变迁与启示》，《金融监管研究》2016年第10期。

③ 中国人民银行国际司：《日本的金融管理体系和监管标准》，中国人民银行官网。

④ Workbook for NISM－Series－I：Currency derivatives Certification Examination, National Institute of Securities Markets.

⑤ The Currency Futures（Reserve Bank）Directions, 2008, The Currency Futures（Reserve Bank）（Amendment）Directions, 2014.

⑥ 以2009年3月调整持仓限额为例，Sub：Revised Position Limits for Exchanged Traded Currency Derivatives。

巴西证监会负责监管场内交易所及清算所的日常运作，[①] 产品上市与合约条款变更也属于巴西证监会监管范畴。[②] 巴西《证券法》赋予证监会广泛的权力，证监会拥有界定“证券”的权力，且对所有证券交易实施监管。[③] 巴西央行以期货支付清算为重点开展监督活动，与证监会共同审批清算所的规则制度、风控模型、风险管理政策等重要内容。[④]

（三）综合金融监管模式下将外汇期货市场监管与其他宏观调控管理相隔离

以俄罗斯、新加坡为代表的少数经济体采用综合金融监管模式，这类经济体未设立独立的证券期货监管机构，而由央行统一承担宏观及微观审慎职能，兼具金融调控与金融监管的职责，即综合金融监管模式。在该模式下，外汇期货市场的监管也与其他宏观调控管理相隔离，确保其在分属领域监管的独立性和专业性。

2008 年国际金融危机之后，俄罗斯政府改变分业监管模式，将众多监管职能交由俄罗斯央行承担。2013 年，普京总统签署《俄联邦中央银行监管权力修正案》，此法案宣布由俄罗斯央行统一承担宏观及微观审慎职能。原金融市场服务局和保险监管局被撤销，所有监管职能统一并入央行。这就意味着俄罗斯央行与其他国家央行有别，成为“超级央行”，即对金融市场及金融机构实行全权统一监管，但其内部仍将外汇期货市场监管与其他宏观调控的管理权相隔离，分属不同部门。

新加坡采取混业经营、合业监管的模式，金融管理局既是新加坡的央行，又是金融业的监管机构。金融管理局市场政策与基础设施司对包括中央对手方和交易数据库在内的市场和金融基础设施进行监管，货币及国内市场管理司负责货币政策实施。

---

① 巴西证监会第 468 号指引、国家货币委员会 2021 年发布的第 4952/2021 号决议。

② 巴西证监会第 467 号指引。

③ Walter Stuber：Derivatives Regulation In Brazil.

④ Principles for Financial Market Infrastructures B3 Information Disclosure，2020－09.

五、总结与展望

综上所述，经历50年发展，全球外汇期货市场在市场规模、地域分布、币种与流动性分布等方面呈现如下特征：一是市场规模实现稳健增长，截至2022年底，全球已有21个国家（地区）的26家交易所推出了外汇期货。二是美国和金砖国家占据成交排名前列。按成交金额计算，美国为全球第一大外汇期货市场。按成交量计算，印度、巴西和俄罗斯三国外汇期货总成交量占据全球外汇期货市场总成交量的81.73%。三是外汇期货流动性集中于G7货币和金砖国家货币。主要G7货币外汇期货流动性都集中在美国，巴西、俄罗斯、韩国和印度等新兴市场国家具有本土优势，离岸人民币外汇期货市场表现不凡，成交金额居于全球第7位。四是外汇期货市场大多采用由证券期货监管部门进行集中统一监管的模式。央行在外汇期货市场监管介入程度一般与本国外汇管制程度相关。

展望未来，全球经济复苏进程仍存在经济衰退、国际贸易收缩、全球化受阻等诸多风险。各种区域性合作组织与新兴市场国家日益活跃，政治动荡与地缘格局的演化使世界经济环境更加不确定。新兴市场货币汇率波动性可能增大，俄罗斯卢布、印度卢比、巴西雷亚尔等货币的外汇期货成交量有望进一步放大。我国正处于持续推动资本项目开放的过程中，随着人民币在特别提款权（SDR）中的权重不断提高，人民币的国际货币功能逐步增强，适时推出在岸人民币外汇期货产品有助于将全球人民币外汇期货的主要流动性留在境内，进一步提升人民币资产国际吸引力，夯实人民币国际地位。

附表1-1　　2020—2022年全球各国（地区）外汇期货市场成交金额及占比

序号	国家（地区）	2022年		2021年		2020年	
		成交金额（亿美元）	占比（%）	成交金额（亿美元）	占比（%）	成交金额（亿美元）	占比（%）
1	美国	213766.52	52.42	189403.57	52.02	199273.19	53.45
2	巴西	120548.91	29.56	118435.79	32.53	115325.14	30.93
3	新加坡	20987.17	5.15	15314.49	4.21	15522.28	4.16
4	印度	18525.07	4.54	12139.64	3.33	10931.16	2.93
5	韩国	12738.42	3.12	10034.40	2.76	10710.13	2.87
6	俄罗斯	6743.66	1.65	8973.69	2.46	8603.93	2.31
7	中国香港	3762.34	0.92	1786.37	0.49	1815.88	0.49
8	日本	3181.39	0.78	2101.63	0.58	2389.24	0.64
9	阿根廷	1737.69	0.43	1107.53	0.30	1128.28	0.30
10	阿联酋	1512.31	0.37	1425.27	0.39	2980.59	0.80
11	南非	1169.22	0.29	1428.48	0.39	1854.42	0.50
12	德国	982.63	0.24	680.14	0.19	699.66	0.19
13	墨西哥	901.91	0.22	667.98	0.18	591.71	0.16
14	土耳其	663.37	0.16	186.44	0.05	611.09	0.16
15	哥伦比亚	296.85	0.07	158.91	0.04	141.29	0.04
16	泰国	114.10	0.03	34.50	0.01	28.03	0.01
17	匈牙利	98.02	0.02	87.97	0.02	60.75	0.02
18	波兰	40.46	0.01	41.55	0.01	25.15	0.01
19	中国台湾	31.90	0.01	49.57	0.01	120.27	0.03
20	印度尼西亚	6.65	0.00	7.97	0.00	8.24	0.00
21	以色列	0.00	0.00	—	—	—	—
合计		407808.58	100.00	364065.87	100.00	372820.43	100.00

数据来源：美国期货业协会。

注："—"表示无数据，下同。

附表1-2　2020—2022年全球各币种外汇期货成交金额及占比

序号	币种	2022年		2021年		2020年	
		成交金额（亿美元）	占比（%）	成交金额（亿美元）	占比（%）	成交金额（亿美元）	占比（%）
1	美元	398943.36	49.47	356385.90	49.35	365429.33	49.38
2	巴西雷亚尔	120946.81	15.00	118623.28	16.43	115835.36	15.65
3	欧元	90553.01	11.23	80801.90	11.19	87729.59	11.85
4	日元	42137.59	5.23	34150.86	4.73	37610.40	5.08
5	英镑	27578.21	3.42	23942.12	3.32	25591.53	3.46
6	印度卢比	24384.38	3.02	17954.14	2.49	17402.70	2.35
7	人民币	20513.79	2.54	12519.82	1.73	12249.76	1.66
8	澳元	18519.17	2.30	19244.07	2.66	18672.53	2.52
9	加元	17755.97	2.20	16307.89	2.26	14693.46	1.99
10	韩元	13054.14	1.62	10198.38	1.41	10818.92	1.46
11	瑞士法郎	9249.19	1.15	8855.21	1.23	9998.86	1.35
12	俄罗斯卢布	6677.51	0.83	8995.11	1.25	8553.43	1.16
13	新西兰元	5187.30	0.64	5176.62	0.72	4993.37	0.67
14	墨西哥比索	4940.26	0.61	4166.04	0.58	4245.65	0.57
15	阿根廷比索	1737.69	0.22	1107.53	0.15	1128.28	0.15
16	南非兰特	1707.98	0.21	1941.03	0.27	2345.66	0.32
17	土耳其里拉	604.84	0.08	189.04	0.03	608.09	0.08
18	瑞典克朗	363.21	0.05	295.97	0.04	267.43	0.04
19	哥伦比亚比索	296.85	0.04	158.91	0.02	141.29	0.02
20	新加坡元	276.02	0.03	338.53	0.05	1278.17	0.17
21	波兰兹罗提	254.96	0.03	169.46	0.02	78.02	0.01
22	挪威克朗	239.12	0.03	266.68	0.04	238.86	0.03
23	匈牙利福林	158.45	0.02	131.76	0.02	88.12	0.01
24	捷克克朗	133.94	0.02	81.69	0.01	29.40	0.00
25	泰铢	130.91	0.02	34.50	0.00	28.03	0.00
26	以色列新谢克尔	35.79	0.00	55.97	0.01	27.46	0.00
27	港元	13.60	0.00	4.22	0.00	5.33	0.00
28	台湾元	10.25	0.00	7.90	0.00	6.92	0.00
29	巴基斯坦卢比	6.78	0.00	1.08	0.00	—	—
30	智利比索	4.23	0.00	4.99	0.00	0.48	0.00
31	丹麦克朗	3.74	0.00	0.58	0.00	0.00	0.00
32	乌克兰格里夫纳	0.00	0.00	0.00	0.00	0.00	0.00
33	肯尼亚先令	—	—	0.04	0.00	0.04	0.00
34	马来西亚林吉特	—	—	—	—	—	—
合计		806419.07	100	722111.19	100	740096.47	100

数据来源：美国期货业协会。

附表 1-3　2020—2022 年全球各交易所外汇期货市场成交金额及占比

序号	交易所	2022 年		2021 年		2020 年	
		成交金额（亿美元）	占比（%）	成交金额（亿美元）	占比（%）	成交金额（亿美元）	占比（%）
1	美国芝加哥商业交易所	203880.92	49.99	182662.13	50.17	193139.93	51.81
2	巴西 B3 交易所	120548.91	29.56	118435.79	32.53	115325.14	30.93
3	新加坡交易所	20734.60	5.08	15098.04	4.15	15321.90	4.11
4	韩国交易所	12738.42	3.12	10034.40	2.76	10710.13	2.87
5	印度国家交易所	12678.23	3.11	8457.30	2.32	7623.15	2.04
6	洲际（美国）交易所	9885.60	2.42	6741.44	1.85	6133.26	1.65
7	俄罗斯莫斯科交易所	6743.66	1.65	8973.69	2.46	8603.93	2.31
8	印度孟买交易所	5614.48	1.38	3498.77	0.96	3140.12	0.84
9	中国香港交易所	3762.34	0.92	1786.37	0.49	1815.88	0.49
10	日本东京金融交易所	3181.39	0.78	2101.63	0.58	2389.24	0.64
11	阿根廷罗萨里奥期货交易所	1737.69	0.43	1107.53	0.30	1128.28	0.30
12	阿联酋迪拜交易所	1512.31	0.37	1425.27	0.39	2980.59	0.80
13	南非约翰内斯堡证券交易所	1169.22	0.29	1428.48	0.39	1854.42	0.50
14	欧洲期货交易所	982.63	0.24	680.14	0.19	699.66	0.19
15	墨西哥衍生品交易所	901.91	0.22	667.98	0.18	591.71	0.16
16	土耳其伊斯坦布尔交易所	663.37	0.16	186.44	0.05	611.09	0.16
17	哥伦比亚证券交易所	296.85	0.07	158.91	0.04	141.29	0.04
18	洲际（新加坡）交易所	252.57	0.06	216.45	0.06	200.32	0.05
19	印度大都会证券交易所	214.48	0.05	151.63	0.04	102.87	0.03
20	泰国期货交易所	114.10	0.03	34.50	0.01	28.03	0.01
21	匈牙利布达佩斯证券交易所	98.02	0.02	87.97	0.02	60.75	0.02
22	波兰华沙期货交易所	40.46	0.01	41.55	0.01	25.15	0.01
23	中国台湾期货交易所	31.90	0.01	49.57	0.01	120.27	0.03
24	印度国际交易所	17.87	0.00	31.94	0.01	65.02	0.02
25	印度尼西亚商品及衍生品交易所	6.65	0.00	7.97	0.00	8.24	0.00
26	以色列特拉维夫证券交易所	0.00	0.00	—	—	—	—
27	新加坡亚太交易所	—	—	—	—	0.07	0.00
合计		407808.58	100.00	364065.87	100.00	372820.43	100.00

数据来源：美国期货业协会。

附表1-4　　2020—2022年本土流动性集中币种外汇期货各国（地区）流动性分布情况

序号	币种	国家（地区）	2022年 成交金额（亿美元）	2022年 占比（%）	2021年 成交金额（亿美元）	2021年 占比（%）	2020年 成交金额（亿美元）	2020年 占比（%）
1	巴西雷亚尔	巴西	120199.76	99.38	118065.20	99.53	115325.14	99.56
		美国	747.05	0.62	558.076	0.47	510.22	0.44
		合计	120946.81	100.00	118623.28	100.00	115835.36	100.00
2	印度卢比	印度	18506.37	75.89	12127.25	67.55	10908.61	62.68
		新加坡	4233.44	17.36	4224.96	23.53	3961.35	22.76
		阿联酋	1369.33	5.62	1407.30	7.84	2269.25	13.04
		美国	213.48	0.88	124.17	0.69	217.79	1.25
		中国香港	61.77	0.25	70.46	0.39	45.70	0.26
		印度尼西亚	0.00	0.00	—	—	—	—
		俄罗斯	—	—	0.00	0.00	0.00	0.00
		合计	24384.38	100.00	17954.14	100.00	17402.70	100.00
3	韩元	韩国	12738.42	97.58	10034.40	98.39	10710.13	98.99
		新加坡	227.23	1.74	123.39	1.21	94.26	0.87
		德国	82.97	0.64	16.88	0.17	—	—
		美国	5.52	0.04	23.72	0.23	14.53	0.13
		印度尼西亚	0.00	0.00	—	—	—	—
		合计	13054.14	100.00	10198.38	100.00	10818.92	100.00
4	俄罗斯卢布	俄罗斯	6463.44	96.79	8471.68	94.18	8064.89	94.29
		美国	210.35	3.15	514.54	5.72	488.53	5.71
		巴西	3.70	0.06	8.73	0.10	—	—
		土耳其	0.02	0.00	0.15	0.00	0.01	0.00
		印度尼西亚	0.00	0.00	—	—	—	—
		匈牙利	—	—	0.01	0.00	—	—
		合计	6677.51	100.00	8995.11	100.00	8553.43	100.00

数据来源：美国期货业协会。

附表1-5　　2020—2022年人民币外汇期货各国（地区）流动性分布情况

序号	国家（地区）	2022年		2021年		2020年	
		成交金额（亿美元）	占比（%）	成交金额（亿美元）	占比（%）	成交金额（亿美元）	占比（%）
1	新加坡	16124.18	78.60	10551.21	84.28	10117.47	82.59
2	中国香港	3700.58	18.04	1716.10	13.71	1770.18	14.45
3	美国	384.25	1.87	203.07	1.62	277.84	2.27
4	俄罗斯	255.39	1.24	0.00	0.00	0.00	0.00
5	巴西	34.73	0.17	21.12	0.17	0.18	0.00
6	中国台湾	13.20	0.06	27.65	0.22	76.23	0.62
7	印度尼西亚	0.80	0.00	—	—	—	—
8	韩国	0.62	0.00	0.59	0.00	1.20	0.01
9	阿根廷	0.02	0.00	0.00	0.00	0.07	0.00
10	土耳其	0.02	0.00	0.09	0.00	0.03	0.00
11	阿联酋	—	—	—	—	6.57	0.05
合计		20513.79	100.00	12519.82	100.00	12249.76	100.00

数据来源：美国期货业协会。

第二章　人民币外汇市场发展概况

第一节　我国外汇管理体制改革回顾

外汇市场是金融市场的重要组成部分，外汇管理体制改革在我国外汇市场的平稳健康发展中发挥了基础作用。人民币汇率制度经历了计划经济时代的统收统支制、转轨经济时期的双重汇率制、单一的浮动汇率制、事实上的盯住美元汇率以及参考一篮子货币有管理的浮动汇率制等多轮改革，每一次改革都顺应了我国市场经济体制改革和对外开放的需要。随着我国外汇管理体制改革不断推进，外汇市场在服务实体经济、促进改革开放等方面发挥了积极作用。

一、我国外汇管理体制历史沿革

（一）计划经济体制下统收统支、高度集中的外汇管理体制（1953—1978年）

1953年，我国在国民经济恢复的基础上进入计划经济建设时期，实行固定汇率制。1955年，我国进行币制改革，按1：10000用新币取代旧币，人民币对美元汇率也由2.6170调整至2.4618，并一直保持至20世纪70年代初。1973年，布雷顿森林体系瓦解，西方国家逐步转向浮动汇率制度。1973—1978年，人民币汇率参照西方国家货币的浮动汇率制度，经一篮子货币加权平均计算方法进行调整，人民币大幅升值。

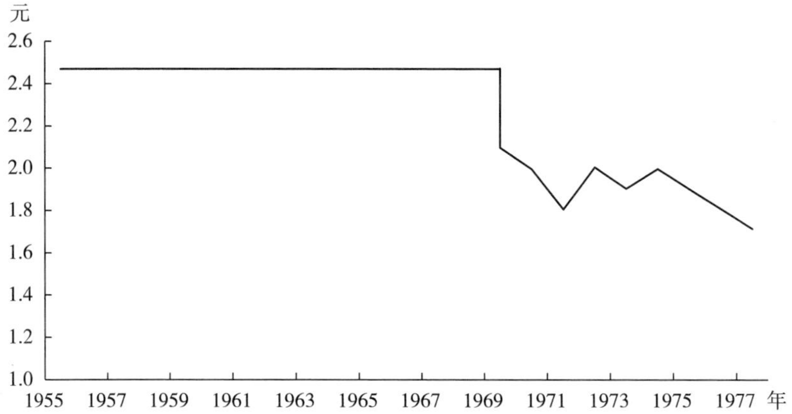

图 2－1　1955—1978 年人民币对美元汇率走势

（数据来源：根据相关文献、公告整理）

1953—1978 年，为保证有限外汇资金的重点使用，我国实行高度集中的外汇管理体制，对外汇收支进行集中管理、统一经营。国家每年制订外汇收支计划，“以收定支，以出定进”，以指令性计划和行政手段维护外汇收支平衡。主要措施有以下几个方面：一是国务院授权中国人民银行行使外汇管理职责，中国银行是国家唯一的外贸外汇专业银行；二是企业外汇收入应售卖国家，购汇需求由国家统一分配；三是限制对外借款和外商来华直接投资。[①]

（二）计划管理与市场调节相结合的外汇管理体制初步形成（1979—1993 年）

1978 年 12 月，党的十一届三中全会作出改革开放的历史性决策，把党和国家的工作中心转移到经济建设上来，外汇管理体制的市场化改革拉开序幕。在计划经济向市场经济转轨的过程中，实现了汇率双轨制这一过渡性安排。[②]

1. 官方双重汇率体制（1979—1985 年）

1979 年，我国外贸体制实行重大改革，由过去大一统的国家专营转为由

---

① 潘功胜：《我国外汇管理改革事业 70 年》，《中国金融》2019 年第 19 期。

② 吴晓灵主编《中国金融体制改革 30 年回顾与展望》，人民出版社，2008。

外贸、工贸、大中型企业及三资企业共同经营，并成立国家外汇管理局。由于许多大型项目都需要动用大量外汇以引进国外先进设备，外汇储备捉襟见肘。“大力鼓励出口，保持较多外汇储备”成为当时外汇政策的首要目标。然而，由于当时人民币官方汇率存在一定程度的高估，出口换汇成本与官方汇率之间出现了“倒挂现象”，出口企业积极性受到影响。

为适应外贸体制改革需要，鼓励出口，1979 年 8 月，国务院决定改革汇率制度，除继续公布人民币汇率官方牌价外，还进一步制定贸易内部结算价。1981 年 1 月 1 日起，国家按照当时全国平均出口换汇成本 1 美元兑 2. 53 元人民币加上 10% 左右的利润计算，将贸易内部结算价定为 1 美元兑 2. 80 元人民币；同时，官方汇率牌价定为 1 美元兑 1. 53 元人民币，并主要用于非贸易外汇兑换和结算。事实上，人民币汇率存在两种标价尺度，双重汇率体制开始形成。

基于出口换汇成本确定的贸易内部结算价，降低了汇率高估的程度，调动了企业出口创汇的积极性。但受价格改革和出口经营权扩大等影响，出口换汇成本连年上升，而贸易内部结算价则未及时调整。与此同时，随着美元不断升值，人民币官方汇率逐渐贬值，至 1984 年 12 月已调整为 1 美元兑 2. 79 元人民币，基本与内部结算价持平。1985 年 1 月 1 日起，我国正式取消贸易内部结算价，重新恢复单一汇率制。

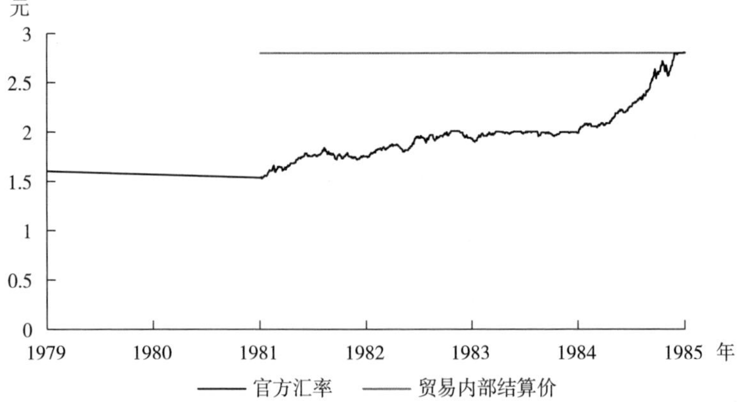

图 2 -2　1979—1985 年人民币对美元汇率走势

（数据来源：万得资讯、中国货币网）

2. 官方汇率和外汇调剂汇率并存的双重汇率制（1985—1993 年）

改革开放之初，为进一步调动企业出口创汇积极性，我国还实行了外汇留成制度，即国家在集中管理、统一平衡外汇的同时，适当留给创汇企业一定比例的外汇，以解决发展生产所需的物资进口。同时还允许企业通过外汇调剂市场将多余的外汇留成卖给需要用汇的企业。自此，市场机制开始被引入外汇分配领域。

外汇留成制度的实行催生了外贸部门间的外汇调剂需求。1980 年 10 月，中国银行开办外汇调剂业务，价格在贸易内部结算价的基础上上浮 5% ~ 10% 。1985 年 11 月，深圳经济特区成立了第一家外汇调剂中心，此后各地陆续成立了外汇调剂中心，外汇调剂市场成交量快速增加。1986 年，外汇调剂业务由中国银行移交国家外汇管理局，外汇调剂市场初步形成。此后，外汇调剂价格进一步放开，市场供求状况开始对人民币汇率发挥作用。1988 年 9 月，我国首家公开化的外汇调剂中心在上海成立，该中心实行会员制，引入公开竞价成交方式。截至 1993 年底，全国先后成立了 108 个外汇调剂中心。当时，全国进出口收付汇中的 80% 采用外汇调剂市场价格结算。

随着外汇留成的增加，调剂外汇的交易量越来越大，官方汇率与调剂汇率出现偏离。这一阶段，人民币官方汇率进行了几次大幅度下调，每次调整幅度都在 10% ~20% 。考虑到汇率一次性大幅调整对国民经济冲击过大，自 1991 年 4 月起，人民币汇率经常性小幅调整。1993 年底，人民币对美元官方汇率与调剂汇率分别为 5. 7 和 8. 7。

这一时期为适应对外开放的需要，我国对金融服务方面的外汇管理制度也进行了一系列改革：一是放松银行外汇业务的准入，允许办理外汇结算业务的银行从原来一家扩大到其他商业银行；二是在引进外资方面，国家制定并且执行鼓励利用外资政策，放宽对外资使用的限制，鼓励外资进入中国，并根据有关政策分别实行免税、抵税、退税等一系列优惠政策；三是发行外汇兑换券，允许境内居民个人持有外汇以及在银行开立外汇储蓄账户。

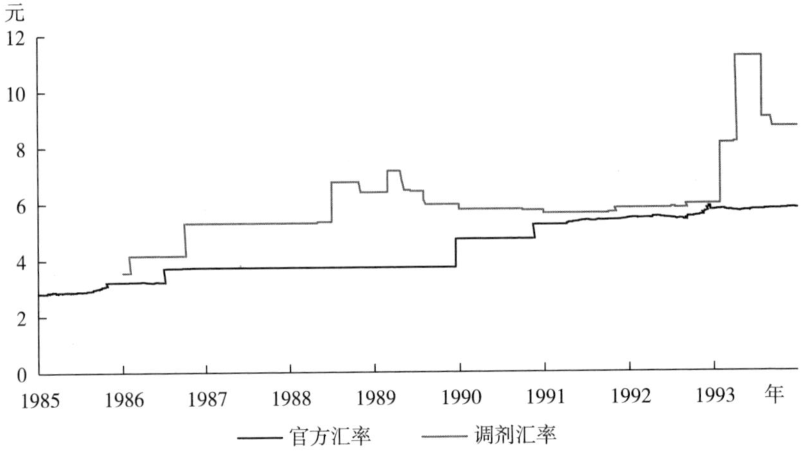

图 2-3　1985—1993 年人民币对美元汇率走势

（数据来源：根据相关文献、公告整理）

（三）社会主义市场经济体制下外汇管理框架初步确定（1994—2012 年）

1993 年 11 月 14 日，《中共中央关于建立社会主义市场经济体制若干问题的决定》提出，“改革外汇管理体制，建立以市场供求为基础的、有管理的浮动汇率制度和统一规范的外汇市场，逐步使人民币成为可兑换货币”，这为外汇管理体制进一步改革指明了方向。这一阶段，我国初步确立了与社会主义市场经济相适应的外汇管理体制框架。①

1. 1994 年外汇管理体制改革

1994 年汇改之前，国内经济过热导致进口需求增加，外汇供不应求。同时，在外汇调剂市场上，人民币汇率不断贬值，与官方汇率的差距越来越大，汇率并轨和人民币汇率重估势在必行。1993 年底，中国人民银行发布《关于进一步改革外汇管理体制的公告》，主要进行了以下改革：

一是汇率并轨，实行以市场供求为基础的、单一的、有管理的浮动汇率制度。1994 年 1 月 1 日，人民币官方汇率与调剂汇率并轨，并轨时人民币对

① 易纲：《改革开放三十年来人民币汇率体制的演变》，2008，http://www.cf40.org.cn/news.detail/678.html。

美元汇率为8.70。

二是建立银行间外汇市场。1994年4月4日，中国外汇交易中心正式运营，中国人民银行授权中国外汇交易中心每日开盘前公布人民币对美元汇率中间价，规定银行间外汇市场当日交易波幅为中间价上下0.3%。央行根据宏观经济政策目标，对外汇市场进行必要的干预，以调节市场供求，保持人民币汇率的稳定。

三是实行银行结售汇制度，取消外汇上缴和留成，取消用汇的指令性计划和审批。从1994年1月1日起，取消各类外汇留成、上缴和额度管理制度，对境内机构经常项目下的外汇收支实行银行结汇和售汇制度。境内机构经常项目外汇收入，除国家规定准许保留的外汇可以在外汇指定银行开立外汇账户外，都须及时调回境内，按照市场汇率卖给外汇指定银行。

四是禁止在境内外币计价、结算和流通。1994年1月1日，中国重申取消境内外币计价、结算，禁止外币境内流通和私自买卖外汇，停止发行外汇兑换券并逐步退出流通。

五是取消所有经常性国际支付和转移的限制，以符合国际货币基金组织协定第八条款要求。1996年12月1日，中国正式宣布接受第八条款，实现人民币经常项目完全可兑换。

1994年汇率市场化改革之后，我国初步建立了适应社会主义市场经济的外汇管理体制。人民币汇率形成机制开始进入以市场供求为基础的新阶段，人民币汇率作为重要的要素价格，开始逐步发挥在外汇资源配置中的重要作用。1997年亚洲金融危机爆发后，出于对全球经济负责任的态度，我国承诺人民币不贬值，将人民币对美元汇率维持在8.2765的水平，并持续到2005年。

2. 2005年外汇管理体制改革

2001年加入世界贸易组织以后，我国对外贸易迅速发展，国际收支保持较大顺差，外汇储备增长迅速。2002年美元走弱进一步加大了人民币汇率升值压力，人民币升值导致的外资大量流入也滋生了宏观经济过热的风险。2003年《中共中央关于完善社会主义市场经济体制若干问题的决定》，提出完善和深化人民币汇率改革的要求。2005年7月21日，我国开始实行以市场供求为基础、参考一篮子货币进行调节、有管理的浮动汇率制度。人民币汇率从实际盯住单一美元转向参考一篮子货币，人民币汇率弹性有所增加。为完善汇率制度，推进资本项目开放，促进外汇市场发展，我国陆续推出以下系列改革措施。

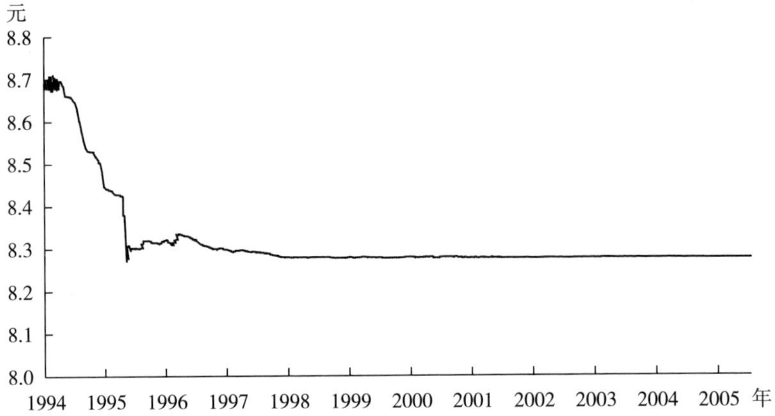

图2－4　1994年汇改至2005年人民币对美元汇率走势

（数据来源：万得资讯）

一是对汇率中间价形成方式进行调整。2005年汇改初期，中间价按照上一日收盘价决定。2006年1月4日，央行在银行间市场引入做市商制度和询价交易机制，由做市商在开市前向中国外汇交易中心报价，报价经去掉最高价和最低价进行加权平均后形成中间价。

二是以意愿结售汇取代强制结售汇。企业外汇账户内保留的外汇限额逐步提高，强制结售汇制度逐步退出历史舞台。2002年，企业外汇账户限额为上年度经常项目外汇收入的20%；2004年，限额提高至30%或50%[①]；2005年，限额进一步提高至50%或80%；2006年，改变之前仅按收入核定限额

① 对于上年度经常项目外汇支出占经常项目外汇收入的比例为80%以下的境内机构，其经常项目外汇账户限额按上年度经常项目外汇收入的30%核定；对于上年度经常项目外汇支出占经常项目外汇收入的比例为80%以上（含80%）的境内机构，其外汇账户限额按上年度经常项目外汇收入的50%核定。

的方法，按照企业上年度经常项目外汇收入的80%与经常项目外汇支出的50%之和核定限额；2007年，取消外汇账户限额管理，企业可以根据经营需要自主保留外汇；2008年，修订后的《外汇管理条例》明确企业和个人可以按规定保留外汇或者将外汇售卖给银行。

三是外汇衍生产品相继推出。人民币汇率形成机制市场化改革催生了外汇衍生品市场发展，产品序列不断丰富。2005年，我国银行间市场推出人民币外汇远期交易。2006年，推出人民币外汇掉期交易。2007年，推出人民币货币掉期交易。2011年，推出人民币外汇期权交易。

四是稳步推进资本市场双向开放。2002年底，我国正式出台合格境外机构投资者（QFII）制度，外资真正意义上可以参与境内证券市场交易。2006年，为满足境内机构和个人对外证券投资和资产配置的需求，出台合格境内机构投资者（QDII）制度。

2005年汇改对我国实体经济发挥了积极影响，为宏观调控创造了有利条件，也在应对国内外形势变化中起到了重要作用，取得了预期的效果。汇改以后，人民币汇率弹性快速增加。2008年，美国次贷危机演变成全球金融海啸，在国际金融形势急剧恶化的背景下，我国有力地维护了人民币汇率的基本稳定。2008年7月至2010年6月，人民币对美元中间价基本稳定在6.81～6.84。2010年6月19日，央行重申增强人民币汇率弹性，人民币汇率退出应

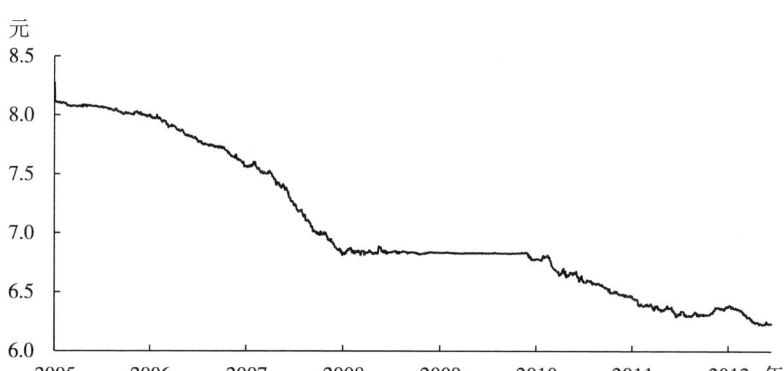

图2－5　2005年汇改至2012年人民币对美元汇率走势

（数据来源：万得资讯）

对危机的非常规状态。2012年4月，央行将银行间外汇市场人民币对美元即期交易价浮动幅度由±0.5%扩大到±1%。

（四）建立健全与高水平对外开放相适应的外汇管理体制（2013年至今）

2013年发布的《中共中央关于全面深化改革若干重大问题的决定》明确要求完善人民币汇率市场化形成机制。在人民币国际化快速发展，特别是在人民币正式加入特别提款权（SDR）货币篮子之际，央行于2015年8月11日再次改革人民币汇率形成机制，进一步形成以市场供求为基础、参考一篮子货币进行调节的人民币对美元汇率中间价形成机制，强调人民币对美元汇率中间价报价要参考上日收盘汇率，以反映市场供求变化。此后，央行对中间价形成机制进行了一系列改革。

1. “收盘汇率+一篮子货币汇率变化”定价机制形成

2015年12月11日，中国外汇交易中心发布人民币汇率指数，强调要加大参考一篮子货币的力度，以更好地保持人民币对一篮子货币汇率基本稳定。2016年上半年，“收盘汇率+一篮子货币汇率变化”的人民币对美元汇率中间价形成机制初步形成。“收盘汇率+一篮子货币汇率变化”是指做市商在进行人民币对美元汇率中间价报价时，需要考虑收盘汇率和一篮子货币汇率变化两个因素。

2. 一篮子货币汇率的计算时段调整

2015年12月，人民币汇率中间价开始按照“收盘价+篮子货币稳定”的计算规则。2017年2月21日，人民币汇率中间价形成机制缩减一篮子货币汇率的计算时段，从原来的24小时改为15小时，即从下午4：30开始计算到第二日早上7：30，调整的目的是更好反映市场变化和防止重复计算。

3. 加入逆周期因子

2017年上半年，美元汇率持续走弱，其他主要货币对美元汇率大幅升值，同期人民币对美元汇率仅升值1.07%，不符合经济基本面和国际汇市变化。2017年5月，为适度对冲市场情绪的顺周期波动，缓解外汇市场可能存在的“羊群效应”，中国外汇交易中心宣布将在中间价公式中加入逆周期因子。

2011 年至 2015 年 8 月 11 日，人民币汇率市场价波动较大，但是中间价弹性较弱，导致市场价与中间价的偏离长时间接近或达到浮动幅度上下限。[①] 2015 年"8·11 汇改"以来，中间价形成机制逐渐完善，中间价的弹性增强，市场化程度进一步提升。图 2－6 和图 2－7 分别描述了这一阶段市场价与中间价的偏离以及人民币对美元汇率走势。

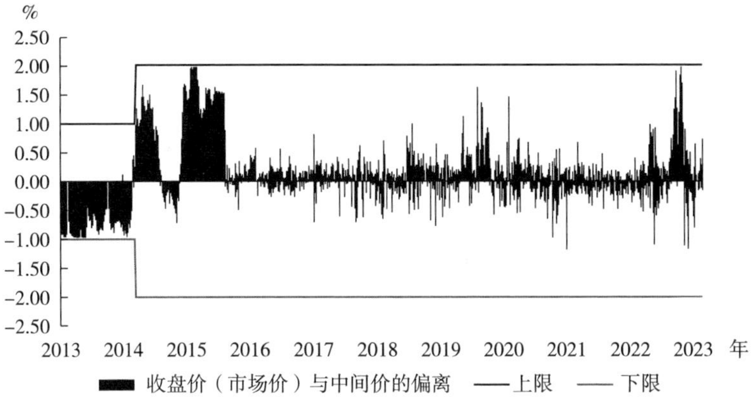

图 2－6　市场价与中间价的偏离情况

（数据来源：万得资讯）

图 2－7　2012—2023 年人民币对美元汇率

（数据来源：万得资讯）

① 2007 年 5 月 21 日人民币汇率的浮动区间从 0.3% 扩大到 0.5%。2012 年 4 月 12 日，人民币汇率的浮动区间从 0.5% 扩展到 1%。2014 年 3 月 17 日，人民币汇率的浮动区间进一步扩大至 2%。

二、我国外汇管理体制日趋完善

（一）人民币国际化稳步推进

2015 年 11 月 30 日，国际货币基金组织（IMF）决定将人民币纳入 SDR 货币篮子，人民币国际化取得里程碑式进展。新的 SDR 篮子于 2016 年 10 月 1 日生效。调整后的 SDR 篮子中，人民币的权重为 10.92%，低于美元和欧元的 41.73% 和 30.93%，高于日元和英镑的 8.33% 和 8.09%。2022 年 5 月 11 日，IMF 完成了 5 年一次的 SDR 定值审查，人民币权重由 10.92% 上调至 12.28%，升幅 1.36 个百分点。回顾人民币国际化的历程，人民币在结算货币、储备货币、计价货币等领域取得长足发展。

1. 人民币跨境支付结算规模稳步增长

自 2009 年 4 月我国启动跨境贸易人民币结算试点以来，人民币跨境支付结算规模稳步增长。2022 年，我国跨境贸易人民币结算日均金额为 274 亿元[①]，人民币直接投资结算业务日均金额为 169 亿元。

人民币国际支付份额稳步上升，成为全球第五大支付货币。2023 年 1 月，人民币国际支付份额为 1.91%，全球排名第 5 位，排在美元、欧元、英镑、日元之后。[②]

2. 人民币在全球外汇储备中的占比显著提高

根据国际货币基金组织的统计，人民币在全球外汇储备中的规模从 2016 年第四季度的 908 亿美元，提高至 2022 年第三季度的 2978 亿美元，占全球外汇储备的比重相应从 1.1% 提升至 2.8%，排在美元（59.8%）、欧元（19.7%）、日元（5.3%）、英镑（4.6%）之后，位列第 5。

---

① 目前只公布了 2022 年 1—8 月、10 月数据。

② 排名使用 SWIFT 系统。

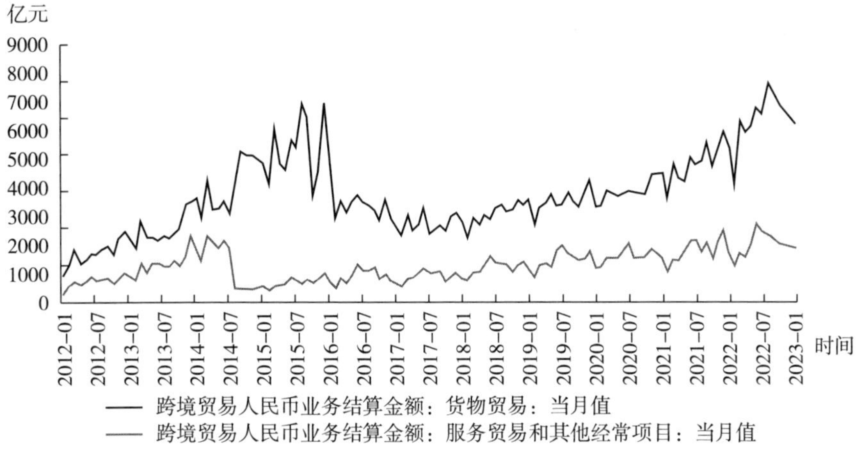

图 2-8　跨境贸易人民币结算业务金额

（数据来源：万得资讯）

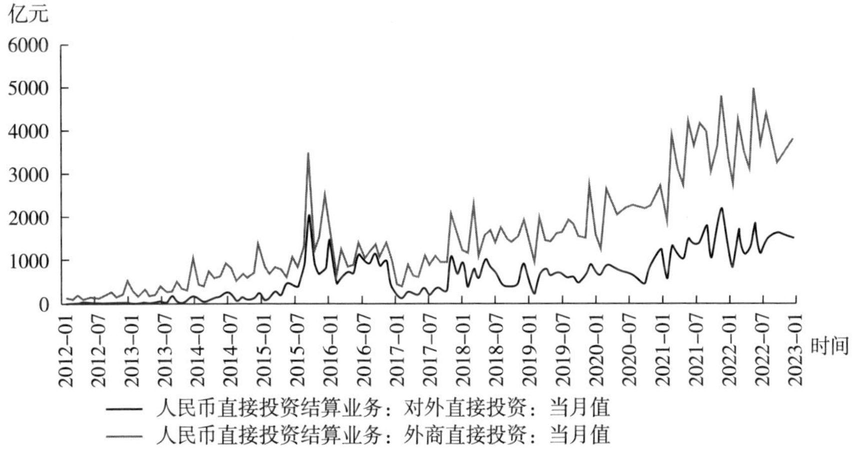

图 2-9　人民币直接投资结算业务金额

（数据来源：万得资讯）

3. 人民币计价功能不断拓展

计价功能是人民币国际化属性在度量国际大宗商品等资产价值方面的重要体现。近年来，我国针对原油、铁矿石、黄金、白银、PTA、20 号胶、棕桐油等多个特定品种引入境外投资者参与交易，推动大宗商品人民币计价。境外投资者参与境内特定品种期货交易，可以使用人民币或美元作为保证金。截至2021年末，境外参与者累计汇入保证金1245亿元，累计汇出1253亿元，其中人民币占比分别为69.1%和81.3%。

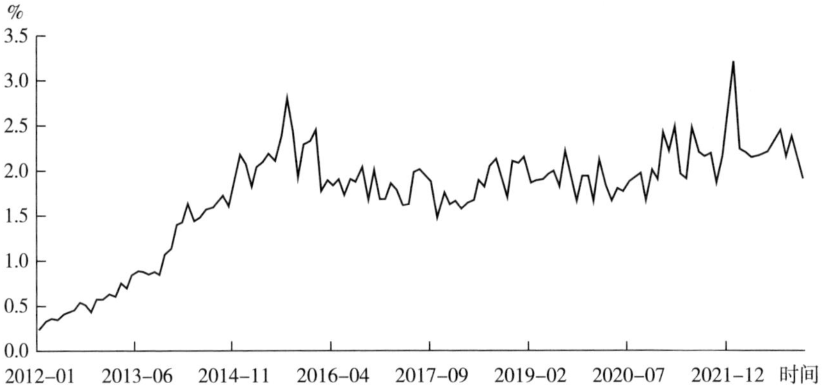

图2-10　近年来人民币国际支付（全球市场份额）

（数据来源：万得资讯）

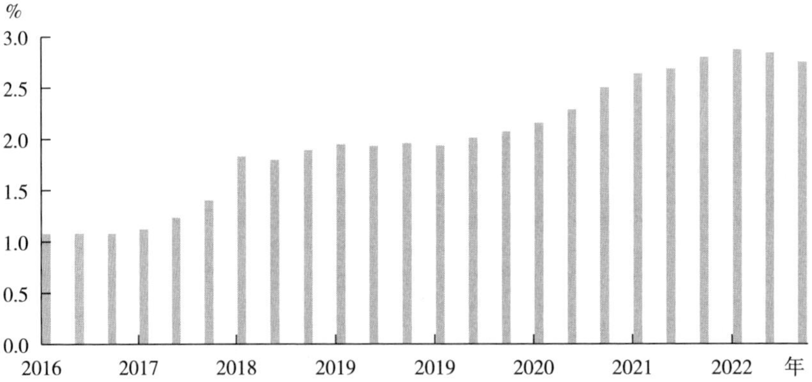

图2-11　2016—2022年外汇储备货币中人民币占比情况

（数据来源：国际货币基金组织）

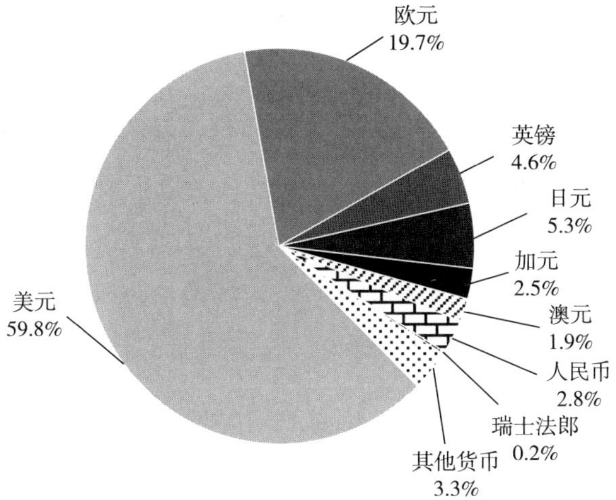

图 2-12 2022 年第三季度外汇储备货币结构

（数据来源：国际货币基金组织）

（二）有序推进资本项目可兑换

股票市场方面，2014 年 11 月，上海与香港股票市场互联互通（沪港通）开通。2016 年 12 月，深圳与香港股票市场互联互通（深港通）开通。截至 2023 年 1 月，外资通过沪深股通累计净买入 A 股接近 1.9 万亿元，外资已成为 A 股市场的重要参与力量之一。

债券市场方面，2017 年 7 月，内地与香港债券市场基础设施互联互通（债券通"北向通"）开通，境外投资者可通过中国香港金管局的债务工具中央结算系统（CMU）直接购买内地银行间债券市场债券。2021 年 9 月，债券通"南向通"正式开通。截至 2022 年末，境外机构持有银行间市场债券 3.39 万亿元，约占银行间债券市场总托管量的 2.7%。

2011 年末，为扩大跨境人民币的使用，鼓励境外机构和个人持有人民币资产，拓宽人民币回流和投资渠道，RQFII 制度率先在中国香港落地，后陆续适用于韩国、新加坡、日本、欧洲等主要国家和地区。2019 年 9 月，为进一步支持境外投资者投资境内金融市场，提升跨境投融资便利化程度，我国宣布取消QFII/RQFII投资额度限制，取消RQFII试点地区限制。

（三）"宏观审慎+微观监管"两位一体管理框架持续完善

2008年国际金融危机凸显了单一微观审慎监管的内在缺陷。危机后，越来越多的国家将金融稳定纳入政策目标并实施宏观审慎管理。2017年，党的十九大报告明确提出"健全货币政策与宏观审慎政策双支柱调控框架"。为引导跨境资本平稳有序流动，我国在坚持市场化导向和经常项目可兑换原则基础上，对外汇市场主体的交易行为实施逆周期、市场化调控。主要包括：建立完善跨境资本流动监测、预警和响应机制，更好运用中间价逆周期因子、外汇风险准备金、全口径跨境融资宏观审慎等各类政策工具；出台《银行外汇业务微观合规与审慎经营评估办法》，提升外汇管理政策传导效率。在跨境资本流动宏观审慎管理框架初步形成的同时，外汇市场微观监管政策体系也不断完善。外汇市场微观监管旨在维护外汇市场竞争秩序，保护外汇市场投资者合法权益，防范微观主体外汇业务经营风险，并通过真实性审核、行为监管和微观审慎监管三个支柱实现政策目标。

三、总结与展望

我国外汇管理体制建立于计划经济时期，高度集中的外汇管理体制有力支持了国民经济的恢复与发展。1978年，改革开放拉开了外汇管理体制改革的序幕，计划管理与市场调节相结合的外汇管理模式初步形成。自1994年以来，我国逐步确立与社会主义市场经济体制相适应的外汇管理体制，市场配置外汇资源的决定性地位初步奠定。自2013年以来，人民币汇率形成机制进一步完善，中间价形成机制更加市场化，汇率弹性明显增强。我国外汇管理体制改革过程中充分坚持了渐进可控原则，不仅有效支持了实体经济发展，也有效防范了内外部冲击风险，维护了外汇市场的健康发展。

第二节 境内人民币外汇市场建设与发展

改革开放以来，随着外汇管理改革和人民币汇率形成机制改革不断推进，依托银行间和银行柜台市场，我国境内逐步构建起适应经济发展的现代外汇市场体系。人民币外汇市场产品体系日益丰富、交易模式渐趋多元、参与主体不断扩大，在汇率形成、资源配置和风险管理中发挥着重要作用。

一、境内人民币外汇市场的建立和发展

境内人民币外汇市场是伴随改革开放，从无到有、从小到大、从封闭到开放发展起来的，经历了由外汇调剂市场向统一的银行间外汇市场演进的历程。随着人民币汇率形成机制改革和人民币国际化进程的推进，境内人民币外汇市场在服务经济高质量发展、构建全面开放新格局等领域不断取得新成绩。

（一）外汇调剂市场时期（1978—1993 年）

1978 年以前，我国外汇管理体制采用外汇统收统支的计划体制，这个时期基本不存在真正意义上的外汇市场。1979 年，我国实行外汇留成制度，创汇单位可自行使用留成外汇，从而产生了调剂外汇余缺的需求。1980 年 10 月，中国银行被授权在北京、上海等地开办外汇调剂业务，标志着中国外汇市场的萌芽产生。在外汇调剂市场产生初期，汇率基准为 1 美元折合 2.80 元人民币，允许在此基础上下浮动 5% ~10%，成交价格由买卖双方协商确定。

1985 年，深圳设立第一家外汇调剂中心，集中办理当地的外汇调剂业务。1986 年，北京设立全国外汇调剂中心，为中央各部门、各省市之间办理现汇调剂业务。1986 年后三个季度，全国外汇调剂市场成交额为 18.9 亿美元，1987 年增加至 42 亿美元，1988 年进一步增长至 62.6 亿美元，市场初具规模。1988 年，上海设立国内首个公开的外汇调剂市场，实行会员制。多个

调剂中心的建立，带来了外汇调剂量的增加，但由于各调剂市场分割，各调剂市场的汇价并不相同，形成官方汇率与多个调剂汇率并存的局面。1992 年，境内开通了由 26 家地方外汇调剂中心组成的联合报价网络，引入公开报价、竞价成交机制，大幅提升了市场统一性和透明度。

外汇调剂市场形成了在一定程度上反映市场供求关系的外汇调剂汇率。一方面，通过调剂各部门的外汇余缺，调动各类主体的创汇积极性，保障和促进了外贸出口的稳定增长；另一方面，通过实现外汇调剂市场的互联互通，促进了外汇资源在全国范围内的合理配置，有力支持了国家产业政策实施。外汇调剂市场是我国外汇市场的雏形，与一般意义上的外汇市场有较大区别。一是外汇调剂市场是企业、个人等客户之间相互调剂的市场，不同于由银行对客户市场和银行间市场构成的、以银行间市场为核心的成熟场外市场结构。二是外汇调剂市场存在区域市场分割，并非统一市场，与官方汇率的差异造成了双轨制汇率。

（二）双层外汇市场的建立与发展（1994—2004 年）

外汇调剂市场的形成和发展，为建立统一规范的外汇市场积累了经验，奠定了基础。为贯彻落实 1993 年党的十四届三中全会提出的建立社会主义市场经济体制的决定，1994 年，我国对外汇管理体制进行了重大改革，实现汇率并轨，人民币实行有管理的浮动汇率制度，实施银行结售汇制并建立银行间外汇市场。自此，我国人民币外汇市场格局确立，构建了银行间市场（批发市场）与银行对客市场（零售市场）并存的双层外汇市场体系。

一是实施银行结售汇制度，建立银行对客外汇市场。从 1994 年 1 月 1 日起，我国开始实行银行结售汇制度，企业、个人的外汇收支按照市场汇率在外汇指定银行办理兑换，形成了银行对客市场。根据该项制度，企业等非银行间市场参与者可通过银行柜台开展结售汇交易，银行对客结售汇的挂牌汇率由国家外汇管理局对外公布。银行对客结售汇业务的推出，改变了 1994 年汇改前企业通过外汇调剂市场平衡外汇头寸余缺的状况，开启了市场化服务用汇需求的探索。

二是建立统一规范的银行间外汇市场。1993 年 12 月 15 日，国务院发布《关于进一步改革外汇管理体制的通知》，明确提出建立银行间外汇市场。1994 年 4 月，中国外汇交易中心（以下简称外汇交易中心）正式运营，标志着统一的银行间外汇市场正式建立。银行间外汇市场的成立，为外汇指定银行提供了结售汇头寸平补的平台，促进了外汇资金在全国范围内的有效配置，为人民币实行以市场供求为基础的、单一的、有管理的浮动汇率制度奠定了基础。

（三）银行间外汇市场深化发展（2005—2014 年）

2005 年 7 月 21 日，我国启动新一轮汇率市场化改革，开始实行以市场供求为基础、参考一篮子货币进行调节、有管理的浮动汇率制度。在企业和个人交易管理方面，取消强制结售汇制度，企业账户限额和个人购汇额度扩大。在银行交易管理方面，人民银行对各银行的结售汇周转头寸管理改为综合头寸管理，银行结售汇综合头寸总限额有所提高。2005 年汇改后，我国银行间外汇市场进入快速发展阶段。

一是丰富交易品种。2005 年汇改前，我国外汇市场产品比较单一，全市场以即期交易为主。2005—2011 年，银行间外汇市场陆续推出了外汇远期、外汇掉期、货币掉期与外汇期权等品种，银行对客市场的交易品种也得到相应拓展。

二是丰富交易币种。2005 年之前，我国外汇市场的交易币种主要是人民币对美元、港元、欧元和日元。2006 年，外汇交易中心在银行间外汇市场推出人民币对英镑即期、远期和掉期交易。自 2010 年起，外汇交易中心陆续在银行间外汇市场推出人民币对马来西亚林吉特、俄罗斯卢布、澳元、加元等币种的交易，以及人民币对泰铢、哈萨克斯坦坚戈的区域交易。2014 年，银行间外汇市场基本涵盖了我国跨境收支的主要结算货币。

三是完善交易机制。2006 年 1 月，银行间外汇市场引入做市商和询价交易方式。做市商在提供外汇市场流动性、提高了市场交易效率、转移和分担风险、促进市场发展等方面具有重要作用。银行间外汇市场将做市商制度由外币对市场拓展至人民币外汇市场，提高了市场流动性和人民币汇率形成机制市场化程度。询价交易方式是国际外汇市场最常见的交易机制之一，配合做市商制度，有利于提升人民币汇率形成的市场化程度。

四是升级交易系统。我国银行间外汇市场成立以来，就推出了银行间结售汇和外币买卖等电子交易系统。2007 年 4 月，外汇交易中心上线新一代外汇交易系统，将人民币对外币和外币对的即期、远期和掉期等产品整合至同一交易平台，并在此后不断升级更新该系统。随着银行间外汇市场交易模式的改进，银行对客业务方面的技术系统也有相应提升，大型国有商业银行、实力较强的全国性股份制商业银行纷纷研发本行外汇交易头寸管理和报价系统，在总行、分行交易之间实现了从传统电话交易模式向互联网电子交易模式的转变，大大提升了银行自身交易和服务客户的效率。

（四）人民币国际化背景下市场发展阶段（2015 年至今）

自 2015 年以来，我国金融市场对外开放的稳步推进，要求建立健全与更高水平开放相适应的外汇市场和管理体制机制。2015 年 8 月 11 日，优化银行间外汇市场人民币对美元中间价报价机制的推出，标志着新一轮汇率改革迈出了关键一步。2015 年 12 月 1 日，国际货币基金组织正式宣布，人民币将于 2016 年 10 月 1 日加入 SDR，成为与美元、欧元、英镑和日元并列的第五种 SDR 篮子货币。伴随人民币汇率市场化改革的推进和人民币国际地位的提升，境内外汇市场进入高质量发展新阶段。

一是优化银行间外汇市场交易机制，形成以撮合为主的交易模式。2015 年 2 月，外汇交易中心推出支持撮合交易的标准化人民币外汇掉期产品（C－Swap）。2015 年汇改后，人民币汇率双向波动成为常态。外汇交易中心于 2017 年 12 月推出人民币外汇即期撮合交易，随后将撮合交易拓展至外币对市场。目前，撮合交易已代替询价交易成为境内银行间外汇市场的主要交易模式。

二是积极推进双向开放，形成较为多元的市场参与者机构。一方面，积极吸纳证券公司、基金公司、财务公司、实体企业等非银金融机构和非金融企业入市交易，外汇市场参与主体日益丰富；另一方面，允许境外央行类机构、境外清算行和人民币购售业务的境外参加行三类机构进入银行间外汇市场。为便利参与境内银行间债券市场的境外机构管理外汇风险，外汇交易中心于2020年在银行间外汇市场推出主经纪业务，参与银行间债券市场的境外机构在满足相应条件的前提下，可通过主经纪商成为人民币外汇市场和外币对市场的主经纪客户，参与即期、远期和掉期等衍生品交易。

三是不断拓展实需原则内涵，积极倡导“风险中性”理念。外汇市场的核心功能是为市场主体提供外币兑换和风险管理渠道。外汇市场建立之初，为防止市场投机炒作，实体企业开展结售汇交易必须以实际用汇需求为前提，即满足实需原则。随着境内外汇市场的发展，实需原则的适用范围不断拓展，管理内涵更加丰富。外汇远期交易的交割方式由全额交割逐步演变为允许差额交割，套期保值范围从经常项目逐步扩大到跨境融资、证券投资等资本项目。随着人民币汇率双向波动步入常态化，为帮助各类进出口企业更好应对汇率风险，在人民银行、外汇局的指导下，商业银行积极引导企业树立“风险中性”理念。所谓风险中性理念，是指以中性态度对待汇率风险，不对人民币汇率升值或贬值做押注，通过专业的汇率风险管理工具，对汇率风险敞口进行主动管理，提前锁定收益或成本，尽可能降低汇率波动对企业财务的负面影响。商业银行通过建立内部联动、协作机制，针对企业积极开展“风险中性”理念宣传，引导企业建立健全汇率风险管理制度，将汇率管理纳入日常财务决策，帮助企业熟练使用外汇衍生品工具。

四是市场监管不断完善，充分发挥行业自律和政府监管职能。《中华人民共和国外汇管理条例》是境内外汇市场监管的主要行政法规。结合银行间外汇市场和银行对客市场的运行实际，《银行间外汇市场管理暂行规定》《银行办理结售汇业务管理办法》《银行业金融机构衍生产品交易业务管理暂行办法》《外汇市场交易行为规范指引》等制度性文件对境内外汇市场监管做了具体规定。2015年以来，基于境内外汇市场的运行实践，在人民银行和外汇局的指导下，设立外汇市场自律体系。自律体系由外汇市场自律机制和外汇市场指导委员会构成，根据工作指引和章程等制度，分别牵头组织银行间市场成员加强内部合规管理，培育市场自律文化，维护市场运行秩序。境内外汇市场监管开始由他律为主，转为自律与他律相结合的模式。

专栏一

外汇市场自律体系及《中国外汇市场准则》

外汇市场自律体系主要包括外汇市场自律机制和中国外汇市场指导委员会，先后成立于2016年6月和2017年4月。外汇市场自律机制是由外汇及相关市场参与者组成的市场自律和协调机制，在符合国家有关汇率政策和外汇管理规定的前提下，对人民币汇率中间价报价行为、银行间外汇市场交易行为和银行对客外汇及跨境人民币展业行为进行自律管理。中国外汇市场指导委员会由来自监管机构的人员和市场参与者的代表共同组成，负责从外汇市场改革、发展和规范等宏观、总体的视角对相关业务统筹指导，推动外汇市场自律机制更加协调有序地发展。

外汇市场自律体系建立后，基于境内外汇市场的实践，并充分借鉴全球及主要国家、地区的外汇市场准则及自律机制相关准则，制定了《中国外汇市场准则》（以下简称《准则》）。业务层面，《准则》覆盖了银行间及银行对客结售汇业务、外币买卖业务及其他相关展业业务。参与者层面，《准则》覆盖了所有从事外汇的银行及非银行金融类机构及其内部人员，《准则》还将境内外汇市场的主要组织者——外汇交易中心纳入覆盖范围，一方面，对外汇交易中心市场基准价格等信息发布和参与机构的行为规范提出了更高的要求；另一方面，也要求外汇交易中心将市场参与者交易员的行为规范培训纳入现有培训体系。

《准则》的出台是2015年汇改以来境内外汇市场改革发展的一项重大举措，也是我国外汇市场规则与国际接轨的重要标志。《准则》虽然不对市场参与者构成法律、法规上的约束，也不能代替监管规范，但却是对国家相关法律、法规和政策规则的补充，是市场参与者完善内部管理制度的参考依据，为进一步提高人民币汇率形成机制的市场化程度，促进和规范外汇市场的发展提供了基础性制度保障。

二、境内人民币外汇市场的发展现状

境内人民币外汇市场由银行间市场与银行对客市场构成，银行间市场主要是银行与其他市场成员平补外汇头寸和调节外汇流动性的场所，银行对客市场主要服务于客户的实际用汇和套期保值需求。

（一）市场准入

在银行对客市场，银行办理对客结售汇业务时，应根据监管要求，遵循实需原则，按照“了解业务、了解客户、尽职审查”的展业三原则进行审核。银行为客户办理人民币与外汇衍生产品业务时，也需要具有对冲外汇风险敞口的真实需求背景。

在银行间市场，实行会员准入制，境内机构具备外汇局批准的即期结售汇业务资格是申请成为银行间人民币外汇即期会员的前提条件。如进一步申请人民币外汇衍生品会员，需要在具备银行间外汇市场即期会员资格的基础上，取得监管部门批准的衍生品业务资格。截至2023年2月末，银行间外汇市场共有756家人民币外汇即期会员，277家人民币外汇远期会员、273家人民币外汇掉期会员、224家人民币外汇货币掉期会员、162家人民币外汇期权会员。目前，银行间外汇市场会员涵盖商业银行、大型企业集团财务公司、证券公司及其他非银金融机构、实体企业等，其中银行类金融机构会员占比在80%以上。

（二）交易机制

在银行对客市场，银行在传统的柜面服务的基础上引入线上电子平台交易，为客户提供便捷的授信服务及更丰富的产品，客户根据银行报价点击成交，服务的广度与效率得到提升。

在银行间市场，外汇交易中心支持竞价交易、询价交易和撮合交易等交易模式。其中，竞价交易也称匿名交易，是指做市商通过外汇交易系统匿名报价，市场参与者可点击报价或提交订单，系统按照“价格优先、时间优先”的原则进行匹配达成交易，交易双方通过集中净额清算的交易模式。询价交易是指有双边授信关系的交易双方，通过外汇交易系统发起交易请求、协商交易要素达成交易，交易达成后进行双边或集中净额清算的交易模式。撮合交易是指交易双方基于双边授信，按照“价格优先、时间优先”原则进行订单自动匹配结合点击成交达成交易，交易达成后进行双边或集中净额清算的交易模式。竞价交易与撮合交易的主要区别如下：一是前者为匿名交易，后者在交易达成后可见交易双方的相关信息；二是竞价交易仅支持集中净额清算，撮合交易除支持集中净额清算外，还支持双边清算。

（三）清算模式

在银行对客市场，银行通过客户设立的外汇专用账户与客户进行双边清算。在银行间市场，清算模式分为双边清算和集中清算两种。双边清算模式支持双边全额清算和双边净额清算。其中，双边全额清算由交易双方对彼此之间达成的交易，按交易要素逐笔进行资金清算；双边净额清算一般由交易双方对同一清算日内的所有交易进行资金轧差清算。集中清算采用净额清算方式。在银行间外汇市场的竞价交易模式中（包括人民币外汇交易和外币对交易），上海清算所作为中央清算对手方与交易双方按集中净额清算模式进行资金清算。在银行间外汇市场的询价和撮合交易模式中（仅人民币外汇交易），上海清算所可作为中央清算对手方与指定会员按集中净额清算方式进行资金清算。2021年8月，上海清算所推出了银行间外汇市场双边全额和净额清算服务，为未纳入中央对手方清算的银行间外汇市场部分交易提供清算服务。

（四）风险控制

在银行对客市场，风险控制主要体现在银行与客户签订的双边协议、银行对客户交易背景实施审核及授信，以及要求资信程度较低的客户缴纳保证金。除前述实需原则为国家外汇管理局统一制定之外，银行对客市场的交易风险控制标准和措施主要由银行自主制定执行，不同银行针对不同客户实施差异化风险管理。在银行间外汇市场，风险控制主要体现在银行与交易对手方签订的双边协议及双边授信。银行作为外汇交易中心的会员，在银行间外汇市场开展的所有交易均以双边授信为前提，交易金额不得突破授信额度。外汇局对银行间外汇市场的交易限额风险控制指标主要是结售汇综合头寸限额，该指标由外汇局根据国际收支状况、银行外汇业务经营情况以及宏观审慎管理等因素予以核定。同时，银行内部针对不同产品和交易人员也分别制定了各自的敞口限额和止损限额，通过前台、中台、后台一体化的技术系统实现交易簿记、估值和清算业务。

三、境内人民币外汇市场成交情况

人民币汇率市场化改革推进以来，境内银行间和银行对客人民币外汇市场成交量稳步增长，总体呈现银行间外汇市场交易规模大于银行对客市场的格局。

（一）境内人民币外汇市场整体成交情况

2022 年，境内人民币外汇市场总成交 34.50 万亿美元，其中银行对客市场总成交 5.76 万亿美元，银行间外汇市场共成交 28.74 万亿美元，占比高达 83.30%。从品种来看，外汇即期成交 12.59 万亿美元，占全市场成交量的 36.50%，其中银行间即期成交 8.34 万亿美元，占即期总成交量的 66.24%；外汇和货币掉期总成交 19.51 万亿美元，占全市场成交量的 56.55%，其中银行间外汇掉期和货币掉期成交 19.34 万亿美元，占掉期总成交量的 99.13%；外汇期权和外汇远期成交量均为 1 万亿美元左右，占比分别为 3.06% 和 3.89%，其中 69.04% 的外汇期权交易发生在银行间外汇市场，外汇远期交易则主要发生于银行对客市场，银行间外汇市场份额仅有 12.29%（见图 2-13 和表 2-1）。

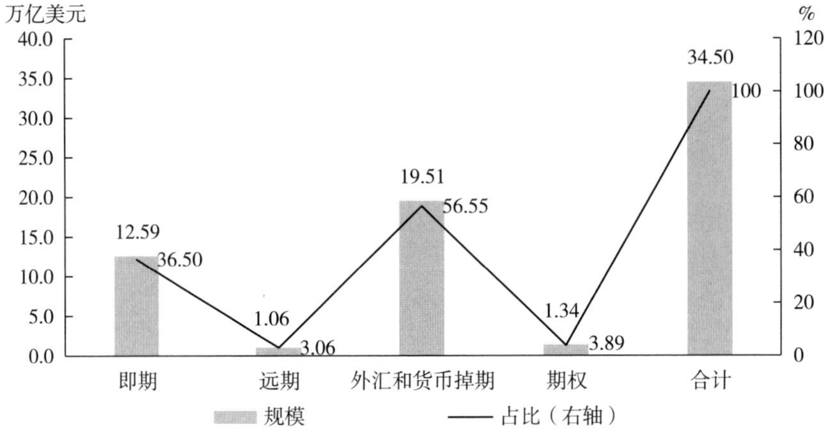

图 2-13 2022 年境内人民币外汇市场交易规模及占比（按品种）

（资料来源：国家外汇管理局）

表 2-1 2022 年境内人民币外汇市场各品种成交额及占比

市场	即期		远期		外汇掉期和货币掉期		期权	
	交易额（万亿美元）	占比（%）	交易额（万亿美元）	占比（%）	交易额（万亿美元）	占比（%）	交易额（万亿美元）	占比（%）
银行对客市场	4.25	33.74	0.93	87.71	0.17	0.88	0.41	30.96
银行间市场	8.34	66.26	0.13	12.29	19.34	99.12	0.93	69.04
合计	12.59	100.00	1.06	100.00	19.51	100.00	1.34	100.00

资料来源：国家外汇管理局。

（二）人民币外汇即期成交情况

1994 年，外汇交易中心成立伊始即在银行间外汇市场推出了人民币对美元、港币、日元即期交易。直至 2014 年，外汇即期交易在全市场交易中均居主导地位。2015 年以来，人民币外汇即期交易额平稳增长，但不及衍生品交易量。2015 年，即期成交 8.3 万亿美元，衍生品成交 9.5 万亿美元。此后，即期与衍生品交易量差距进一步扩大。2022 年，即期成交 12.6 万亿美元，衍生品成交 21.9 万亿美元（见图 2-14）。人民币外汇即期交易主要发生在银行间市场，近年来银行对客市场与银行间市场的成交量差距逐年扩大。

2015 年银行间市场成交 4.9 万亿美元，银行对客市场成交 3.4 万亿美元。2016—2022 年，银行间市场的年成交量大都为银行对客市场的 2 倍以上（见图 2 - 15）。

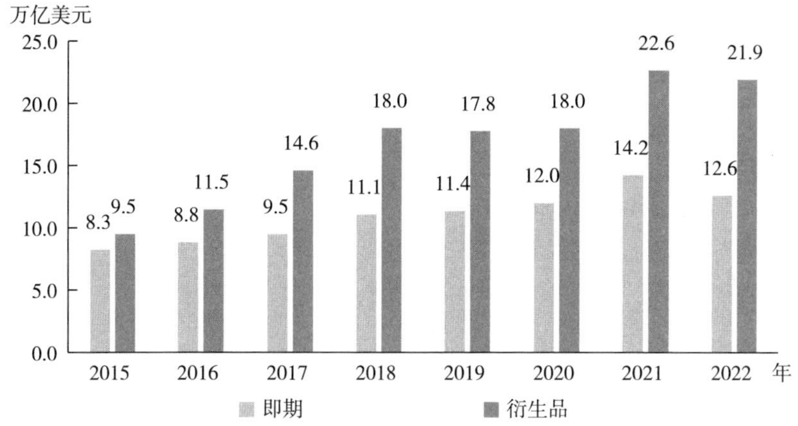

图 2 - 14　2015 年以来人民币外汇即期与衍生品交易规模

（资料来源：国家外汇管理局）

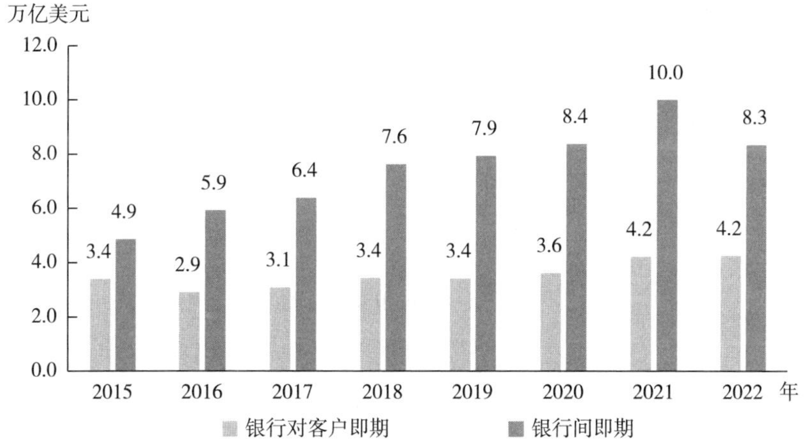

图 2 - 15　2015 年以来人民币外汇即期交易分布情况

（资料来源：国家外汇管理局）

（三）人民币外汇远期成交情况

外汇交易中心于 2005 年 8 月推出了银行间外汇远期交易。2006—2012 年，银行间外汇远期作为银行对冲对客交易头寸的主要工具，成交量波动增长，2011 年达到顶峰，当年成交 2146 亿美元。2012 年以后，为更好管理结售汇头寸，银行通常将对客远期结售汇头寸拆分为即期和掉期头寸分别平盘，此后银行间外汇远期交易趋于清淡。2022 年，银行间外汇远期成交 1299 亿美元，占银行间外汇衍生品成交量的比重不足 1%。银行对客市场为企业管理汇率风险提供了最主要的工具，成为外汇远期交易的主要场所。近年来，银行对客市场成交量均高于银行间市场，成交金额稳步增长，2020 年、2021 年和 2022 年成交量分别为 4600 亿美元、8220 亿美元和 9275 亿美元，其中 2022 年成交量是银行间外汇远期成交量的 7 倍（见图 2－16、图 2－17）。

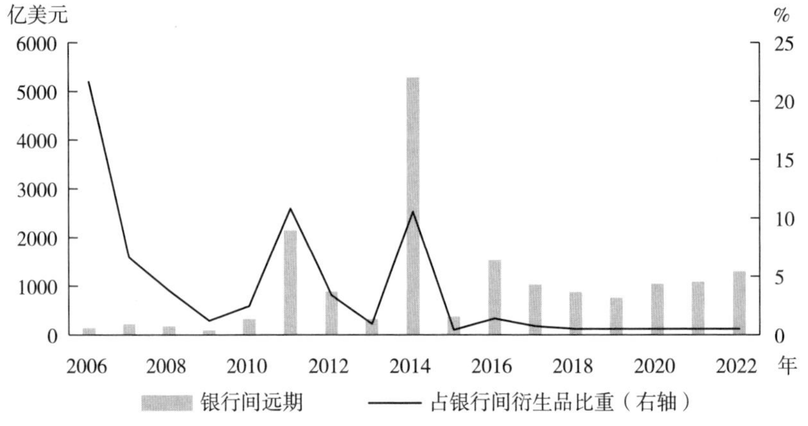

图 2－16　2006 年以来人民币外汇远期交易规模走势

（资料来源：国家外汇管理局）

银行间外汇远期交易期限分布以 3 个月和 1 年为关键期限点，3 个月以内的交易占比最大，其次是 3 个月到 1 年，1 年以上的外汇远期交易清淡（见图 2－18）。3 个月期及以下的外汇远期交易集中在银行对客市场，2022 年交易量达 4732 亿美元，而银行间市场同期限外汇远期交易量仅为 892 亿美元（见图 2－19）。

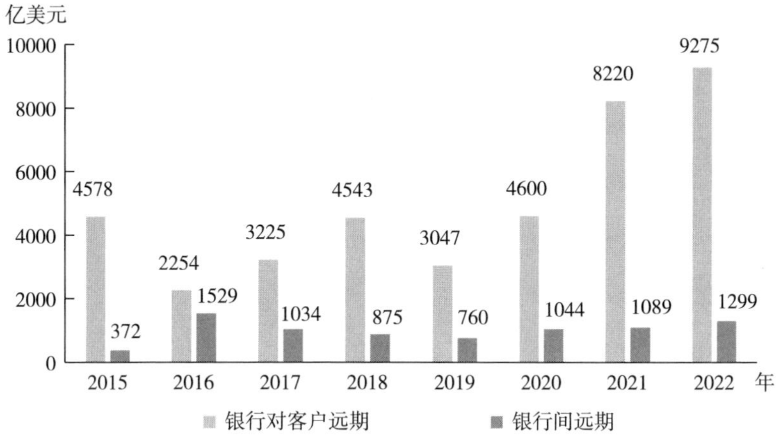

图 2-17 2015 年以来人民币外汇远期交易分布情况

（资料来源：国家外汇管理局）

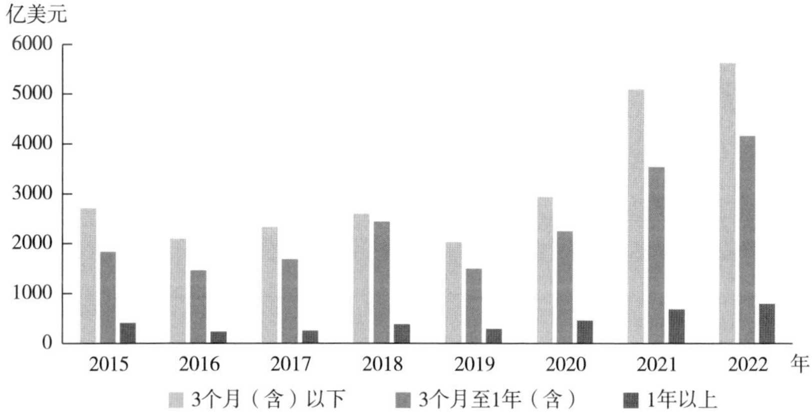

图 2-18 2015 年以来银行间人民币外汇远期期限分布情况

（资料来源：国家外汇管理局）

（四）人民币外汇掉期和货币掉期成交情况

外汇交易中心先后于 2006 年 4 月和 2007 年 8 月在银行间市场推出人民币外汇掉期和货币掉期交易，并在数据统计上通常将两种掉期成交量合并计算。自外汇掉期推出以来，交易规模迅速增长（见图 2-20）。2006—2018

年，年交易量由不足千亿美元攀升至超过16万亿美元。2022年，银行间外汇掉期成交近20万亿美元，占全市场交易比重高达98%以上（见图2-21）。2022年，银行对客市场外汇掉期交易额仅为1719亿美元，远不及银行间掉期的交易规模。

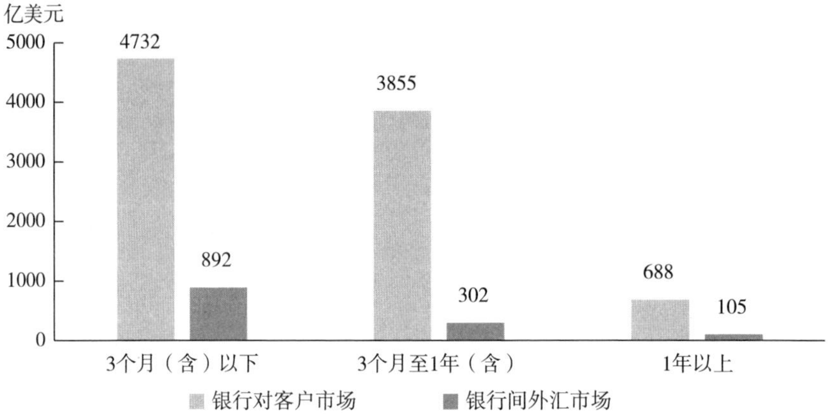

图2-19　2022年银行对客户与银行间人民币外汇远期期限对比

（资料来源：国家外汇管理局）

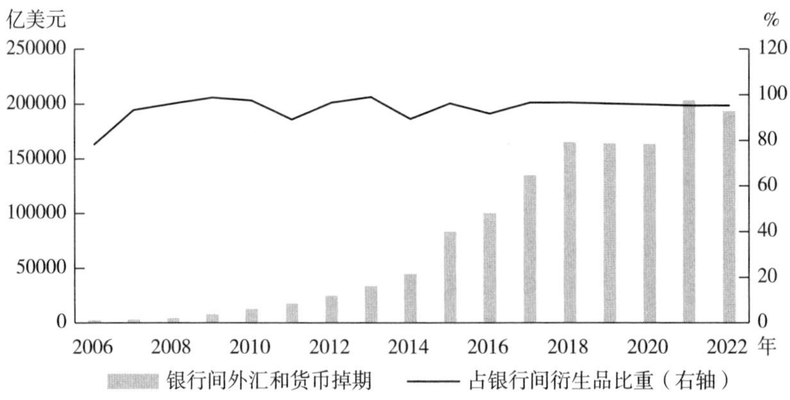

图2-20　2006年以来银行间人民币外汇掉期交易规模

（资料来源：国家外汇管理局）

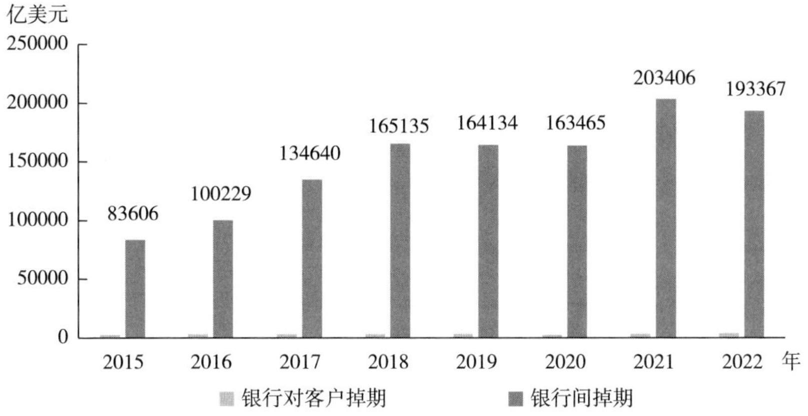

图2－21　2015年以来人民币外汇掉期交易市场分布情况

（资料来源：国家外汇管理局）

外汇掉期交易主要流动性集中在银行间市场，银行对客市场交易量极小，且交易以隔夜（成交日T日到T+1日、T+1日到T+2日、T+2日到T+3日）等期限较短的品种为主。以2022年为例，银行间外汇掉期市场中3个月及以下的短期品种交易量为18万亿美元，在银行间外汇掉期交易占比为92%；3个月以上的品种交易量较小，仅为1.5万亿美元，在银行间外汇掉期交易占比为8%；1年以上的品种交易规模不足500亿美元（见图2－22）。

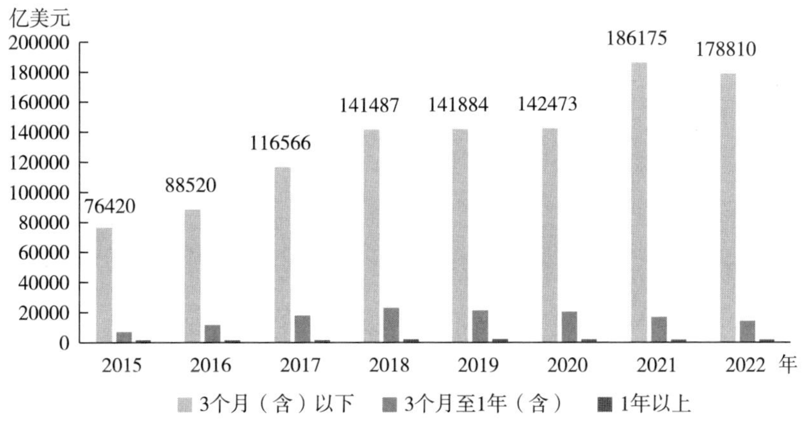

图2－22　2015年以来银行间人民币外汇掉期期限分布

（资料来源：国家外汇管理局）

（五）人民币外汇期权成交情况

外汇交易中心于 2011 年 4 月推出银行间外汇期权交易（普通欧式期权），是银行对客期权交易的平盘对冲工具。2022 年 6 月，外汇交易中心在银行间人民币外汇市场新增亚式期权、普通美式期权及其组合交易，进一步丰富了人民币外汇期权种类。

银行间外汇期权交易规模在 2015 年后增长显著，主要是由于外汇局于 2014 年中放开客户卖出期权限制，一方面提高了企业客户的市场参与度，另一方面丰富了银行可交易产品的种类，推升银行间外汇期权交易需求。2016 年，银行间市场交易规模到达 7471 亿美元顶峰，但在 2017 年出现较大幅度下降，2018 年以后基本稳定在 6000 亿美元左右（见图 2－23）。外汇期权的交易场所分布与远期不同，主要交易集中在银行间市场。以 2022 年为例，银行对客市场交易占比为 30.95%，而银行间市场占比则高达 69.05%（见图 2－24）。

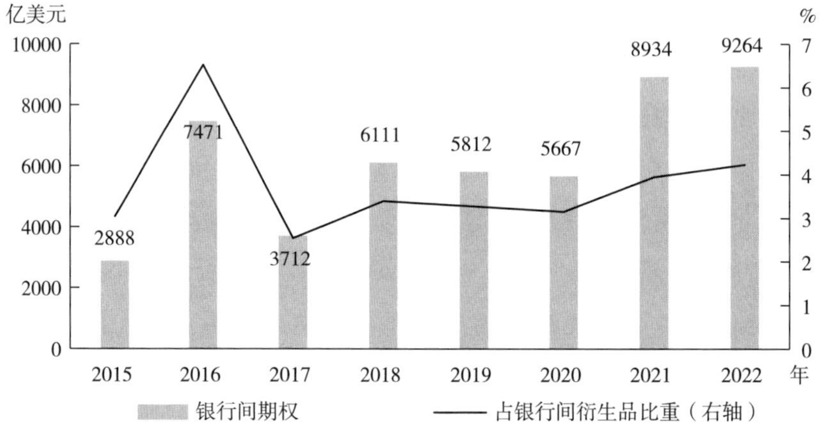

图 2－23　2015 年以来银行间人民币外汇期权成交规模

（资料来源：国家外汇管理局）

与远期类似，外汇期权交易的期限也较为灵活，关键期限点为 3 个月和 1 年，实际成交主要以 1 年内（含），尤其是 3 个月以下的期限为主（见图 2－25）。

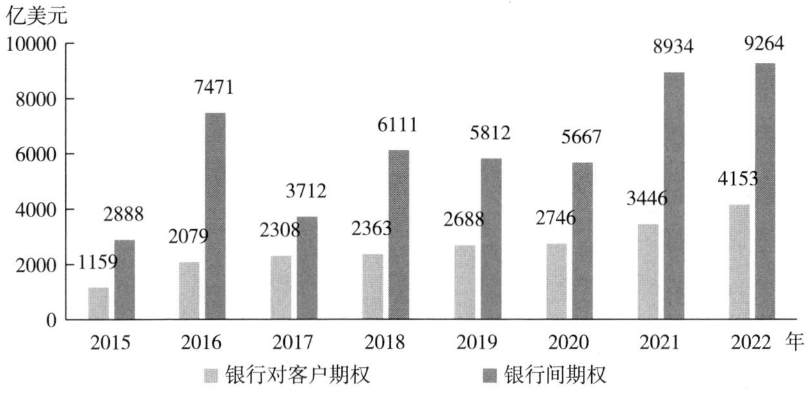

图 2－24　2015 年以来银行间人民币外汇期权分布情况

（资料来源：国家外汇管理局）

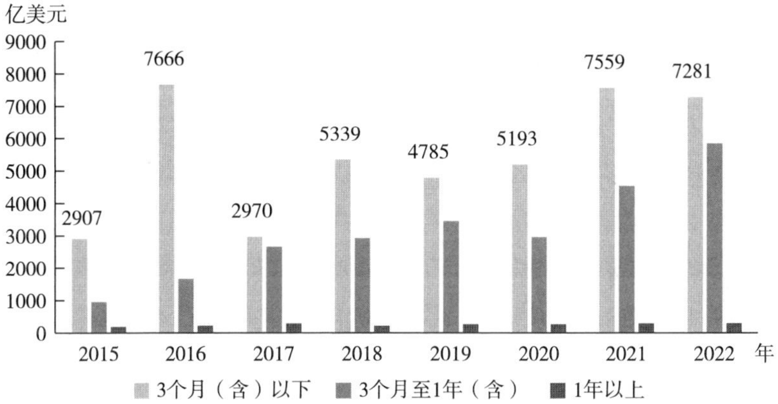

图 2－25　2015 年以来银行间人民币外汇期权期限分布

（资料来源：国家外汇管理局）

开展人民币外汇期权交易主要是为了满足企业汇率风险对冲的需求。其灵活性和可以直接交易波动率等特点满足了银行客户管理汇率风险的需求，同时发挥发现汇率波动率的功能。在实际应用中，外汇期权可以通过不同组合和条件构建多样化的交易结构，满足企业多样化的对冲需求。但现阶段人民币外汇期权市场还有待发展。在银行对客市场方面：一是人民币外汇期权市场产品结构较单一，因境内企业客户的财务、风控管理能力有限，使用的工具以简单期权（香草期权）及其组合为主，而在国外较为成熟的交易市场中，客户专业能力更高，对更复杂的组合衍生品具有更高接受度；二是人民币外汇期权相对远期产品交易成本更高，同等条件下，买入期权产品需要客户支付期权费；三是由于企业客户“风险中性”意识较弱，部分客户在人民币汇率单边波动时卖出期权，积累了潜在风险。

综合对各产品成交情况的分析，整体来看，境内人民币外汇市场交易以外汇掉期为主，其次是即期，远期、期权等产品的交易规模相对较小。未来，随着“风险中性”理念的落地生根，外汇衍生品在服务实体经济汇率风险管理方面还将有更大的增长空间。

四、境内人民币外汇市场总结与展望

计划经济时代，由于我国实行统收统支的外汇管理制度，境内没有形成集中的人民币外汇交易场所。改革开放之初，为配合计划经济体制向市场经济体制转轨，境内建立外汇调剂市场，出现汇率双轨制。随着经济体制改革向纵深发展，为适应新的经济环境，我国于1994年启动汇率改革，并建立银行间外汇市场。1994—2004年，银行间市场与银行对客市场协同发展，逐步形成了批发和零售属性分明的双层市场架构。2005年汇改后，境内外汇市场交易品种、币种和交易机制不断丰富，多样化汇率管理需求逐步得到满足。2014年，境内人民币外汇市场产品线已基本完备，交易效率较市场建立之初有明显提升。2015年汇改后，随着人民币加入SDR，人民币在国际储备货币中权重不断增加，境内人民币外汇市场步入新的发展阶段。

展望未来，随着我国经济发展行稳致远，人民币汇率形成市场化程度将进一步提升，境内人民币外汇市场也将随着金融市场的双向开放而吸纳更多元化的参与机构，产品条线将在原有基础上进一步完善，尤其是人民币外汇期货的上市将为现有外汇市场工具提供有益的补充。场外、场内市场的协同发展可为实体企业和金融机构提供更高效的汇率避险服务，境内人民币外汇市场也将在全球外汇市场中占据更为重要的地位。

第三节　离岸人民币外汇市场建设与发展

离岸人民币外汇市场向境外主体提供了一个自由度更高的人民币兑外币交易场所，是我国推动人民币国际化的重要依托。在跨境贸易人民币结算试点等政策的助推下，人民币国际化向纵深发展，离岸人民币外汇市场功能和产品体系日益丰富，交易区域和服务主体不断拓展。展望未来，在新发展格局下，人民币外汇市场在服务我国经济对外开放中将发挥更大作用，需要进一步推动离岸和在岸人民币外汇市场协同发展。

一、离岸人民币外汇市场的缘起和发展

配合人民币国际化战略，离岸人民币外汇市场不断深化发展。自 2009 年我国开始推行跨境贸易人民币结算以来，人民币货币功能逐步延伸至计价、投融资与国际储备货币。与此同时，我国稳步推进在岸外汇市场汇率市场化改革，人民币汇率双向波动显著增强。离岸人民币交易需求由跨境贸易结算发展至投融资交易及风险管理需要，服务实体经济的广度和深度显著提升。

（一）跨境贸易人民币结算催生了离岸人民币外汇市场

2003 年，中国人民银行允许香港地区银行办理个人人民币业务，离岸人民币外汇市场开始起步。2008 年国际金融危机爆发，雷曼公司的倒闭使欧美银行出现大规模信贷冻结，冲击了亚洲地区美元及其他货币贸易融资，亚洲各国开始推动跨境贸易本币结算。2008 年底，我国与韩国、中国香港、马来西亚、印度尼西亚等国家和地区签署货币互换协议，启动本币贸易结算。为满足实体经济发展需求，2009 年，中国人民银行联合六部委发布《关于扩大跨境贸易人民币结算试点管理办法》，鼓励境内企业在对外贸易中采用人民币结算。此后，跨境贸易人民币结算试点的地区与业务范围不断扩大。2012 年 3 月起，跨境贸

易人民币结算业务全面放开，我国从事进出口货物贸易、服务贸易、其他经常项目的企业均可选择以人民币进行计价、结算和收付。

2010—2022 年，经常项目人民币跨境收付规模由 3501 亿元增长至 10.5 万亿元，增长了近 29 倍。人民币跨境结算体量的快速增长，助推中国香港地区等地离岸人民币市场进入快速增长阶段。同期，离岸人民币外汇交易日均交易金额从 221 亿美元增长至 4083 亿美元，增长幅度近 17.4 倍，有效支持了市场主体货币兑换、贸易融资等业务需求。

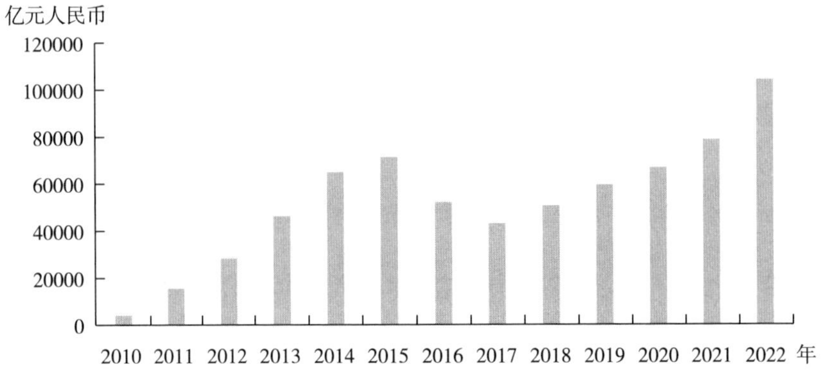

图 2－26　2010—2022 年经常项下人民币跨境收付规模

（数据来源：万得资讯）

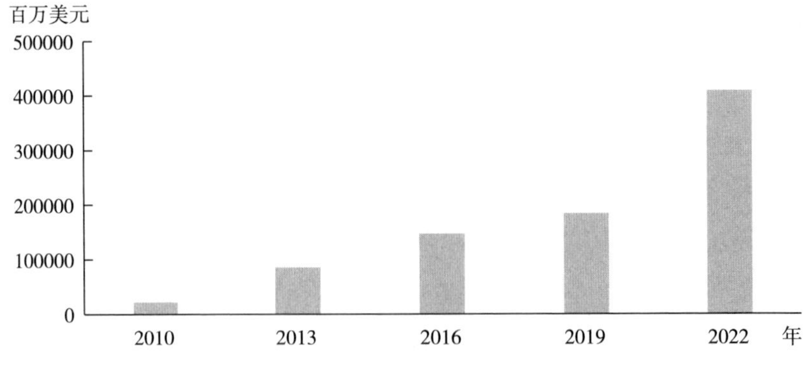

图 2－27　2010—2022 年离岸人民币日均交易规模

（数据来源：国际清算银行）

（二）金融市场对外开放促进了离岸人民币外汇市场快速发展

2011 年，“十二五”规划纲要提出“扩大人民币跨境使用，逐步实现人民币资本项目可兑换”的发展目标，人民币跨境流通渠道日益多元化，境外直接投资人民币结算（ODI）、外商直接投资人民币结算业务（FDI）相继实施。人民币直接投资稳定增长，促进了人民币境外使用与离岸人民币外汇市场的发展壮大。同时，金融市场开启对外开放步伐，沪深港通、债券通、北向通等陆续实施。2017 年，党的十九大报告提出要推动形成全面开放新格局之后，金融业双向开放驶入“快车道”，陆续实施期货市场特定品种对外开放、取消人民币合格境外机构投资者（RQFII）投资额度限制、实施债券通和北向通等一系列重要举措。同年，证券投资项下人民币跨境收付比例首次超过直接投资，证券投资成为人民币跨境收付主要渠道。

2017 年，资本项目下人民币跨境收付金额达 4.8 万亿元，首次超过经常项目。2022 年，资本项目下人民币跨境收付金额快速增长至 31.6 万亿元，为经常项目的 3 倍（见图 2－28）。2021 年，证券投资项下涉及的人民币跨境收付额占资本项目总额的比重达 74%（见图 2－29）。随着金融市场开放不断深化，越来越多的境外投资者愿意持有人民币资产，人民币兑换、融资和对冲的需求促进了离岸人民币外汇市场蓬勃发展。中国香港地区作为离岸人民

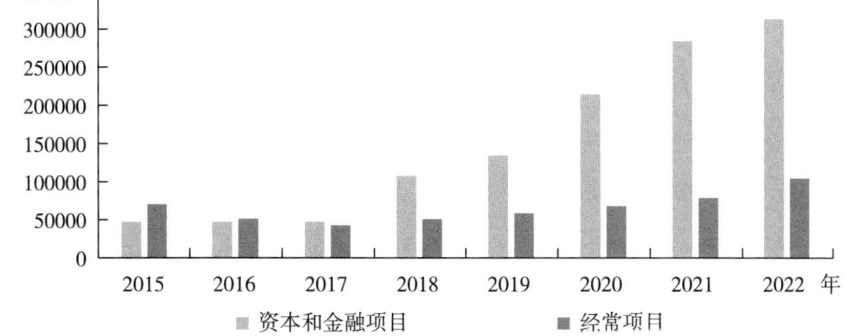

图 2－28　2015—2022 年人民币跨境收付金额

（数据来源：万得资讯）

币市场的枢纽，受益于跨境贸易和金融市场对外开放的发展，离岸人民币外汇交易规模快速增长，2022 年日均交易额为 2010 年的 17.4 倍。

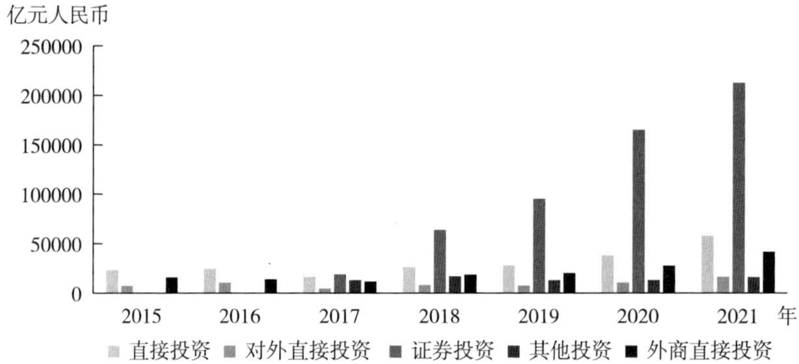

图 2-29　2015—2021 年资本项下人民币跨境收付金额

（数据来源：万得资讯）

（三）人民币国际化新阶段为离岸人民币外汇市场发展提供新动能

2015 年，国际货币基金组织宣布将人民币纳入特别提款权货币篮子，人民币正式成为国际储备货币。截至 2022 年底，据不完全统计，全球 80 余个国家和地区将人民币纳入外汇储备。国际货币基金组织、国际清算银行等国际组织持续增持人民币资产。SDR 被众多国际金融机构用于贷款和负债的计价工具，随着人民币纳入 SDR，人民币资产的持有主体不断拓展、丰富。截至 2022 年底，境外主体持有人民币资产余额为 9.6 万亿元，较 2016 年同期增长 217%。

近年来，我国持续推进汇率形成机制改革，人民币汇率市场化形成机制逐步完善，汇率弹性不断增强，人民币汇率波动风险日益凸显，为人民币外汇衍生品市场带来新的发展动能。国际清算银行数据表明，近年来离岸人民币外汇市场已逐步形成以衍生品为主的市场格局，2022 年衍生品交易占比达 66%，为境外主体管理人民币汇率风险提供了重要支持。

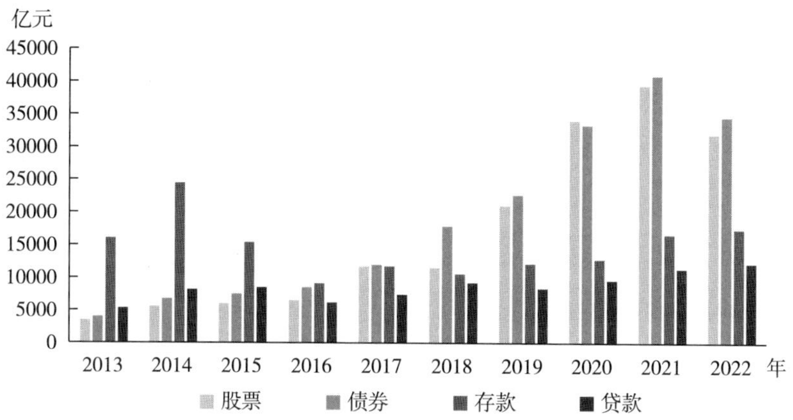

图 2－30　2013—2022 年境外主体持有人民币金融资产情况

（数据来源：万得资讯）

二、离岸人民币外汇市场发展特征

近年来，我国对离岸市场政策支持力度持续增加，金融基础设施互联互通和有关制度安排相继落地，离岸人民币外汇市场初步形成了覆盖中国香港、新加坡、英国伦敦等国际金融中心的市场体系，呈现出市场规模稳步增长、地域分布不断扩大、投资者结构日益多元、离岸与在岸人民币汇率走势趋于收敛、场内外市场协调发展等特点。

（一）市场规模增长强劲，产品种类不断丰富

历经 10 余年发展，离岸人民币外汇市场规模持续增长，产品体系不断丰富。2010—2022 年，离岸人民币外汇市场的平均增长幅度远远超过全球外汇市场和在岸人民币外汇市场的增长幅度。2022 年，离岸人民币外汇市场取得 115% 的增长，而在岸及全球市场仅有 17%、14% 的增速（见图 2－31）。

从产品体系来看，离岸人民币外汇市场产品种类不断拓展和丰富。场外市场方面，中国香港和新加坡率先推出挂钩在岸人民币的无本金交割远期（NDF），丰富了离岸人民币汇率风险管理工具。随着离岸人民币资金总

量不断增长，离岸市场陆续推出离岸人民币外汇即期、远期、掉期和期权等产品，形成了种类齐全的场外产品体系。目前，离岸人民币外汇掉期和即期市场份额快速增长，成为聚集主要流动性的品种，而远期市场份额相对萎缩，期权和货币掉期的市场规模也较小。2022 年，离岸人民币外汇掉期市场日均成交 2289 亿美元，占比为 41%；即期市场日均成交 192 亿美元，占比为 34%；远期市场日均成交 755 亿美元；期权市场日均成交 602 亿美元。场内市场方面，随着投资者对价格公开透明的标准化外汇风险管理工具需求的增加，场内外汇衍生品快速发展，形成以期货为主、期权为辅，美元兑离岸人民币货币对为主流、其他货币对兼顾的场内市场发展格局。2022 年，全球离岸人民币外汇期货全年共成交 0.22 亿手，折合名义金额 2.02 万亿美元。①

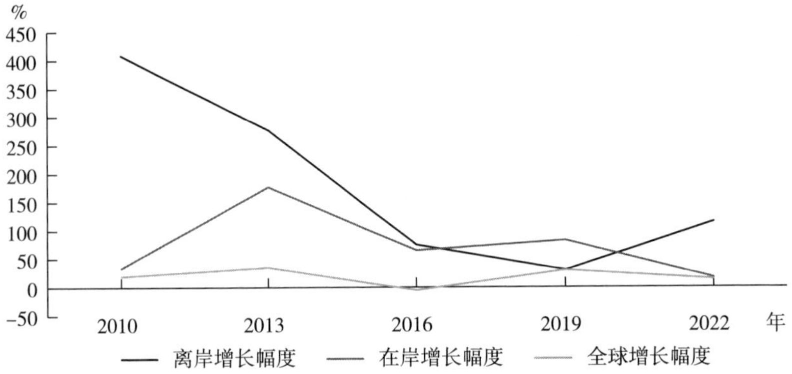

图 2－31　全球人民币外汇市场交易情况

（数据来源：国际清算银行）

（二）地域分布立足亚太，辐射全球的态势基本形成

从地域分布来看，2013 年以来离岸人民币外汇交易的地域分布一直较为稳定，形成了以中国香港、英国伦敦、新加坡等为核心的区域布局。根据国

① 数据来源：彭博，笔者整理。

际清算银行数据整理统计，2022 年全球离岸人民币外汇交易中，中国香港规模最大，占比为 34%；英国伦敦规模第二，占比为 27%；新加坡规模第三，占比为 18%；美国规模第四，占比为 15%。2022 年，全球 49 个国家和地区均有发生人民币外汇交易，较 2010 年 26 个国家和地区大幅增长，交易区域覆盖了亚洲、欧洲、南美洲、北美洲，离岸人民币外汇市场辐射全球的态势逐步形成。值得一提的是，依托跨境贸易人民币结算、人民币投融资业务，中国香港、英国、新加坡等主要离岸人民币外汇交易中心呈现差异化发展，各具特色。

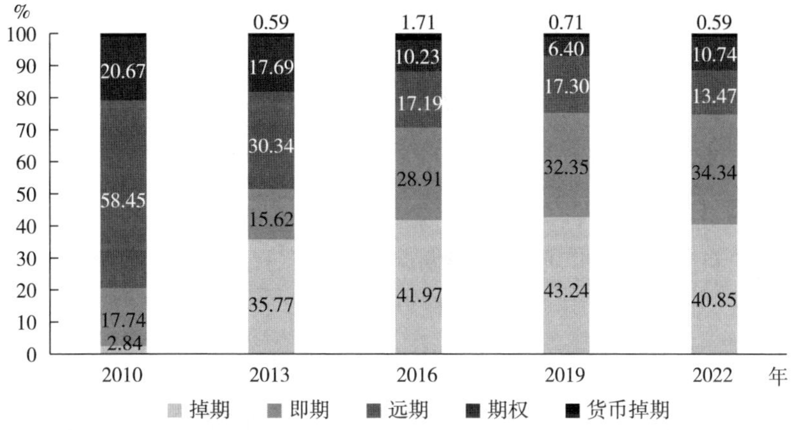

图 2-32　2010—2022 年离岸人民币外汇产品日均交易额占比情况

（数据来源：国际清算银行）

中国香港作为联系全球市场与中国境内的国际自由港，在离岸人民币外汇市场发展方面具有得天独厚的优势。2004 年，中国香港的银行积极为个人客户提供人民币服务，孕育了离岸人民币外汇市场的雏形。此后，香港不断完善交易、结算、托管等基础设施，持续加强与境内市场的互联互通，推动自身发展成为结构最完整、产品最丰富、规模最大的离岸人民币外汇交易中心。自 2010 年以来，中国香港离岸人民币外汇市场交易量快速增加，2022 年日均成交 1912 亿美元，较 2010 年增长 17.5 倍。其中，外汇掉期日均成交

1181 亿美元，占比为 62%，较 2019 年增长 71%；外汇即期日均成交 480 亿美元，占比为 25%，较 2019 年增长 93%；外汇远期日均成交 148 亿美元，占比为 8%，较 2019 年增长 59%；外汇期权日均成交 80 亿美元，较 2019 年增长 121%；货币掉期日均成交 24 亿美元，较 2019 年增长 150%。

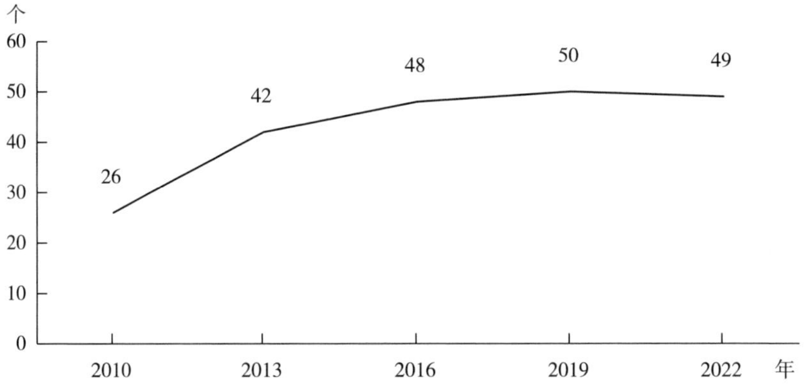

图 2－33　2010—2022 年全球发生离岸人民币外汇交易的国家（地区）数量

（数据来源：国际清算银行）

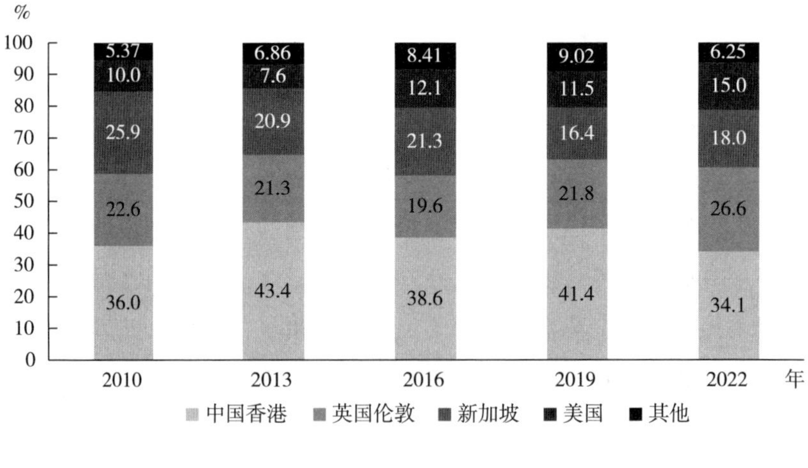

图 2－34　2010—2022 年主要离岸人民币外汇市场交易金额分布情况

（数据来源：国际清算银行）

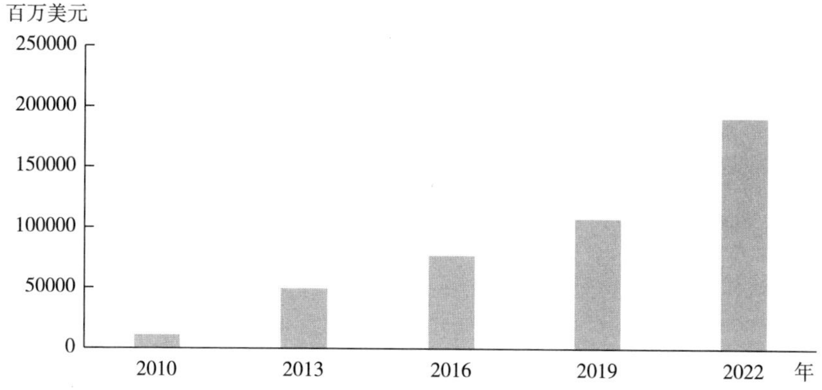

图 2-35　2010—2022 年中国香港离岸人民币外汇市场交易规模

（数据来源：国际清算银行）

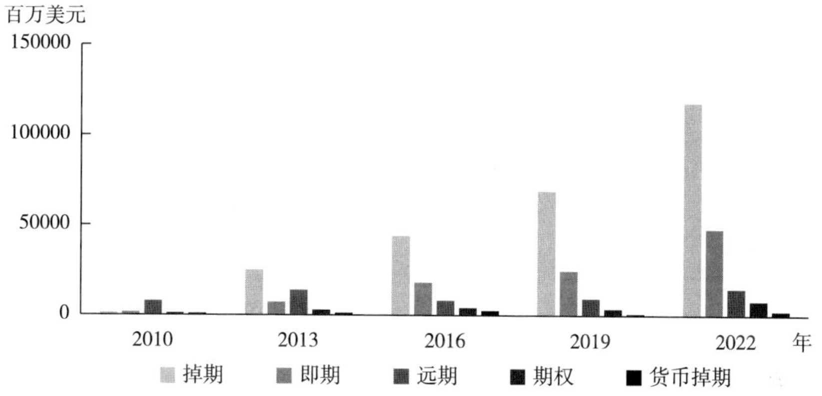

图 2-36　2010—2022 年中国香港离岸人民币外汇产品交易情况

（数据来源：国际清算银行）

英国伦敦是全球老牌外汇交易中心，2012 年英国政府启动打造人民币业务中心计划，从金融监管协调、基础设施建设、产品与机制创新、市场培育等方面开展工作，推动英国伦敦成为全球第二大人民币外汇市场。2022 年，伦敦市场人民币外汇日均交易 1488 亿美元，较 2010 年增长 22 倍。其中，人民币外汇即期日均交易 519 亿美元，占比为 35%；外汇远期日均交易 295 亿美元，占比为20%；外汇掉期日均交易447亿美元，占比为30%。值得注意的是，从2016年开始，伦敦已经成为全球最大的人民币外汇远期交易市场。截至2022年，英国伦敦市场人民币外汇远期日均交易额分别是中国香港和新加坡市场的2.0倍和2.8倍。

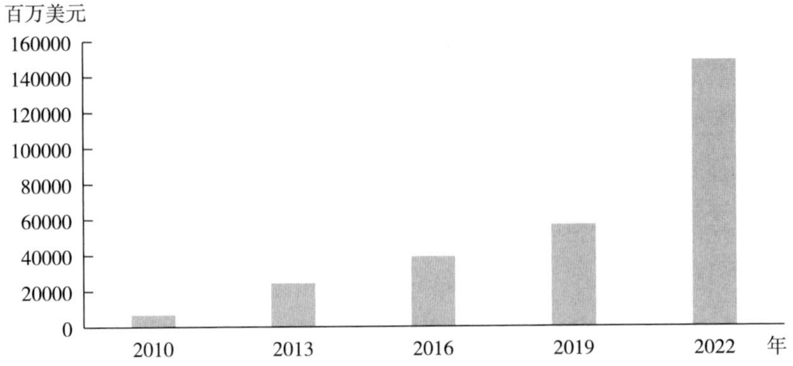

图2-37　2010—2022年英国伦敦离岸人民币外汇市场交易情况

（数据来源：国际清算银行）

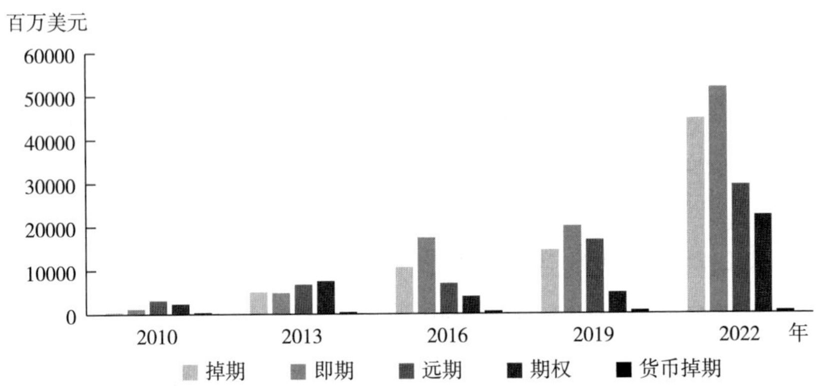

图2-38　2010—2022年英国伦敦离岸人民币外汇产品交易占比情况

（数据来源：国际清算银行）

新加坡依托独特的地理位置和全球第三大外汇交易中心地位，建立了场内、场外市场协调发展的外汇风险管理服务体系，其人民币外汇期货交易规模位居全球首位。2009 年，新加坡成为首批跨境贸易人民币结算的国家。随着新加坡离岸人民币清算中心的建立、中新双边本币互换协议的签署、人民币离岸债券市场的发展以及东南亚企业对人民币产品和服务的需求提升，新加坡离岸人民币市场得到快速发展。2020 年，新加坡金管局面向本地银行推出了 250 亿元人民币的流动性支持，进一步夯实离岸人民币市场发展的基石。2022 年，新加坡人民币外汇市场的日均交易规模达到 1011 亿美元，是 2010 年的 13 倍。其中，外汇即期日均成交 353 亿美元，增长 121%，占比为 35%；外汇掉期日均成交 374 亿美元，占比为 37%。尽管新加坡外汇市场发展整体规模不及中国香港和英国伦敦，但其人民币外汇期货市场规模却跃居全球首位。2022 年，新加坡人民币外汇期货共成交 1608 万手，占据全球 74.47% 的交易份额。①

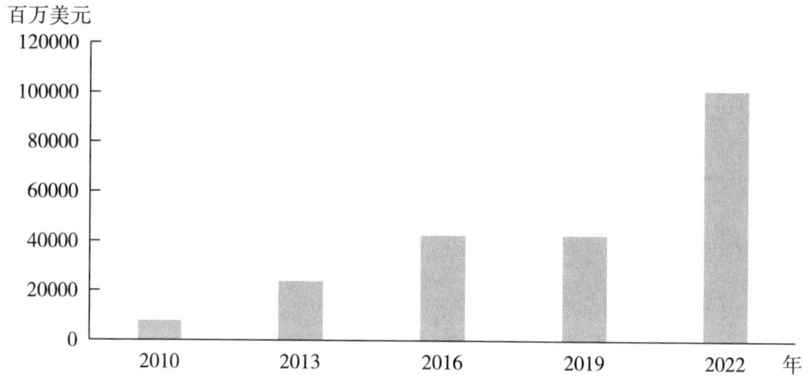

图 2－39　2010—2022 年新加坡离岸人民币外汇市场交易情况

（数据来源：国际清算银行）

（三）投资者结构不断完善，服务广度和深度不断提升

近年来，离岸人民币外汇市场的投资者结构不断丰富完善，形成了以银行为主，涵盖证券基金等非银金融机构、实体企业和个人等各类市场主体的

① 数据来源：彭博。

投资者结构，服务广度和深度不断提升。国际清算银行数据显示，2022年，场外人民币外汇市场交易中银行类机构成交金额占比为44.4%，其他金融机构占比为48.5%，非金融机构占比为7.1%；2019年，三者占比分别为45.2%、47.5%和7.4%。非金融机构投资者占比有所降低，非银金融机构的市场参与度不断加深。以中国香港为例，随着境内支持政策的不断出台、与境内市场互联互通的持续推进，中国香港人民币外汇市场参与者除了银行等大型金融机构之外，还有各类自营交易机构、互联互通计划参与者、资产管理人、进出口公司以及个人投资者等。

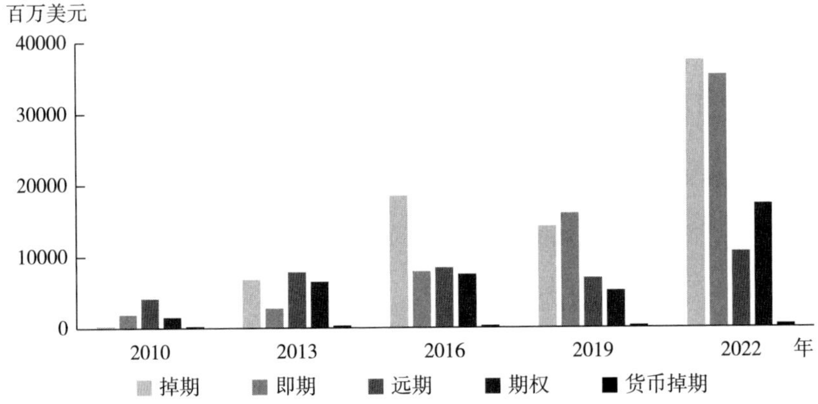

图2-40 2010—2022年新加坡离岸人民币外汇产品交易占比情况

（数据来源：国际清算银行）

近年来，随着我国金融市场高水平双向开放，离岸和在岸人民币汇率走势总体保持一致。2007年，境内银行业金融机构首次发行离岸人民币债券，标志着跨境金融业务零的突破。2010年，中国人民银行发布《关于境外人民币清算行等三类机构运用人民币投资银行间债券市场试点有关事宜的通知》，拓宽境外人民币的回流渠道。此后，我国从放宽市场准入、放松通道限制、强化区域开放和积极融入全球指数等方面深化金融市场双向开放，人民币离岸与在岸市场趋同性增强。伴随着人民币汇率形成机制更加完善，二者汇率价格走势基本一致，离岸、在岸汇差总体稳定。

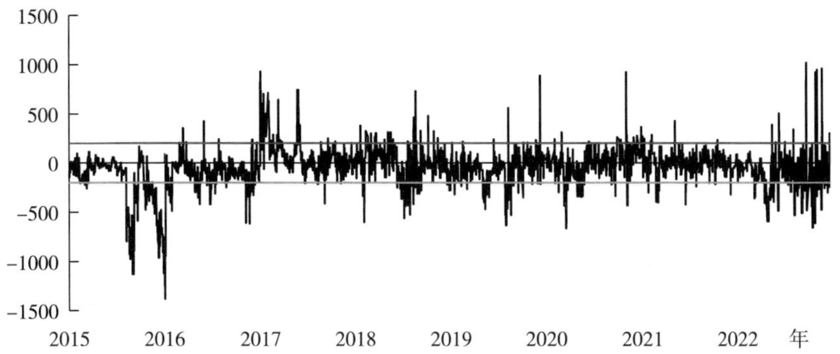

图 2－41　美元兑在岸、离岸人民币汇率走势

（数据来源：万得资讯）

（四）场内外市场协调发展，风险管理功能不断深化

随着人民币汇率双向波动常态化，市场主体对多样化的汇率风险管理工具需求日益迫切。场外外汇衍生品市场具有产品灵活性强、市场规模大等特点，在一定程度上满足了市场主体的汇率风险管理需求。而场内外汇衍生品市场具备标准化、公开透明、低成本高效率的特点，可与场外市场优势互补、协同发展。自 2006 年以来，芝加哥商业交易所、香港交易所、新加坡交易所、台湾期货交易所纷纷推出人民币外汇期货。截至 2022 年底，全球已有 13 家交易所挂牌交易人民币外汇期货。近年来，为满足不同市场参与者的差异化需求，香港交易所、新加坡交易所持续开展产品创新，推出了弹性外汇期货合约和迷你合约，以迎合大型机构弹性交易需求以及中小型企业和个人投资者小规模金额风险管理需求。场内外汇衍生品市场的不断发展，对场外市场形成了有益补充，逐渐构筑起场内外市场良性互动、协调发展的局面。在此过程中，银行类机构是促进场内外市场协同发展的重要纽带：一方面，银行通过场外市场来管理自营业务中的汇率风险和对客服务所承接的客户汇率风险；另一方面，也将由此形成的风险敞口部分通过场内市场来对冲，并积极在场内市场开展做市报价，有效衔接场内外市场，促进场内外市场价格联动、收敛。

（五）基础设施不断完善，为离岸人民币外汇市场发展提供重要保障

在离岸人民币外汇市场发展过程中，双边本币互换、人民币跨境结算基础设施发挥了重要的促进作用。双边本币互换为离岸人民币外汇市场发展构建金融安全屏障。与美元、欧元互换以促进金融稳定为主要功能有所不同的是，人民币互换兼具便利贸易投资、维护金融稳定和参与国际危机救助等功能。2008 年，人民币互换诞生之初，主要发挥支持与周边国家的双边贸易和投资的功能。2010 年后，除周边新兴市场经济体和发展中国家外，部分发达国家出于维护金融稳定的目的，也纷纷与我国签署双边本币互换。双边本币互换协议通过构建金融安全网，有利于增强境外机构持有人民币的意愿，保障离岸人民币市场的平稳发展。截至 2022 年底，中国人民银行与累计 40 个国家（地区）的中央银行或货币当局签署过双边本币互换协议，总金额超过 4. 02 万亿元，有效金额 3. 54 万亿元。

人民币跨境结算基础设施是促进离岸人民币市场有序发展的重要载体。在离岸市场发展的过程中，无论是跨境资金的支付清算，还是促进离岸与在岸市场的协同发展，都需要建立人民币跨境结算基础设施。目前，人民币跨境结算已经发展成三种模式，即代理行、人民币清算行和人民币跨境支付系统（CIPS）。三种模式功能互补，为离岸市场的发展提供支撑。在代理行方面，受金融监管、合规成本等因素影响，全球均出现了业务萎缩的趋势。人民币清算行方面，发挥境内支付与跨境支付的桥梁作用，本质是一种特殊的代理行。截至 2021 年底，在境外人民币清算行开立清算账户的参加行及其他机构数达 950 个。2021 年，境外人民币清算行人民币清算量合计为 468. 03 万亿元，同比增长 26. 7%。人民币跨境支付系统方面，借鉴主要储备货币发行国发展相对成熟的模式，具有结算效率高、业务链条短、成本较低等优势，欧元、美元、英镑等均主要通过跨境支付体系实现跨境结算。截至 2022 年底，CIPS 系统实际业务已覆盖全球 182 个国家和地区的 4000 多家法人银行机构。2022 年日均处理支付业务 1. 77 万笔，同比增长 32%；日均处理

3883.4亿元，同比增长22%（见图2－42）。①

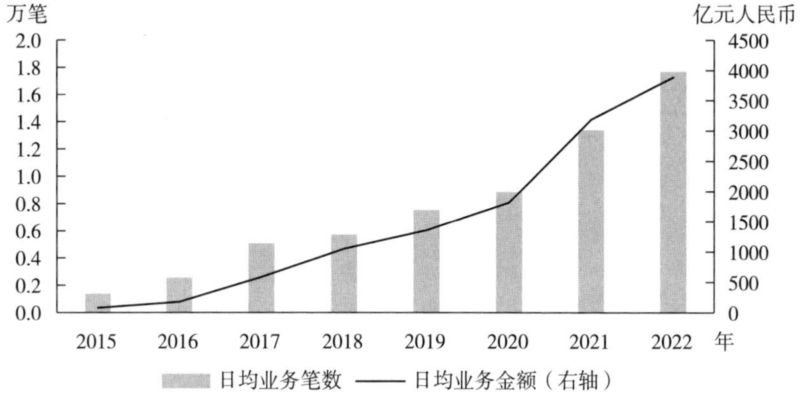

图2－42　2015—2022年CIPS日均处理跨境人民币业务笔数和金额

（数据来源：万得资讯）

三、总结与展望

近年来，人民币离岸市场快速发展，为人民币发挥计价、投融资与国际储备货币等职能提供重要支持，促进了人民币国际化进程。同时，离岸人民币市场发展对我国跨境资金流动监管、基础设施建设、宏观调控等提出更高要求，尤其是要求在岸市场与离岸市场协同发展。因此，需要进一步健全外汇市场产品体系、丰富交易主体、完善交易机制、推进市场对外开放，加快建设发展一个与综合国力和国际影响力相匹配的人民币外汇市场。

（一）坚持服务实体经济和金融对外开放，深化外汇市场发展

在新发展格局下，我国愈发深度参与国际发展合作，不断推进外汇市场改革开放，持续提升跨境贸易和投融资便利化水平，优化境外机构投资者参与境内外汇市场的交易管理。为进一步推动外汇市场高质量发展，需要满足

① 资料来源：跨境银行间支付清算有限公司，https：//www.cips.com.cn/cips/zxzx/gsxw/56121/index.html；万得资讯。

境内外市场主体多样化交易需求，进一步拓展实需原则内涵，优化外汇市场交易制度；持续完善外汇市场交易机制，推动在岸与离岸人民币外汇市场协同发展；保持与经济对外开放步调的一致性，增强跨境贸易和投融资便利性，深化对外开放配套服务。

（二）完善外汇市场体系、产品体系，提升外汇市场功能发挥

充分考虑市场经济主体的风险识别和防范能力，遵循由简单到复杂、由基础到衍生的路径，依托银行柜台和银行间市场，逐步形成基本完备的产品序列。但同时应看到，与国际主要外汇市场相比，境内外汇市场体系尚存在场内外汇期货市场建设空白。加快探索建设境内外汇期货市场，实现场外、场内外汇市场“双足并行”，协同互补的发展局面，进一步提升外汇市场深度和广度。通过持续完善我国外汇市场体系、产品体系，将不断增强外汇市场与股票、债券、商品等金融要素市场的系统集成效应，进而提升外汇市场服务高水平对外开放能力。

（三）丰富市场交易主体，满足多样化避险需求

随着人民币汇率形成机制市场化改革持续推进，人民币汇率弹性逐渐增强，境内实体企业、金融机构以及境外机构普遍存在管理汇率波动风险的需求。近年来，为充分满足各类市场主体需求，我国持续推动证券公司、基金公司参与外汇市场，但整体仍以商业银行为主，结构较为单一。进一步丰富外汇市场参与主体，引入更多的非银金融机构、实体企业以及境外投资者参与外汇市场，有助于满足各类投资者的市场需求，增强外汇市场服务实体经济的广度和深度。同时，更加丰富的交易主体，有助于更加全面地反映市场预期，也有助于形成相互制衡、相互纠偏的市场生态，增强市场内在稳定性。

第三章　主要外汇期货市场发展历程与经验借鉴

第一节　美国外汇期货市场发展历程与经验借鉴

美国是外汇期货的发源地。1972 年，芝加哥商业交易所（CME）创建国际货币市场分部并成功推出外汇期货，引领全球外汇期货市场发展。外汇期货的诞生和发展，拉开了美国金融期货创新的序幕，也为更为宽阔领域的期货市场发展积累经验、奠定基础。因此，厘清美国外汇期货市场建立和发展脉络，更加深刻地诠释外汇期货在美国诞生和发展的背景、动因、现状及深远影响，对我国建立和发展外汇期货市场具有重要的借鉴意义。

一、美国外汇期货市场建设背景

（一）布雷顿森林体系濒临解体，催生了汇率风险管理的潜在需求

1944 年建立的布雷顿森林体系，是第二次世界大战后国际货币体系的基石，其核心支柱是美元与黄金挂钩、各国货币以固定汇率与美元挂钩，从而构建以美元为中心的国际货币体系。20 世纪 60—70 年代，各国经济迅速复苏，美国则连续陷入战争、国际收支逆差和财政赤字的泥潭。在此背景下，布雷顿森林体系的系统缺陷，即美元供给不断增长同美元币值稳定之间的矛盾开始显现并愈演愈烈，导致美元危机频现，西方国家货币汇率大幅波动。1971 年 8 月，尼克松政府宣布暂停美元兑换黄金，美国政府不再承担兑换黄

金的义务。1973年，各主要货币纷纷放弃与美元挂钩的固定汇率制，转向浮动汇率制度，从而宣告布雷顿森林体系的解体。固定汇率制度的瓦解带来了灵活的汇率机制，在拓展了外汇政策自主运作空间的同时，也带来了汇率的大幅波动，孕育了汇率风险管理等潜在需求。

（二）金融衍生品理论发展和广泛传播，奠定美国外汇期货上市的理论基础

20世纪60—70年代是金融风险集聚释放的年代，也是金融资产定价理论与金融工程技术大发展的年代，包括Black－Scholes期权定价模型等在内的衍生工具理论发展，从而为汇率、利率、权益等金融衍生品广泛应用奠定基础。1971年12月20日，米尔顿·弗里德曼发表了《货币需要期货市场》[①]（*The Need for Futures Markets in Currencies*），为美国上市外汇期货摇旗呐喊。其核心思想是：在固定汇率制度下，汇率较为稳定，不一定需要设立外汇期货市场。但在浮动汇率制度下，汇率风险加大，外汇期货市场能为外贸企业提供覆盖面广、交易活跃的汇率避险工具，保护其不受汇率风险的严重影响。此外，在美国本土推出外汇期货还有助于促进美国金融服务贸易出口，减少美元的跨境流动，减轻欧洲美元市场波动的影响，从而有助于促进国内货币市场的发展，便于美联储公开市场操作的实施。在理论支持和有识之士的推动下，CME于1972年5月成功推出外汇期货，比布雷顿森林体系最终解体提前了近一年。外汇期货市场的出现改变了之前由大型商业银行垄断外汇市场的格局，提高了市场透明度和弹性。

（三）纽约国际商品交易所的首次失败尝试，为CME推出外汇期货提供经验借鉴

1970年4月，纽约国际商品交易所[②]率先推出外汇期货，合约面值为

① 原文发表于1971年12月20日，由弗里德曼为CME撰写。后来Cato Journal得到作者允许重新刊登此文，详见Friedman，M.，The Need for Futures Markets in Currencies，Cato Journal，2011，Vol. 31，No. 3，pp. 635－641。

② 纽约国际商品交易所原为纽约农产品期货交易所，2007年被美国洲际交易所（ICE）收购。

15000～20000 美元，成为全球首个推出外汇期货的交易场所。该产品上市后几乎没有交易量，合约很快停止交易，美国建设外汇期货市场的首次尝试宣告失败。纽约国际商品交易所首次尝试的失败原因，主要有以下几方面：一是布雷顿森林体系尚未出现明显解体迹象，主要货币汇率较为稳定，市场开展汇率避险动力不足；二是合约设计没有契合市场需求，尤其是对机构投资者缺乏吸引力，机构投资者参与非常有限；三是交易所没有调动商业银行等金融机构参与的积极性，外汇期货市场缺乏流动性；四是前期的金融衍生品理论准备和市场培育不足，对于外汇期货市场的功能以及是否影响汇率稳定等基本问题仍存在争议。在充分吸取纽约国际商品交易所创新推出外汇期货上的失败教训后，CME 外汇期货市场建设获得巨大成功。

二、CME 外汇期货市场发展中的建设性举措

1972 年 5 月 16 日，CME 国际货币市场（IMM）正式营业，首批上市美元兑西德马克、澳元、英镑、加拿大元、日元、墨西哥比索和瑞士法郎等 7 个品种的外汇期货合约。继 1970 年纽约国际商品交易所首推外汇期货失败后，纽约期货交易所、费城期货交易所等也上市了外汇期货，均不理想。而 CME 通过一轮轮的建设性举措，成功推出外汇期货，并始终保持全球领先地位。

（一）新设独立的 IMM 交易所上市外汇期货

长期以来，CME 期货交易的品种一直局限于黄油、鸡蛋、土豆、洋葱、猪腩和活牛等商品领域。CME 将 IMM 作为一个新实体法人单独设立，不仅是为了交易外汇期货，也是为交易更加多样化的金融产品，摆脱期货交易所只能交易农产品等商品期货的古板印象，从而为交易所寻求更为广阔的发展空间厚植基础。IMM 框架设计的创新性体现为两方面：一是设立一家独立的交易所来交易金融衍生品，二是设计了 B 类结算会员机制以确保期现联动，这是推动 CME 外汇期货取得成功的关键所在。

1. 创新会员结构体系和结算担保机制，优化IMM理事会人员组成

IMM的独立性不仅体现为它是一家独立的交易所，更体现在其会员结构体系、结算担保、理事会人员组成等方面的实质性突破。一是创设独立的IMM会员体系，降低会员资格取得成本为IMM引入一批新的专属会员。CME的原有会员对金融领域较为陌生，难以支持外汇期货市场发展。综合考虑以下两方面因素，IMM创新会员体系。一方面，降低IMM的会员成本。由于活牛、生猪、猪腩等商品期货交易都比较活跃、市场盈利性较强，CME的商品期货交易席位费已经达到10万美元。若将IMM会员席位费与CME的商品期货会员席位费同等定价，将限制新会员的引入。因此，IMM席位费定价为1万美元，以吸引新会员的加入。另一方面，限定IMM会员资格参与范围以确保市场流动性。考虑到金融机构对购买一个“猪腩”席位也并无兴趣，将其活动范围限定为交易外汇期货合约对其影响有限，IMM规定其会员仅可交易金融期货合约。最终，IMM市场吸引了150个新会员来交易外汇期货，为外汇期货市场注入流动性。

二是健全外汇期货结算担保机制，提升结算风险防范能力。为吸引商业银行、投资银行等金融机构成为会员，IMM必须具备结算安全性。为此，IMM成立结算所子委员会，讨论确立新的结算担保规则，即建立交易所信托基金和结算会员联保机制。规定任何结算会员发生违约后，当交易所的信托基金等财务补救资源都被耗尽时，缺口部分的违约金额将根据规则在结算会员之间分配，这使结算所的结算安全性大幅提升。交易所建立信托基金，虽然在当时纽约证券交易所等证券交易所中已有先例，但在期货交易所中却是首例，极大促进了期货结算体系的稳健。

三是引入金融专业理事，优化IMM理事会人员组成。在IMM作为首个金融期货交易所出现之前，美国的商品期货交易所的理事会由全体会员选举而成，理事会成员均不具有金融背景。新创建的IMM，得以有机会任命一些外部理事。IMM组建的理事会，除了自动任命CME所有现任理事外，还首次新增了一些金融界的著名代表担任理事，使IMM理事会人员组成得到合理

优化，胜任能力得到大幅提升。这一理念和做法在后续的 CME 规则中得到确立和承继，理事会成员不仅包括会员代表，还包括在业界、学界等享有盛誉的著名人士。

2. 创新结算会员机制吸引银行参与外汇期货市场，增强外汇期现货市场价格联动性

在 IMM 市场运行初期，虽然包括芝加哥的银行在内的商业银行在清算、交割等方面给予业务支持，但受以下因素制约①，并未直接参与 IMM。一方面，银行对外汇期货市场商业可持续性和前景持质疑态度，银行参与动力不足；另一方面，许多银行认为外汇期货与场外衍生品存在竞争关系，发展壮大的外汇期货市场将侵蚀银行的外汇业务份额及利润。IMM 创造性地建立 B 类结算会员机制，使外汇期货市场与银行间外汇市场价格趋于一致。B 类结算会员只能选择一家银行开设专门账户用于开展外汇套利交易，而不能做其他业务。每家银行匹配一个不同的 B 类结算会员，支持其迅速且连续地进行买入或卖出外汇远期的交易活动。IMM 将每天向银行公布该银行的套利者的交易头寸，确保 B 类结算会员的所有期货头寸和其在银行的现货市场头寸是平衡的。该机制架起了银行和交易所之间的桥梁，以确保外汇期现货市场的价格关联。

得益于套利者的积极参与，外汇期货市场逐步发展壮大，带动了外汇远期市场交易量的增长。根据芝加哥联储的报告，1980 年，IMM 外汇期货套利者进行的交易量占直接远期（Outright Forward）外汇交易量的比例接近 1/4。这充分说明了外汇期货市场与场外外汇市场之间并非竞争关系，而是相辅相成、共同发展的关系。

通过 B 类结算会员的实践，银行认识到在 IMM 直接交易的商业价值，决定不再需要 B 类结算会员充当套利者，转而通过购买 IMM 席位直接参与交易。1981 年，J. P. 摩根成立控股子公司摩根期货，并作为首家商业银行进入

---

① Henry N. Goldstein, Foreign Currency Futures: Some Further Aspect, Federal Reserve of Chicago.

外汇期货市场从事自营交易。1982年，摩根期货继而向美联储申请期货经纪业务资格，美联储认定期货经纪业务与银行业务相关，并授予摩根期货公司期货佣金商资格。随后，花旗银行、美国银行、银行家信托公司、芝加哥第一国民银行等商业银行通过成立控股子公司成为CME的会员，从事自营和经纪业务。其他中小银行作为期货公司的客户也参与到期货市场。1983年，已有123家大型美国本地银行或外资银行进入外汇期货市场①，部分银行控股集团的子公司或银行也成为CME的结算会员。

（二）合并IMM重构CME会员结构体系，增强CME集团发展的协同性

随着外汇期货市场逐步壮大，原本相互独立的会员架构，导致CME会员与IMM会员之间存在较强的利益冲突，制约IMM发展。在此背景下，CME吸收合并IMM，相应优化交易、结算会员体系，推动金融期货蓬勃发展。

1. 实施“统分结合”的分立式会员结构，显著提升会员利益的一致性

IMM刚设立时，原CME会员以100美元即可买到一个IMM席位。随着IMM席位价格的提升，CME会员通过出售IMM席位而获利。它们不再是IMM会员后，开始用对立的眼光看待IMM市场。队伍分化使两个交易场所在交易大厅和其他设施的公平使用上出现了紧张的局面。在此背景下，将IMM整合至CME，有助于解决其内部发展存在的分裂倾向，增强集团发展的协同性。1976年，CME吸收合并IMM，IMM成为交易所的金融市场部。IMM会员维持单一会员资格，而CME会员则享有在交易所所有市场中交易的权利，包括交易在任何一个部门挂牌的产品。这种团结而独立的方案可以让交易所吸纳新的会员而使之发展壮大，也有效解决了交易所内部冲突和分裂局面。

目前，CME的会员结构还延续部门分立式的模式，即部门内的席位可以交易上市于该部门的合约。第一类是CME会员（CME Membership），可以交易芝加哥商业交易所上市的所有品种和合约，这类会员对应CME会员席位。第二类是国际货币市场会员（International Monetary Market Membership），可

① Abbott, Susan, The Merc, the Emergence of a Global Financial Powerhouse.

以交易外汇期货、利率期货以及第三类、第四类会员可以交易的品种，这类会员对应 IMM 会员席位。第三类是指数和期权市场会员（Index and Option Market Membership），可以交易指数期货、木材期货、所有的期权合约，以及第四类会员可以交易的品种，这类会员对应指数和期权市场会员席位。第四类是新兴市场会员（Growth and Emerging Markets Membership），可以交易其他各种合约，主要为涉及新兴市场的各种合约，这类会员对应新兴市场会员席位。按照 CME 的规则，CME 会员数量限制为 625 个，IMM 会员数量限制为 813 个，指数和期权市场会员数量限制为 1287 个，新兴市场会员数量限制为 413 个。如果参与者在 CME 交易没有会员资格的产品，则无权享受会员费率。

2. 清算会员必须保留在每个市场的会员资格，以确保清算会员的财务状况更加稳健

CME 合并 IMM 后，每一位清算会员至少拥有交易所四个清算会员资格，即两个 CME 会员资格和两个 IMM 会员资格。同时，清算规则要求清算会员在 CME 创立的每个部门中起码要有两个会员资格。这一原则的确立，保证了大部分会员资格掌握在财力雄厚的机构手中，显著提升清算所的财务水平。目前，CME 要求所有清算会员至少有两个 CME 会员资格、两个 IMM 会员资格、两个指数和期权市场会员资格、一个新兴市场会员资格。虽然 CME 会员数量较多，但其清算会员仅有 52 家，均为实力雄厚的大公司，包括传统期货公司、具有投资银行背景的公司、银行或银行控股子公司、专门清算公司及自营公司等。

总体来看，IMM 并入 CME 为其后续发展提供了坚实基础。对于 IMM 而言，其所有债务都得到了免除，迅速成为全球活跃的市场。CME 也因获得了 IMM 的助力，市场竞争力显著提升。这种部门分立式的结构奠定 CME 交易所团结统一的基础，推动 CME 外汇期货市场长达 40 多年的平稳增长。

（三）积极布局场外交易、结算及产品创新，与场外外汇业务协同发展

2008 年国际金融危机之后，美国加强了对场外衍生品市场的监管。2009

年G20匹兹堡峰会上，各国领导人承诺“所有标准化的场外交易衍生品合约应当通过交易所或电子交易平台进行交易”。瞄准场外市场不断加强的监管要求，CME积极布局场外交易、结算及产品创新，推动场内外外汇业务协同发展。

1. 提供场外电子化交易平台

根据2010年《多德—弗兰克法案》的规定，衍生品交易平台分为掉期执行设施（SEF）和指定合约市场（DCM）。其中，SEF被定义为受监管的设施、交易系统或平台。在这一平台上，多个参与者都具有接受由该设施的多个参与者提供的买卖报价，并执行或交易掉期合约的能力。DCM主要是提供期货及期权交易的交易所市场，允许零售客户参与。目前，共有25家公司申请SEF资格，交易所运营的交易平台有CME、ICE swaps trade、CBOE SEF等，交易商间经纪商运营的平台有毅联汇业（ICAP SEF）、德利万邦（Tullett Prebon，TP）SEF等，第三方报价机构运营的平台有路透、彭博的平台等。CME的SEF已经在美国CFTC获得注册，参与者通过CME Direct交易平台进行场内和场外衍生品的电子化交易。通过这一平台，参与者既可以交易期货产品，也可以交易场外产品。

2. 为场外外汇衍生品提供集中清算服务

2008年国际金融危机之后，美国加强了对场外衍生品市场的监管。《多德—弗兰克法案》第7章旨在对场外掉期产品进行规范，提出经认定的掉期交易应当向依据该法注册或者依据该法豁免注册的衍生品清算组织进行清算①，并要求CFTC、SEC制定规则防止逃避清算的行为。由于财政部出具了对外汇远期与掉期两个产品豁免监管的书面说明，这两个产品仍可按场外外汇市场目前的清算模式进行。但其他场外外汇衍生品，包括外汇期权、货币掉期、无本金交割远期等均需要进入指定的交易场所，满足一定的交易与清算要求，这为交易所提供了为场外外汇衍生品清算的机遇。

---

① 根据《多德—弗兰克法案》第723（a）（3）项的规定。

2012 年，CME 联手场外最大的外汇经纪商 ICAP，基于 CLEARPOT① 系统开始为场外外汇衍生品提供清算服务，已能够为 12 种无本金交割远期（NDFs）、26 种现金交割远期（CSFs）、7 种现金交割期权（CSOs）提供清算。目前，美国商品期货交易委员会（CFTC）仅对利率互换和指数信用违约互换要求强制清算，尚未明确对场外外汇衍生品实施强制清算的具体时间表，因此场外外汇衍生品的中央对手方清算占比还很低。根据 2017 年金融稳定理事会（FSB）的报告（*OTC Derivatives Market Reforms Twelfth Progress Report on Implementation*）估计，美国场外外汇衍生品的中央对手方清算占比在 20% 以内。但 CFTC 及审慎监管机构从 2016 年 9 月开始对未清算的外汇交易执行保证金要求，即注册的掉期交易商和金融终端用户超过一定金额的外汇交易执行初始保证金要求，并于 2017 年 3 月开始执行变动保证金要求（最晚不晚于 2017 年 9 月）。② 随着对未清算外汇衍生品保证金要求的逐步实施，CME 场外外汇产品的清算量也在 2018 年之后出现了飙升，仅 2018 年 1—3 月的 NDF 清算量就达到了 8602 万美元，超过 2017 年的 400 万美元。

3. 推出挂钩场内外汇期货市场与场外外汇市场的基差合约等新产品

2008 年国际金融危机后，监管当局从强化监管、完善信息披露、优化风险资本计提等方面加强对场外衍生品的监管，导致许多机构参与外汇场外交易更为困难。CME 瞄准这一机会，于 2018 年 3 月推出现货外汇基差交易工具（FX Link）。利用该交易工具，投资者可以同时执行外汇期货合约和场外现货外汇交易，可无缝连接场内外两个市场。它以期货和现货之间的价差报价和交易，两边都以场外报价惯例表示。初始品种范围包括以下货币对的外汇即期和前 3 个到期月份期货之间的价差：欧元兑美元、美元兑日元、英镑兑美元、美元兑加元、澳元兑美元、美元兑墨西哥比索。

---

① 美国“安然案件”发生后，NYMEX 于 2002 年创造了 ClearPort 系统，为场外电力、天然气和原油提供清算服务。CME 集团于 2008 年并购 NYMEX 后，这一系统就属于 CME 了。

② 实物交割的外汇远期和外汇掉期豁免了相关的保证金要求，但是美联储曾于 2013 年发布监管声明，要求银行对金融客户的实物交割外汇衍生品交易收取变动保证金。

基差交易表现为同时执行了期货交易及现货交易，期货交易通过客户的现有期货经纪商（FCM）在CME进行交易和清算，而现货则是通过客户的外汇一级经纪商（FX Prime Broker，FXPB）在中央一级经纪商（Central FX-PB）进行交易和清算。花旗银行与CME合作，充当外汇基差交易中的现货交易中央一级经纪商。当基差交易带来现货交易发生时，每个交易公司与其外汇一级经纪商进行交易，而外汇一级经纪商则与中央外汇一级经纪商进行等量的、反向交易。这样的安排可以使基差交易保持匿名的交易方式，也可保持外汇经纪商和一级外汇经纪商处于无风险敞口状态。

三、美国外汇期货市场的法律体系与监管框架

1972年外汇期货诞生时，美国证监会对货币交易没有管辖权，农业部商品交易管理局只负责监管农产品等商品期货，美国财政部和美联储也不知道如何应对这一新鲜事物。于是，外汇期货在未受到监管约束的情况下运行了3年。1974年，国会通过《1974年商品期货交易委员会法》，授权成立美国商品期货交易委员会（CFTC）并明确了其对期货市场的监管权。随着金融机构的参与、场内场外市场的协同发展和金融监管职能的优化，围绕外汇期现货市场的监管协作逐步加强。

（一）美国外汇期货市场现行法律体系和监管框架的形成背景

2008年，以美国次贷危机为导火索的国际金融危机暴露出来的金融监管法律缺失、金融监管过于宽松、金融监管体制机制缺陷等问题，使全球主要金融市场国家考虑重塑金融监管体制框架、开展金融监管改革。自2008年起，美国实施了一系列的金融监管改革措施，尤其是其金融监管改革立法引起了全球的广泛关注。为应对国际金融危机和稳定金融市场，美国财政部出台了《现代金融监管构架改革蓝图》《金融监管改革框架》《金融监管改革——新基础：重建金融监管》等一系列金融监管规定以及“7000亿美元救市计划”等公共政策，美国国会进行了一系列金融监管改革立法，包括制定《2008年紧急经济稳定法》《2009年美国复苏与再投资法》《多德—弗兰克法

案》等，逐步形成了后金融危机时代美国金融市场监管体制框架。在新的监管法律体系和框架下，外汇期货市场仍然作为美国统一期货市场的重要组成部分，受到 CFTC 的行政监管以及期货交易场所的自律监管。美国关于期货市场的统一立法和监管机制安排同样适用于外汇期货市场。

（二）美国期货市场形成以《商品交易法（2000 年）》为核心、相关法律法规为配套的法律体系

自美国诞生第一部与期货交易相关的法律《期货交易法（1921 年）》（已废止）以来，美国期货市场监管立法经历了多次修订和改革的过程。目前，美国形成了以《商品交易法（2000 年）》（*Commodity Exchange Act*）为核心，以《商品交易委员会法（1974 年）》、《金融服务现代化法案（1999 年）》、《多德—弗兰克法案》、《联邦法规汇编（2021 年）》第 17 篇“证券与期货交易”（第一部分）等法律法规为配套的期货市场现行法律体系。外汇期货市场是美国期货市场的子市场，外汇期货是美国期货交易场所挂牌上市的一类普通期货品种，因而在法律适用上，适用上述所有美国现行期货相关法律以及期货法律授权的期货监管机构制定的监管法规。

（三）外汇期货被纳入 CFTC 监管框架

外汇期货市场监管涉及一系列监管机构，CFTC 是美国联邦政府机构，负责期货市场监管，具有监管期货、期权和互换市场的权力，外汇期货被纳入 CFTC 对期货市场的监管范畴。美国期货业协会（NFA）作为受 CFTC 监督的自律性组织，负责提供期货规则修改意见、投资者保护、会员审核等具体工作。美联储、美国货币监理署（OCC）、美国联邦存款公司（FDIC）并不直接管理外汇期货市场，主要规范商业银行等金融机构参与外汇期货市场的行为。

CFTC 对期货市场的监管主要体现在以下方面：一是实施机构监管，监管在其职权领域内从事经营的机构，包括认定交易所、期货经纪商（FCM）、介绍经纪商（IB）、场内经纪商（Floor Brokers）、场内交易商（Floor Traders）、结算组织等机构；二是实施行为监管，如审批交易所上市的商品及金

融合约、规范保证金水平及持仓限额，禁止衍生品市场的欺诈、操纵等；三是监测市场运行及市场是否存在操纵和违规行为，并采取应对措施；四是仲裁及赔偿，处理市场内部主体间的纠纷等。

美国期货业协会是美国期货市场重要的非营利性会员制组织，它是根据《美国商品期货交易委员会法（1974 年）》第 17 节的规定于 1976 年组建设立，1982 年正式运行，接受 CFTC 和美国证监会的双重领导。根据美国《商品交易法（2000 年）》，美国期货业协会可以基于 CFTC 的授权而获得部分行政职能，有权制定规章制度实施自律监管，包括对会员开展合规审计监督、完善现行期货规则和提出具体修正意见并提请 CFTC 实施、审核期货佣金商与介绍经纪人等的注册申请和会员资格、调查并处罚违规的会员、受理并仲裁会员与交易者之间的交易纠纷等。

美联储等银行业监管部门主要制定银行参与外汇期货交易的相关政策。《美联储商业银行检查手册》中的商业银行检查报告指南明确提出要对银行在金融期货和外汇交易相关的政策、规程、实务等方面的适当性进行评估。

四、美国外汇期货市场的运行情况及特点

（一）产品体系丰富，覆盖全球主要币种

经过 50 余年的发展，CME 已经形成了完善的外汇产品体系，根据 2023 年 4 月 CME 网站的公开信息，主要包括以下四类：一是传统外汇期货期权产品。主要涵盖 46 种货币对的 55 个期货品种和 24 个期权品种，55 个期货品种分别是 9 种美元对发达市场国家（地区）货币的外汇期货、14 种发达市场国家（地区）货币之间的交叉汇率期货、20 种美元对新兴市场国家货币的外汇期货以及 12 种迷你合约。二是基差合约产品，主要包括 8 种货币对的期现基差合约产品，分别是澳元兑美元、美元兑加元、美元兑瑞士法郎、欧元兑美元、美元兑日元、新西兰元兑美元、英镑兑美元、墨西哥比索兑美元；三是互换、远期、NDF、场外期权等 OTC 产品交易，包括 46 种货币对的互换交易、37 种货币对的远期交易、9 种货币对的 NDF 交易以及 24 种货币对的场外期权交易。

（二）市场规模整体增长，以G7货币对期货交易为主

一是CME外汇期货市场规模整体增长，市场流动性保持基本稳定。2022年末，CME外汇期货市场持仓规模（单边）达186.61万手，相比2014年末增加52.06万手，年均增长率为4.17%。2022年，CME外汇期货市场日均成交114.43万手，相比2014年增加40.41万手，年均增长率为5.6%（见图3-1）。2014年末和2022年末，CME外汇期货成交持仓比分别为0.55、0.61，市场流动性保持基本稳定。

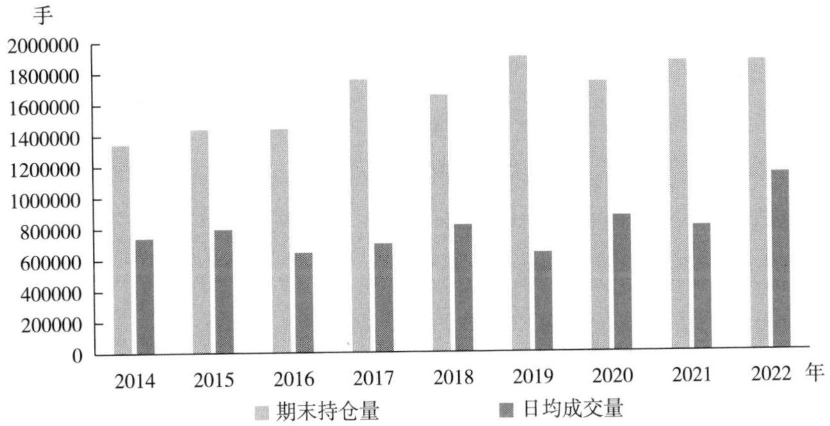

图3-1　2014—2022年CME外汇期货市场成交持仓情况

（资料来源：CME官网）

二是G7货币对是CME外汇期货市场最活跃的交易标的。2014—2022年，在G7货币期货中，除瑞士法郎外，美元兑欧元、英镑、日元、加元、澳元期货品种的持仓规模一直位列CME所有外汇期货品种持仓量前5名。上述五大期货品种的持仓规模（单边）由2014年末的97.17万手上升至2022年末的139.24万手，年均增长率为4.60%，全市场占比由72%上升至74.6%；成交规模由2014年的日均61.28万手上升至2022年的日均94.49万手，年均增长率为5.56%，全市场占比由83%增加到83.45%（见图3-2）。

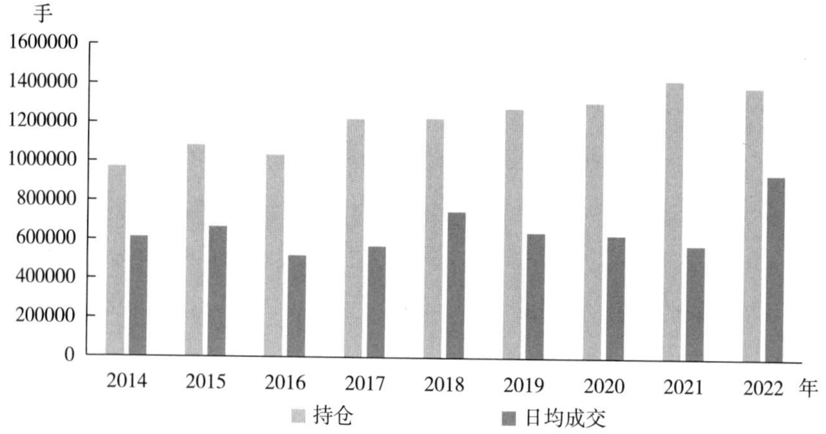

图3-2 2014—2022年CME前五大G7货币对期货成交持仓情况

（资料来源：CME官网）

三是欧元兑美元期货规模增长强劲，日元兑美元期货规模稳中有降，其他品种规模小幅增长。2014年末至2022年末，欧元兑美元期货的市场持仓规模（单边）由38.86万手上升至72.20万手，年均增长率为8.05%，高出全市场平均水平4个百分点，全市场占比由28.89%上升至38.69%；英镑兑美元期货的市场持仓规模由14.32万手上升至20.19万手，年均增长率为6.39%，与全市场平均水平基本持平；日元兑美元期货的市场持仓规模由22.42万手下降至16.93万手，全市场占比由16.66%下降至9.07%（见图3-3）。CME（2021）指出，导致欧元兑美元期货市场规模上升的主要原因有两方面：一是尽管近年来欧元对美元汇率的波动性大幅下降，但是由于欧美在经济增长、财政政策、货币政策、贸易赤字等方面的宏观经济环境出现较大差异，导致市场对欧元对美元汇率的预期出现较大分歧，汇率风险管理需求上升；二是受监管政策、市场流动性、交易执行效率与公平性等因素驱动，资管机构参与外汇期货市场的需求大幅上升，成为推动欧元兑美元期货市场规模上升的主要力量。

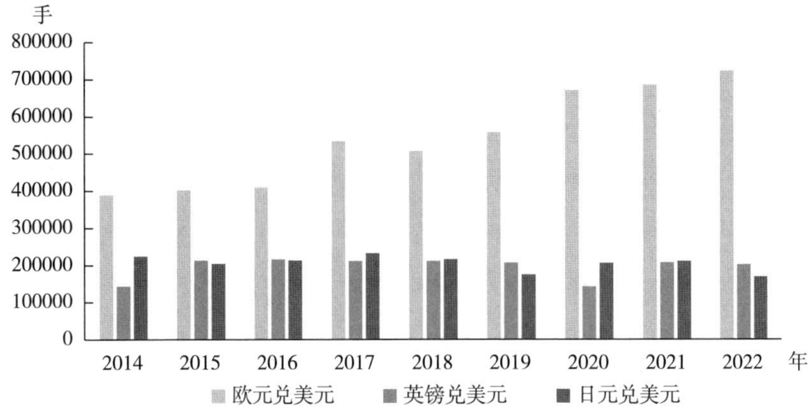

图 3－3 2014—2022 年 CME 欧元、英镑、日元兑美元期货年末持仓

（资料来源：CFTC 官网）

（三）投资者结构丰富，资管机构等金融机构成为最重要的参与主体

第一次世界大战期间，美国谷物期货价格出现大幅波动，为提升市场透明度，CFTC 开始对商品期货实施持仓限额制度，并引入大户持仓报告制度。随着投资者结构的多元化，CFTC 不断完善大户持仓报告（COT）制度，在金融期货市场实施金融期货交易者（TFF）报告以及商业银行参与报告（BPR）等五类持仓报告。其中，金融期货交易者报告将履行报告义务的投资者分为交易商/中间商、资管机构、对冲基金和其他报告者。以欧元兑美元期货为例，2014 年以来，资管机构与交易商参与欧元兑美元期货市场的规模迅速上升，成为最主要的参与主体，而对冲基金、其他报告者与未报告头寸参与者的市场规模保持基本稳定，市场占比大幅下降。

一是资管机构参与度显著提升，是市场主要的多头力量。2012 年末至 2022 年末，资管机构外汇期货总持仓（双边）由 9.18 万手上升至 55.46 万手，年均增长率为 19.70%，全市场占比由 22.56% 上升至 39.11%，对欧元兑美元期货市场持仓增加的贡献度达到 45.77%。从多空结构来看，资管机构多头持仓增长迅速，是最重要的多头力量。2012 年末至 2022 年末，资管机构持有多头持仓由 4.55 万手增加到 45.13 万手，全市场占比由 23% 上升至 65%；空头持仓由 4.08 万手上升至 8.56 万手，市场占比从 20% 降至 12%（见图 3－4）。

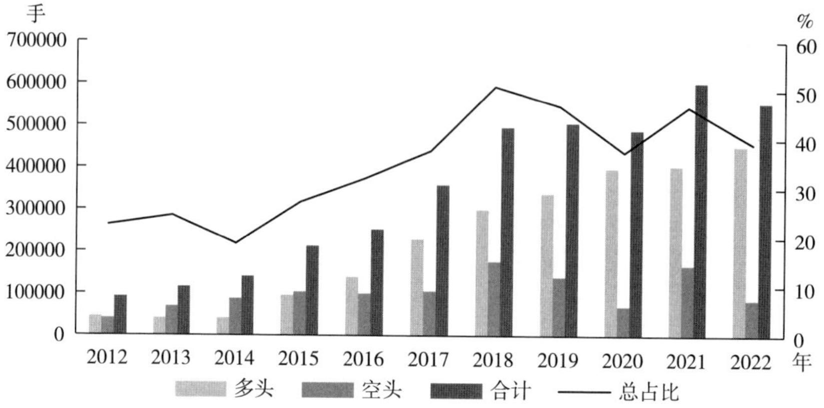

图 3－4　2012—2022 年 CME 欧元兑美元期货市场资管机构年末持仓情况

（资料来源：CFTC 官网）

二是交易商参与度显著提升，是市场主要的空头力量。2012 年末至 2022 年末，交易商的外汇期货总持仓（双边）由 6.39 万手上升到 48.98 万手，年均增长 22.59 %，全市场占比由 15.69% 上升至 34.54%，对欧元兑美元期货市场持仓增加的贡献度达到 42.13%。从多空结构来看，交易商空头持仓增长迅速，是最重要的空头力量。2012 年末至 2022 年末，交易商持有空头持仓由 4.35 万手增加到 45.54 万手，全市场占比由 22% 上升到 66%（见图 3－5）。作为交易商最主要的客户，商业银行参与欧元兑美元期货市场的规模显著上升。

三是对冲基金、其他报告者的参与规模保持基本稳定，多空方面较为灵活。2012 年末至 2022 年末，对冲基金的外汇期货总持仓（双边）由 12.68 万手上升到 18.92 万手，年均增长率为 4.09%，全市场占比由 31.13% 下降至 13.34%，对欧元兑美元期货市场持仓增加的贡献度为 6.18%（见图 3－6）；其他报告者的外汇期货总持仓（双边）由 2.85 万手增至 5.75 万手，年均增长率为 7.26%，全市场占比由 7% 下降到 4%，对欧元兑美元期货市场持仓增加的贡献度为 2.86%。整体来看，对冲基金与其他报告者的交易方向较为灵活，其在 2012 年、2013 年、2020 年以多头为主，2014—2016 年以及 2021 年以来，以空头为主，其他年份多空持仓基本持平。

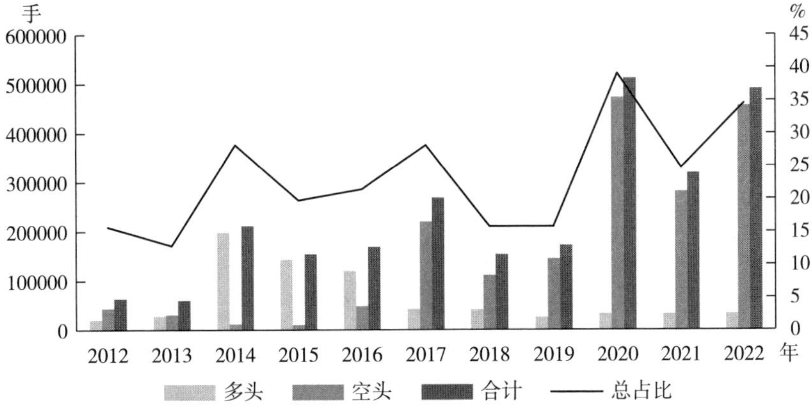

图 3－5　2012—2022 年 CME 欧元兑美元期货市场交易商年末持仓情况

（资料来源：CFTC 官网）

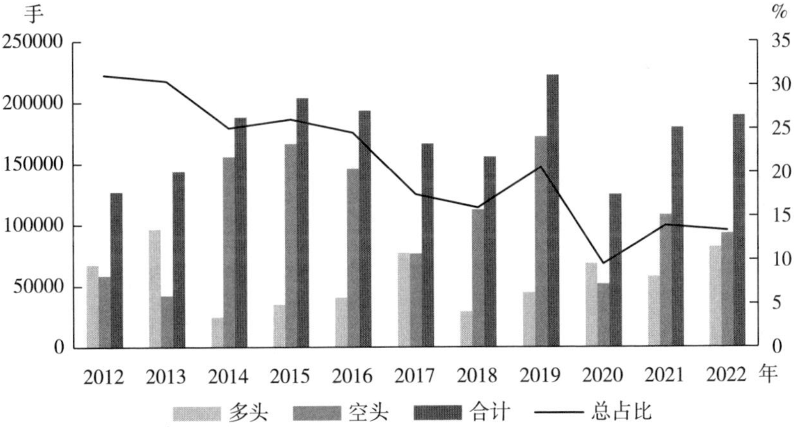

图 3－6　2012—2022 年 CME 欧元兑美元期货市场对冲基金年末持仓

（资料来源：CME 官网）

（四）风控制度严格，经受住瑞士法郎脱钩、英国脱欧等事件考验

CME 董事会通过设立董事会层面（Board Level）以及非董事会层面（Non－Board Level）委员会来指导交易所各项业务开展。其中，商业行为委

员会（BCC）以及清算所风险委员会（CHRC）负责制定风险应急处置机制并授权采取应急措施，两者均属非董事会层面委员会。根据授权，当 BCC 认定存在紧急状态时，可采用暂停、缩短或终止合约交易，限制、暂停或终止入场交易或清算等风控措施。当 CHRC 认定存在紧急状态时，可采用要求清算会员或客户追加履约担保品、要求清算会员或客户缴纳特别履约担保品、提高清算会员资本金要求、设置持仓限额等风险控制措施。上述措施实施，均须按照相关监管要求上报 CFTC 和董事会。

一是妥善应对瑞士法郎脱钩事件的冲击。2015 年 1 月 15 日，瑞士央行意外宣布放弃维持欧元对瑞士法郎的 1. 20 汇率下限，并将 3 个月期 Libor 目标区间下调到 -1. 25% ~ -0. 25%，将活期存款利率降至 -0. 75%。决议公布后，当日欧元兑瑞士法郎汇率一度暴跌近 30%，美元对瑞士法郎汇率也一度暴跌逾 27%。受此影响，市场避险需求激增，CME 瑞士法郎相关外汇期货及期权合约当日总成交量高达 13. 4 万手，约为 2014 年日均成交量的 3 倍。鉴于瑞士法郎脱钩事件极大地推升了外汇市场波动性，CHRC 与 BCC 认定紧急状态存在，紧急出台风险应急处置措施，以确保交易安全有效运行。一方面，从 2015 年 1 月 15 日开始，分阶段调整瑞士法郎相关外汇期货及期权合约保证金，将欧元兑瑞士法郎、瑞士法郎兑美元等相关品种的保证金要求提高至 1 月 14 日标准的 3 倍以上；另一方面，根据 BCC 授权，交易所决定自 2015 年 1 月 21 日下午 5 时开市起至 1 月 26 日下午 4 点闭市止，临时移除部分外汇期货产品第一档价格波动限制阈值，涵盖欧元对瑞士法郎、美元对瑞士法郎、瑞士法郎对日元等 18 种涉及欧洲地区货币的外汇期货品种，以确保市场交易安全平稳运行。

二是妥善应对英国脱欧事件的冲击。2016 年 6 月 20 日，时任英国首相卡梅伦宣布于 2016 年 6 月 23 日进行公投，由民众决定英国是否续留欧盟。英国脱欧公投结果公布后，英镑对美元、日元汇率盘中跌幅均超过 10%，欧元对英镑汇率盘中涨幅超过 9%。6 月 23 日，CME 英镑兑美元期货交易量高达 50. 6 万张，成交金额达 430 亿美元，约占当日外汇期货总成交金额的

25%。2016年6月，英镑兑美元期货日均成交量达18.9万张，刷新历史最高纪录。由于英国脱欧公投事件并非毫无预期的突发事件，考虑到英国脱欧公投极有可能推升汇率波动性，为确保外汇期货市场交易公平有序运行，CME提前启动应急处置机制。一方面，CME清算所于6月17日、27日分两次提高清算会员履约担保品要求，欧元兑英镑、英镑兑美元等期货品种的初始及维持保证金的比例累计上调幅度超过80%；另一方面，CME自6月22日起修改价格波动限制阈值，将英镑相关期货品种的价格波动限制阈值扩大到原有水平的两倍。

五、经验与启示

美国外汇期货市场建立50余年来，通过持续规范对期货市场的监管，不断完善交易所治理机制、持续优化外汇期货产品与交易结算机制并推动外汇期现货市场协同发展，引领全球外汇期货市场发展。美国市场的成功经验对于我国建设发展人民币外汇期货市场具有一定启示意义。

（一）依托本国货币的国际主导地位，抢占外汇期货市场发展的高地

美国外汇期货市场是随着布雷顿森林体系濒临解体、浮动汇率制的逐步建立而产生的，美元作为国际贸易、结算和金融资产计价货币，是支撑其发展的基石。由于G7货币是全球外汇市场的主要交易货币，美国外汇期货市场取得成功则是依托美元国际货币的主导地位，构建了以G7货币为主体的外汇期货市场产品体系。CME的创新基因进一步强化了美国外汇期货市场的“虹吸效应”，汇聚了全球流动性。随着人民币在国际贸易、投融资等领域的使用范围不断扩大，人民币外汇交易相关风险管理需求持续增长。建设境内人民币外汇期货市场，有助于形成功能完备、产品健全的多层次人民币外汇市场，对促进人民币国际化进程具有重要的现实意义。

（二）规范健全的监管框架为外汇期货等金融期货市场的发展提供制度保障

随着期货市场的逐步壮大，监管当局立足期货市场发展的内在规律，构

建期货市场监管框架，将外汇期货等金融期货纳入其中。在期货市场监管框架下，CFTC 与美联储、货币监理署等部门加强监管协作，规范金融机构参与行为，保障外汇期货市场平稳，促进外汇期现货市场协同发展。在各方共同努力下，外汇期货取得了 50 年的平稳发展，经受住次贷危机、瑞士法郎脱钩、英国脱欧等重大事件考验，市场功能发挥良好。

（三）立足实际持续进行产品创新和市场拓展，夯实外汇期货市场发展基础

在美国外汇期货市场的创建发展过程中，CME 根据市场实际需要，持续进行机制与产品创新，从而推动外汇期货市场蓬勃发展。CME 创造性地建立 IMM 市场并推出外汇期货，期货市场从此由商品领域拓展到了金融领域。CME 注重根据业务发展需要完善交易所公司治理，增强集团发展的协同性。近年来，伴随场外衍生品交易的场内化趋势，CME 积极布局场外业务，推动场内外期现货市场协同发展。这些具有引领性的业务创新，不断满足市场参与者的交易需求和便利度，推动了 CME 外汇期货市场的发展壮大和国际竞争力的增强。

第二节 日本外汇期货市场发展历程与经验借鉴

东京国际金融交易所于 1989 年成立并上市了日元兑美元外汇期货，于 1991 年上线美元兑日元外汇期货以取代日元兑美元外汇期货。2004 年，东京国际金融交易所更名为东京金融交易所，在日本金融服务厅的支持下，于 2005 年上市日转外汇期货交易（FX Daily Futures），取代原有的日元外汇期货。日转外汇期货合约的本质是对场外市场的外汇保证金产品进行标准化改造，对推动外汇期货与场外衍生品市场的融合发展具有一定借鉴意义。在外汇期货市场的发展过程中，日本政府不断完善金融监管体系，健全风险控制措施，有效保证了市场规范发展与客户资金安全。

一、日本外汇期货市场发展背景

（一）外汇市场化自由化改革催生了日元汇率风险管理需求

日元汇率市场化改革的主要目标是推进日元国际化进程，提升日元在国际货币体系中的地位，增加在经常账户、资本账户以及外汇储备中的分量。为实现这一目标，日本分别在1979年和1998年对日本外汇法进行两次重大修订。以这两个时间为节点，大体可将日本的外汇管理体制分为三个阶段：管制阶段（1949—1978年）、过渡阶段（1979—1997年）和自由化阶段（1998年至今）。

第一阶段是1949—1978年，日本经历由高度管制向实现经常项目可兑换的演变历程。1949年，为重建经济秩序，实现国家稳定，日本制定了《外汇和对外贸易管理法》。该法具有高度管制特征，仅允许最低限度的货物出口，实施严格的外汇预算制和外汇集中制，限制和禁止各类资本交易。1964年，日本成为国际货币基金组织成员国并加入经合组织（OECD），为此修订外汇法，取消外汇预算制，实现经常项目可自由兑换。布雷顿森林体系解体后，日本于1973年完成由固定汇率制向浮动汇率制转变。

第二阶段是1979—1997年，日本积极推动金融自由化进程。1979年，日本修订外汇法，其总基调是“以外汇、对外贸易和其他对外交易自由化为基础，对对外交易实施最低的管理或调整”。修订后的外汇法对货物贸易基本无限制，对服务贸易施行许可制度，对资本交易施行分类管理。该法将资本交易分成四类，由第一类至第四类逐步放松管制要求，其中第一类是属于事前管理的事项，如居民之间的外汇交易、居民与非居民之间的存款与信托等。1979年外汇法有力推动对外贸易和对外直接投资高速增长。1990年，日本40%的出口贸易额以及20%的进口贸易额都以日元进行结算，日元作为外汇储备的份额达到8%的水平。

第三阶段是1998年至今，日本金融进入高度自由化时期。1998年，日本政府决定实施“金融大爆炸”，修订外汇法并更名为《外汇和对外贸易法》。1998年外汇法废除了外汇指定银行制度，除少量保留行政许可、账户管理、身份认证等必要管理措施外，绝大部分交易和支付均可自由开展。同时，日本政府开始实施利率市场化改革，通过丰富短期资金市场品种，引导交易品种小额化、将自由利率从大额交易导入小额交易，最终通过立法终止了利率窗口指导。随着外汇市场自由化改革的全面推行，银行业、证券业、信托业限制被取消，境外投资由审批制逐渐转向备案制。日本政府逐步放开外商直接投资、对外直接投资、证券投资和房地产投资，放宽对外债权债务管理，仅保留了资本项目交易的必要管理手段。伴随金融自由化的提高，日元汇率波幅加大，催生了日元汇率风险管理需求。

（二）传统外汇期货市场建设失败，转而探索其他外汇衍生品市场建设

1985年“广场协议”后，日本汇率市场出现大幅波动。东京国际金融交易所（TIFFE）于1989年6月推出了日元兑美元外汇期货，与3个月欧洲美元期货、3个月欧洲日元期货成为该交易所最早一批推出的金融期货品种。TIFFE于1990年引入日元兑美元外汇期货做市商业务，以提升市场流动性。受以下两方面因素制约，该产品流动性持续低迷。一方面，芝加哥商业交易所早在1972年就上市了日元兑美元外汇期货，获得市场先发优势，集聚市场主要流动性；另一方面，合约标的采用间接标价方式、合约面值过大等设计，制约了本土个人投资者参与。1991年，TIFFE完成电子化改造，推出电子交易平台，重新开发了美元兑日元外汇期货，随后下线了日元兑美元外汇期货。尽管美元兑日元外汇期货合约面值更低、采用直接标价法报价，并引入夜盘交易，但市场流动性依然不足。1997年，美元兑日元外汇期货的年交易量达到历史最高水平的6.38万手。此后，美元兑日元外汇期货交易量一路走低，从2002年开始基本无市场成交，并于2005年被摘牌。整体来看，日本对传统外汇期货缺乏市场交易需求的主要原因是由于日元国际化程度高，国际投资者管理汇率风险的需求可在芝加哥商业交易所市场得到充分满足，而本土市场投资者则习惯开展场外外汇保证金交易。

（三）场外外汇保证金交易的规范发展，为日本建立成熟外汇衍生品市场打下基础

1998 年，日本全面推行外汇自由化改革后，场外外汇保证金交易开始盛行，并逐步成为日本家庭进行财富管理的重要手段。在外汇保证金市场发展初期，由于法律和监管措施滞后，市场发展并不规范。主要表现为：经纪商存在混用客户与自有资金、以诱导性的方式招揽不具备足够金融知识的客户入市以及未经客户允许擅自代客下单等情况。这些市场乱象在 2004 年前后愈演愈烈，不仅严重侵害客户利益，扰乱市场秩序，也导致金融系统内出现部分经纪机构破产倒闭、金融高管卷款外逃等风险。

为整肃场外外汇保证金交易市场，日本金融服务厅通过提升经纪商资质、控制保证金比例、实行保证金托管等措施，完善监管制度，推动外汇保证金市场向公开化、透明化方向发展。根据日本金融期货协会（FFAJ）统计，2021 年 12 月 31 日，日本场外外汇保证金持仓规模达 6.88 万亿日元，较 2013 年同期规模（5.2 万亿日元）增长 24%；参与日本场外外汇保证金交易的活跃投资者数量达 84.15 万户，较 2013 年增长 12%。[①]

二、日转外汇期货产品设计

2005 年 7 月，在日本金融服务厅支持下，东京金融交易所（TFX）推出了主要面向个人投资者的“Click 365”交易平台，并在该平台启动了日转外汇期货交易。

（一）日转外汇期货合约主要条款

为更好满足投资者的交易需求，增强市场流动性，日转外汇期货采用较小的合约面值，即 1 万美元，合约标的覆盖国际主要货币对。此外，合约标价、交易时间、交易方式、交割方式等设计与投资者交易习惯相契合。

① 日本以每年 4—6 月为第一季度，10—12 月为第三季度。

一是合约标的覆盖国际主要货币对。根据交易货币对是否包含日元，TFX 日转外汇期货合约标的分为外币对日元和交叉货币对两种类型。截至 2022 年底，TFX 累计上市 30 个日转外汇期货品种，包括 19 个外币兑日元以及 11 个交叉货币对期货产品。其中，19 个外币兑日元期货产品的币种涉及美元、欧元、英镑、瑞士法郎、澳元、加拿大元等发达国家货币，以及南非兰特、土耳其里拉等新兴市场货币；11 个交叉货币对期货产品主要涉及美元、欧元、英镑、瑞士法郎、澳元、加拿大元之间的货币对。

二是采用做市交易机制。传统外汇保证金的交易形式灵活，客户在外汇经纪公司下单后，交易指令经由交易系统直接送达交易银行，银行事实上承担了做市商角色。为最大限度保持银行等金融机构的业务现状，TFX 日转外汇期货采用做市商交易机制，即投资者只能通过交易会员与做市商达成交易，TFX 从众多做市商提供的报价中选择最高的买价和最低的卖价作为最优的报价提供给投资者，由投资者点击成交，这也是“Click 365”名称的由来。截至 2022 年底，TFX 共有 6 家做市商，分别为东京三菱银行、巴克莱银行、德国商业银行、高盛日本、德意志证券和野村证券。

三是近全天候的交易时长。TFX 日转外汇期货的交易时间对接场外市场，交易时长接近全天候。其中，外币兑日元期货交易时长普遍接近 23 小时，交叉货币对期货交易时长也达到了 22 小时。

四是采用现金交割方式。考虑日本投资者普遍习惯通过场外外汇保证金市场开展本币与外币间的利差交易，TFX 日转外汇期货采用现金交割方式。

（二）日转外汇期货合约的特殊性

一是做市交易机制的特殊性。在场外外汇保证金市场，外汇经纪商主要通过自身的交易平台为客户提供服务。在日转外汇期货市场，投资者只能通过期货经纪商进行下单，依托交易所电子交易平台达成交易。做市商在交易所提供的统一的电子交易平台开展买卖报价，TFX 根据做市商提供的报价选择最高的买价和最低的卖价作为最优报价提供给投资者，由投资者点击成交。如图 3－7 所示，在做市商的报价中，最高买价为 98.460，最低卖价为

98.480，实际买卖价差2.0个基点。

做市商	买入	卖出	价差
A	98.455	98.480	2.5BP
B	98.455	98.485	3.0BP
E	98.460	98.495	3.5BP
F	98.460	98.490	3.0BP

TFX（Click365）price

买入	卖出	价差
98.460 （500）	98.480 （700）	2.0BP

可用交易价格

图3-7　TFX报价机制

二是保证金计算的特殊性。日转外汇期货的保证金由定期变动保证金、浮盈浮亏以及掉期点三部分构成。交易所每周公布保证金计算参数，其中定期变动保证金因自然人（含境外自然人）和非自然人而异，自然人（含境外自然人）定期变动保证金受25倍杠杆率限制；非自然人定期变动保证金根据历史波动率确定。掉期点由两种货币的利差和实际交易天数决定，以美元对日元日转外汇期货为例，当投资者做空日元、做多美元时，当期决定滚动到下一结算日时将收到相应利息补偿，需要收日元隔夜利息、付美元隔夜利息。盯市损益根据当前市场价格与前一交易日结算价结算得出，结算价由交易所根据收盘前一段时间做市商的报价，使用相关计算方法得出，并由交易所公布。

保证金要求 = 保证金金额（定期变动）× 持仓量 ± 盈利/亏损 ± 掉期点

图3-8　TFX保证金计算机制

三是每日交割与自动展仓机制。TFX日转外汇期货合约每日交割，交易所会将投资者持有的未平仓头寸在日终结算时自动到期平仓，并在下一交易日生成与该头寸要素（除价格外）完全相同的新的合约头寸，相当于自动完成展仓。在投资者持仓期间，交易所会每日自动展仓。在某种程度上可以认为，日转外汇期货合约永续存在。

四是结算价参考做市商报价得出。TFX 日转外汇期货的每日结算价格的计算方式是，由交易所根据当天日转外汇期货的做市商报价，使用一定的方法计算并公布，但是交易商尚未公布结算价的具体计算方法。

表 3-1　　TFX 日转外汇期货合约主要条款

<table>
<tr><td>项目</td><td colspan="4">日转外汇期货合约（Click 365）</td></tr>
<tr><td rowspan="2">货币对</td><td colspan="4">美元、欧元、英镑、澳元、瑞士法郎、加元、新西兰元、南非兰特、土耳其里拉、挪威克朗、瑞典克朗、港元、墨西哥比索、波兰兹罗提对日元</td></tr>
<tr><td colspan="4">欧元对美元、英镑对美元、英镑对瑞士法郎、美元对瑞士法郎、美元对加元、澳元对美元、欧元对瑞士法郎、欧元对英镑、新西兰元对美元、欧元对澳元、英镑对澳元</td></tr>
<tr><td>交易单位</td><td colspan="3">交叉货币对和外币对日元货币对（南非兰特、挪威克朗、港元、瑞典克朗、墨西哥比索除外）</td><td>南非兰特、挪威克朗、港元、瑞典克朗、墨西哥比索对日元</td></tr>
<tr><td>合约面值</td><td colspan="3">每 10000 单位基准货币的日元价格</td><td>每 100000 单位基准货币的日元价格</td></tr>
<tr><td rowspan="2">最小
变动单位</td><td>美元、欧元、澳元兑日元</td><td>英镑、瑞士法郎、加元、新西兰元、土耳其里拉、波兰兹罗提兑日元</td><td>南非兰特、港元、挪威克朗、瑞典克朗、墨西哥比索兑日元</td><td>交叉货币对</td></tr>
<tr><td>0.005 日元</td><td>0.01 日元</td><td>0.005 日元</td><td>0.0001 基准货币</td></tr>
<tr><td rowspan="2">最小
变动价值</td><td>美元、欧元、澳元兑日元</td><td>英镑、瑞士法郎、加元、新西兰元、土耳其里拉、波兰兹罗提兑日元</td><td>南非兰特、港元、挪威克朗、瑞典克朗、墨西哥比索兑日元</td><td>交叉货币对</td></tr>
<tr><td>50 日元</td><td>100 日元</td><td>500 日元</td><td>1 单位非基准货币对</td></tr>
<tr><td>交割方式</td><td colspan="4">现金交割</td></tr>
<tr><td>掉期点</td><td colspan="4">单一价格（以日元计价）</td></tr>
<tr><td>交易时间</td><td colspan="3">周一：
7：10a. m. 至次日 6：55a. m.
周二至周四：
7：55a. m. 至次日 6：55a. m.
周五：
7：55a. m. 至次日 6：00a. m.</td><td>周一：
7：10a. m. 至次日 5：55a. m.
周二至周四：
6：55a. m. 至次日 5：55a. m.
周五：
6：55a. m. 至次日 5：00a. m.</td></tr>
</table>

资料来源：TFX 官网。

（三）日转外汇期货的本质

从整体来看，TFX 日转外汇期货被归类为外汇期货品种，是因为其具有期货“谱系”的一般性特征。从产品收益和定价机制来看，根据利率平价理论，外汇远期汇率取决于即期汇率、买入货币与卖出货币的利差以及近远端期限。如图 3－9 所示，日转外汇期货交易的损益为外汇即期交易与掉期交易的损益之和，本质仍是期限涵盖从 1 天到永久期限的远期交易的损益。交易所从合约标的、合约面值、标价方式、交易方式、交割制度、风险控制等方面进行了标准化改造，使其具备了期货市场合约的基本特征。从监管框架来看，传统外汇保证金交易灵活性强、透明度低，TFX 是根据《金融期货交易法》设立的期货交易所，日转外汇期货与股指期货、利率期货等被共同纳入金融期货市场统一监管框架，接受金融服务厅统一监管。尽管《金融期货交易法》已被纳入《金融商品交易法》，但是金融期货的监管理念、体制、要求等并未发生改变。从清算机制来看，在外汇保证金交易中，银行与其客户本质是交易对手关系，存在交易对手方违约风险。在日转外汇期货交易中，交易所发挥中央对手方作用，是卖方的买方和买方的卖方，没有交易对手方违约风险。从组织架构来看，在外汇保证金交易中，客户在外汇经纪公司下单后，交易指令经由交易系统直接送达交易银行，外汇经纪公司的职能主要

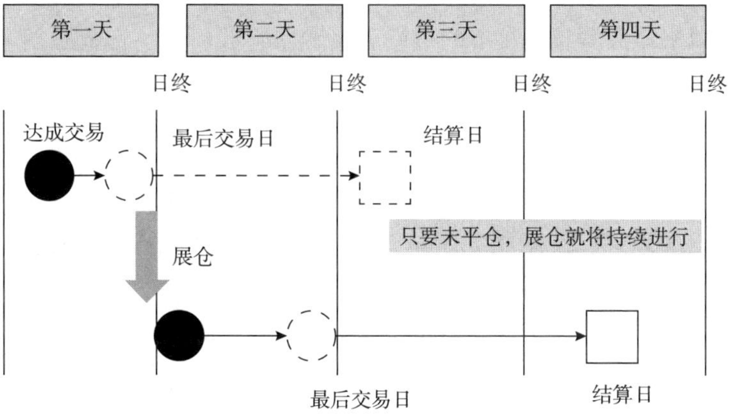

图 3－9　日转外汇期货的滚动交易机制及每日保证金要求

（资料来源：TFX 官网）

表现为交易撮合；在日转外汇期货合约中，投资者必须通过交易所认证的交易会员（如货币经纪商、银行、期货公司、证券公司等）在交易所进行交易，此时经纪商不仅提供客户交易指令的下单路由，还承担管理客户风险的职能。

三、日本外汇期货市场监管制度

伴随经济的复苏，日本外汇市场逐步建立并走向成熟，法制建设成为金融体系改革进程的重要一环。早在 1989 年，日本政府就颁布了《金融期货交易法》，成立 TIFFE，明确了金融期货市场监管的基本框架。2005 年，日本政府对《金融期货交易法》进行修订，将金融期货交易的上市标的由“证券指数等期货合约”拓展到“金融指标等期货合约”，允许上市与货币相关的金融指标等期货合约，为上市日转外汇期货合约提供了法律支撑。2006 年，日本国会审议通过了《金融商品交易法》，取代了原有的《证券交易法》，同时废止原有的《金融期货交易法》等四部立法。2006—2009 年，日本《金融商品交易法》相关条款陆续施行。为外汇期货市场监管制度的形成完善提供了重要的法制保障。

（一）日本外汇期货市场监管体制

长期以来，大藏省是日本的财政和金融监管部门，负责金融期货市场监管。1998 年，修订后的《日本银行法》将大藏省的金融检查和监督职能分离出来，单独设立金融监督厅，由其负责包括金融期货市场在内的金融监管。大藏省负责金融发展方面的宏观决策、金融企业财务制度检查、存款保险机构监管等。2000 年，金融服务厅（FSA）在金融监督厅基础上成立，同时拥有金融监管权和金融政策制定权。

日本期货行业按照产品类型实施分类监管，包括日转外汇期货在内的金融期货类产品监管归属于日本金融服务厅；农产品期货监管归属于农林水产省；而工业品期货监管则归属于经济产业局。金融服务厅内部设立战略发展与管理局、政策与市场管理局、监督局、仲裁局，其中监督局主要负责证券期货市场监管。值得注意的是，证券交易监督委员会与金融服务厅保持相对独立，其委员长和委员是经国会批准后，由首相任命的，主要对证券市场交易进行监督和检查，但其不拥有执法权。

（二）日本日转外汇期货市场监管的主要内容

总体来看，日本对日转外汇期货交易的监管立法主要体现在市场准入、日常经营活动、投资者保护等三个方面。一是制定了严格的市场准入制度。根据金融业务分类，日本对金融机构设置了差异化的市场准入要求。其中，对从事金融期货交易业务的机构，自有资本应在5000万日元以上，资本充足率不低于120%，且在人员资质、技术系统等方面应满足监管要求。相比而言，日本对在交易所开展日转外汇期货业务的会员机构资质提出更高要求，如资本金应在3亿日元以上、净资产达到20亿日元以上、资本充足率不低于200%。

二是持续的日常经营活动监管。在经纪商风险管理方面，自2009年起，日本金融服务厅要求从事外汇保证金交易的经纪商构建风险管理制度、制定止损规则，并持有一定比例的保证金存款。在保证金设置方面，个人投资者参与日转外汇期货交易的杠杆率上限是25倍，非个人投资者的保证金比例根据历史波动率测算，做市商的保证金比例根据日转外汇期货历史波动率测算且上限为25倍。在客户资金管理方面，涉及日转外汇期货交易的投资者个人账户和会员账户应分开管理，会员应将客户资金存入指定的托管银行。在交易公平性方面，应向客户提供有利的汇价，让客户能够以有利汇价进行成交，否则将被处以严苛的处罚。

三是全面的投资者保护制度。日本对投资者的保护贯穿外汇保证金交易的整个过程。在交易前的销售阶段，根据《金融期货交易业务规则》规定，为防止外汇经纪商作出不利于客户的行为，外汇经纪商应向客户充分说明外汇保证金业务的交易规则，让客户充分了解该业务的风险；在交易环节，除应对客户的外汇保证金账户资金实行隔离管理，外汇经纪商对个人投资者的外汇保证金交易还应设有止损机制；在信息披露方面，自2010年6月起，日本开始发布外汇保证金交易的止损交易月度报告。此外，日本金融服务厅还要求交易所充分考虑投资者需求，不断优化产品设计，进行充分的投资者教育，审慎进行市场推广。

四、日转外汇期货市场运行特点

一是市场规模整体上升，成交持仓比处于低位。日转外汇期货上市首日，全市场仅成交117手，持仓14手。随着交易品种的丰富和投资参与程度的提升，日转外汇期货市场规模快速上升。2005年12月31日，全市场单日持仓规模达到66149手，当日成交42772手，成交持仓比为64.66%。2015年12月30日，客户单日持仓已达到191.21万手，当日成交12.43万手，成交持仓比为6.5%。此后，日转外汇期货市场规模下降，至2022年12月31日，全市场单日持仓107.42万手，当日成交15.55万手，成交持仓比为14.47%（见图3－10）。

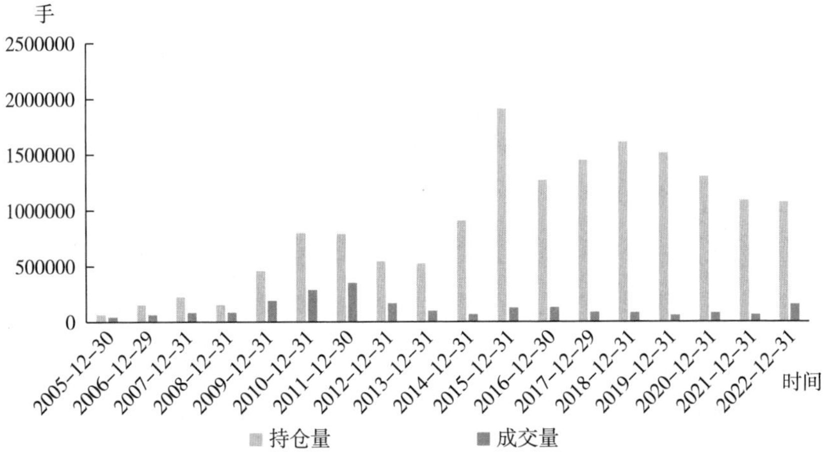

图3－10　2005—2022年日转外汇期货成交持仓情况

（数据来源：TFX官网）

二是美元兑日元期货市场规模最大，土耳其里拉兑日元期货市场规模快速上升。上市首年起，美元兑日元期货就是全市场规模最大、成交最活跃的品种。如图 3－11 所示，2005 年 12 月 31 日，美元兑日元期货市场成交规模为 15652 手，占全市场总成交比重为 23.66%。2015 年 12 月 31 日，美元兑日元期货单日全市场持仓达到 71.81 万手，占全市场总持仓比重为 37.56%。从 2015 年开始，以美元兑日元期货为代表的国际主要货币对期货品种的市场规模整体下降。截至 2022 年 12 月底，美元兑日元期货当日持仓量为 37.08 万手，较 2020 年同期下降 0.83%。2015 年，鉴于土耳其经济急剧恶化、通

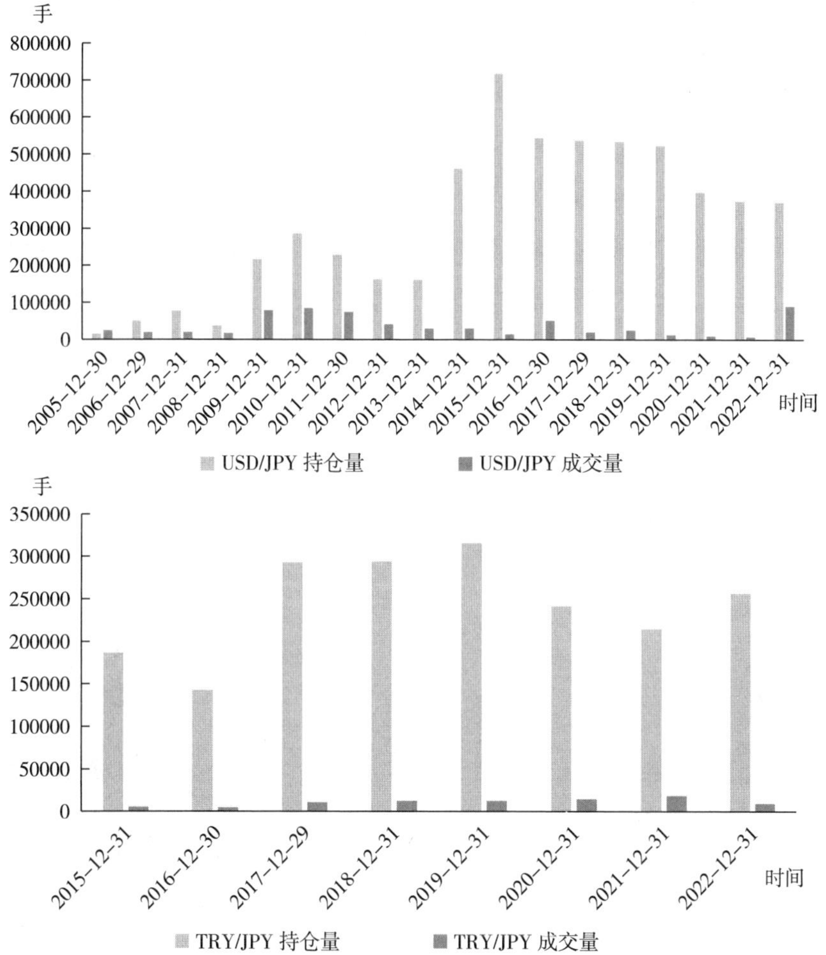

图 3－11　美元、土耳其里拉兑日元期货上市后成交持仓情况

（数据来源：TFX 官网）

货膨胀高企、货币贬值严重，TFX顺势推出了土耳其里拉兑日元期货。2015年末，土耳其里拉兑日元期货单日持仓达到18.67万手，占全市场总持仓的比重为9.77%，位列全市场第二。2017年底，土耳其里拉兑日元期货交易规模达到29.31万手，是2016年末的2.06倍，占全市场总交易量的比重为20.25%。2019年底，交易量进一步上升到31.55万手，较2018年底增长7.36%，占全市场总交易量的比重为20.85%。此后，土耳其里拉兑日元期货交易规模有所下降，2022年末单日持仓规模约25.65万手，较2021年底上升19.27%，占全市场总持仓的比重为23.87%。

三是非做市商是持仓主体，做市商持仓占比较低。近10年来，日转外汇期货非做市商持仓占全市场总持仓的比重一直维持在75%附近（见图3-12）。2021年末，非做市商单日持仓162.30万手，市场占比为74.60%；做市商单日持仓55.27万手，市场占比为25.40%。非做市商持仓以多头为主，但多空比例趋于均衡。2005年末，由于市场做空日元情绪较浓，当时非做市商多头持仓为空头持仓的15.13倍。近3年，非做市商多头持仓约为空头持仓的1.5倍，市场多空力量趋于均衡。

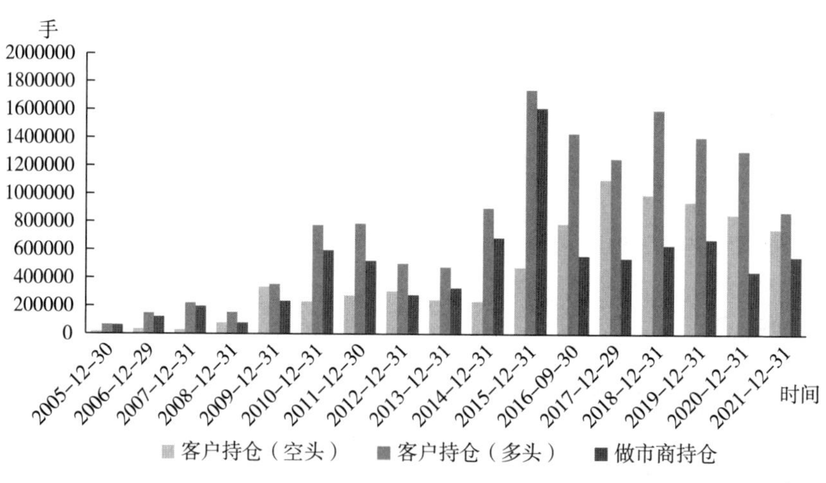

图3-12　2005—2021年日转外汇期货持仓结构

（数据来源：TFX官网）

四是日转外汇期货交易理性，市场活跃度显著低于场外市场。如图 3－13 所示，2022 年 12 月底，场外外汇市场的持仓规模约为 6. 88 万亿日元，日转外汇期货的市场规模约为 1. 61 万亿日元，前者是后者的 4. 3 倍。2022 年第三季度（10—12 月），场外外汇市场总成交 3218. 37 亿日元，日转外汇期货成交金额为 11. 26 万亿日元。尽管都是以个人投资者为主的外汇市场，但由于场内市场的监管更加严格、市场更加规范透明，日转外汇期货市场流动性显著低于场外市场。

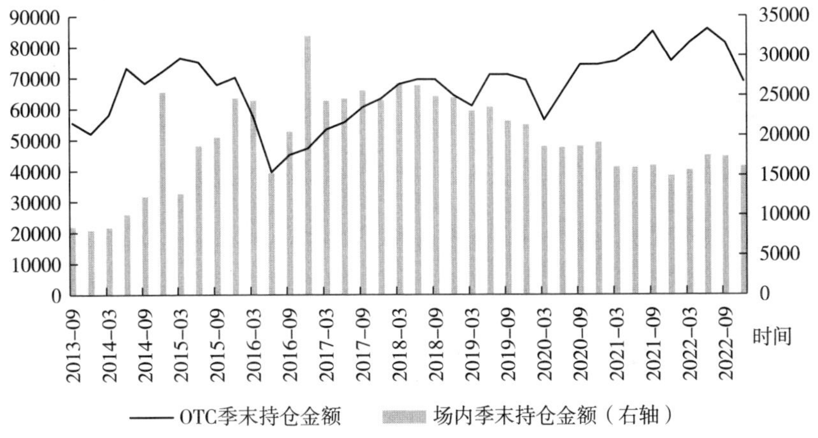

图 3－13　2013—2022 年日本日转期货与场外外汇保证金市场规模

（数据来源：日本金融期货协会月度统计报告）

五、经验与启示

日本外汇期货市场发展历经传统外汇期货向日转外汇期货的演进过程，在完善监管制度的保障下，得益于日转外汇期货科学的合约设计、持之以恒的市场培育，最终走向成功。总结日本外汇期货市场建设的成功经验，对于我国建设外汇期货市场具有一定启示意义。

（一）对场外市场进行标准化改造，培育公平竞争的市场环境

日本场外外汇市场发达，以个人投资者为主。由于缺乏中央对手方清算

机制、市场透明度低，隐含着较高的市场风险。立足场外外汇保证金交易的市场基础，从产品设计、交易结算风控制度等方面进行标准化改造，有助于降低全市场风险，促进日本外汇保证金市场的规范发展。日转外汇期货推出后，与场外外汇保证金市场保持适度竞争发展态势，有助于提高外汇市场运作效率，从而更好服务投资者。

（二）完善的市场监管制度为期货市场的平稳运行提供制度保障

日本金融期货市场监管严格，形成了从市场准入、日常经营、投资者保护等维度的完善监管制度，为金融期货市场的平稳运行提供制度保障。由于场外外汇保证金市场非常发达，集聚了大量个人投资者，这促使日本针对日转外汇期货制定了更为严格的监管标准，尤其体现在经纪商资质、保证金要求、投资者保护、信息披露等方面，以切实保障外汇期货市场平稳运行。在完善的监管制度保障下，发挥期货市场集中清算优势，传统意义上属于场外市场的交易产品可以进行标准化改造，引导各类场外交易向场内转移有助于规范市场交易行为，降低市场风险水平，提高市场运作效率。

（三）科学的产品设计为期货市场的平稳运行奠定基础

日本场外外汇市场发达，以“渡边太太”为代名词的日本家庭主妇深度参与场外外汇保证金交易。立足以个人投资者为主的本土外汇市场基础，日转外汇期货可实现每日交割。为便利投资者展期交易，日转外汇期货每日进行头寸自动展期，投资者可以随时调整所持头寸，大幅提高风险敞口调整灵活性。同时，合约的自动展期功能还方便投资者进行精准的期限匹配，锁定现货风险。尽管日转外汇期货的交易机制灵活，但是其日内成交持仓比低于10%，这意味着投资者进行日内交易占比极低，绝大多数投资者还是利用日转外汇期货管理隔夜持仓风险。

（四）持续开展市场培育有利于更好服务投资者

相较于场外外汇保证金市场，日转外汇期货市场面临更加严格的监管和更高的投资者保护要求。为做好市场培育工作，TFX成立推广部，加强与投资者沟通交流，将投资者的建议和需求整合到公司的业务运营中，并组织会员俱乐部，听取会员产品需求。近年来，日转外汇期货市场发展呈现市场规模上升、成交持仓比维持低位的态势，交易所市场培育取得积极成效。

第三节　俄罗斯外汇期货市场发展历程与经验借鉴

20 世纪 90 年代以来，缘于特殊的经济结构和地缘政治环境，俄罗斯经济遭受数次严重冲击，卢布汇率也曾数次大幅波动甚至引发货币危机。面对汇率震荡带来的避险需求激增，俄罗斯不断丰富包括外汇期货在内的外汇衍生品，优化完善风险控制措施，为市场提供有效的汇率风险管理工具，并引导实体企业和金融机构积极管理汇率风险。

一、俄罗斯外汇期货市场建设背景

（一）浮动汇率制度改革导致卢布汇率波动加剧

苏联解体以后，俄罗斯走上激进经济自由化改革之路，国内经济大起大落，金融市场起伏震荡。其中，卢布汇率形成机制也相应发生了多次变革。1992 年 7 月 1 日，俄罗斯相继颁发《俄罗斯联邦外汇调解法》与《俄罗斯联邦外汇调节与监督法》，决定推动汇率市场化改革，实施统一的浮动汇率制度。汇率波动加剧催生了企业、金融机构等市场主体的外汇风险管理需求。1992 年 10 月，莫斯科商品交易所上市美元兑卢布期货，成为俄罗斯境内首个推出外汇期货的交易所。在经历 1992—1994 年卢布内部可兑换制度①、1995—1998 年有管理的浮动汇率制度（也称外汇走廊）② 后，卢布汇率逐步走上自由浮动之路。

---

① 内部可兑换包含两层含义：一是卢布可以自由地兑换成外国货币，但不涉及与国际资本流动有关的对外经济活动；二是卢布自由兑换只涉及俄罗斯本国居民，即俄罗斯的法人和自然人。由于兑换不涉及非居民，所以称为内部可兑换。

② 规定汇率波动的幅度，同时不断调整波动区间的中值。

2006 年 7 月，俄罗斯修订《俄联邦外汇调节与管制法》，进一步放松资本项目管制，卢布实现了完全可自由兑换。2008 年，受国际金融危机影响，卢布汇率大幅波动。2014 年，受克里米亚事件冲击，卢布汇率大幅贬值，俄罗斯通过向市场投放外汇和提高基准利率的方式实施外汇干预。2022 年，受俄乌冲突和美国及盟国对俄制裁影响，卢布快速贬值，随后俄罗斯采取了包括临时性资本管制、出台卢布结算令等措施，促使卢布汇率止跌回升并恢复至冲突前水平（见图 3－14）。

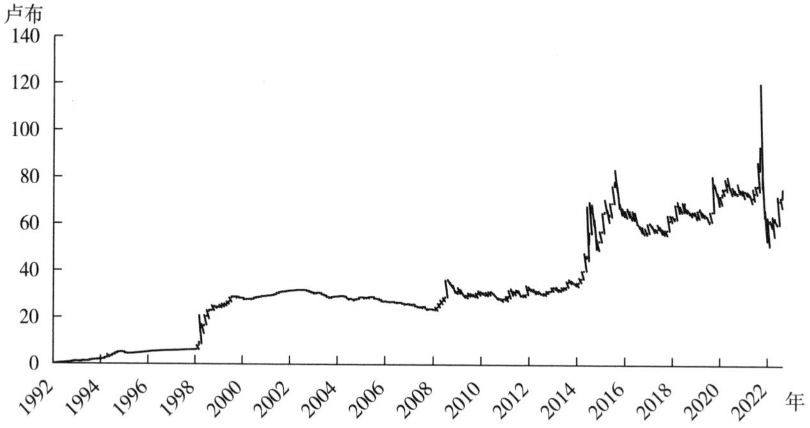

图 3－14　1992—2022 年美元对卢布汇率走势

（资料来源：万得资讯、俄罗斯央行）

（二）俄罗斯高度依赖国际贸易的经济结构受汇率波动影响较大

2000—2021 年，俄罗斯出口占 GDP 的比重平均为 28%，进口占比平均为 16%。一般认为净出口占 GDP 的比重在 ±5% 范围内属于均衡水平，而俄罗斯净出口占 12% 左右，是典型的外向型经济体，因此国内经济受卢布汇率波动影响较大（见图 3－15）。

有些外向型经济体的汇率风险可以自然对冲，例如进口原材料、出口制成品的“两头在外”出口加工型经济，进口出口均以美元结算，可以自然对冲大部分汇率敞口。但由于进出口结构原因，俄罗斯主要出口能源和原材料，进口产成品，进出口币种匹配性较差。2021 年，俄罗斯央行公布的货物与服务贸易结算货币构成显示，俄罗斯出口产品结算货币以美元为主，美元、欧元和卢布结算占比分别为 54.5%、29.7% 和 14.3%。在俄罗斯进口结算中，美元、欧元、卢布是使用最多的 3 种货币，且基本呈现三三开的格局。俄罗斯经济具有较强的外部依赖性，且计价结算币种错配，凸显的汇率风险管理需求促使外汇衍生品市场成为国内交易规模最大的市场。①

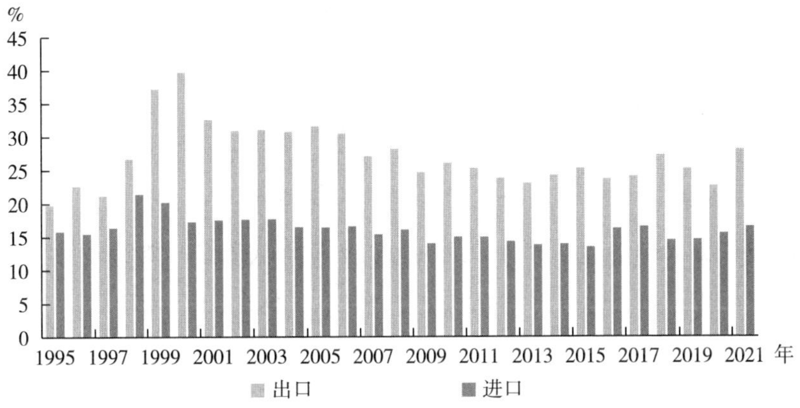

图 3-15　1995—2021 年俄罗斯进、出口占 GDP 比重

（数据来源：世界银行）

（三）场外外汇避险工具匮乏催生外汇期货

20 世纪 90 年代初，俄罗斯出现恶性通货膨胀，卢布汇率大幅波动，进出口企业等市场主体对于汇率风险管理的需求强烈。但由于各金融机构之间缺乏信用支持，场外外汇衍生品市场难以发展，场外交易也仅集中于 T+0 和 T+1 的即期交易，直到 1994 年才开启外汇远期交易。在很长一段时间，俄罗斯外汇远期市场发展缓慢，交易规模仅占即期市场的 3%～5%，远低于全球 50% 的平均水平（见表 3-2）。在场外外汇衍生品市场发展滞后、汇率风

① 2021 年，莫斯科交易所交易金额最大的是外汇期货，为 66.7 万亿卢布；股指期货第二，为 38.9 万亿卢布；商品期货第三，为 38.6 万亿卢布。

险管理工具匮乏的背景下，俄罗斯顺势建立外汇期货市场。

表3-2　俄罗斯场外外汇市场日均成交情况　单位：十亿美元

品种	俄罗斯									全球
	1995年	1998年	2001年	2004年	2007年	2010年	2013年	2016年	2019年	2019年
即期	0	6	9	24	34	23	26	19	22	1987
远期	0	1	0	1	1	1	1	1	1	999
掉期	0	0	0	5	15	18	33	25	23	3202

数据来源：国际清算银行。

二、俄罗斯外汇期货市场发展情况

俄罗斯外汇期货市场经历了跌宕起伏的发展历程，初期并不成功，市场一度接近瘫痪。2008年国际金融危机后，交易所从产品种类和交易制度等多方面进行创新，外汇期货市场规模快速增长，2009—2022年年均增长率超过25%。2022年，俄罗斯外汇期货成交6.6亿手，占全球外汇期货总成交量的15.79%，位列全球第3，仅次于印度和巴西。2022年，全球俄罗斯卢布期货总成交金额约为6677亿美元，按币种排名位列第12，其中96.79%的流动性集中在本国。

（一）早期缓慢发展阶段

1992年10月，莫斯科商品交易所首次推出美元兑卢布期货合约，市场建立初期发展缓慢，成交低迷。主要有两点原因：一是交易时间设置不当，初期每周仅开市两天①，而当时卢布汇率波动异常剧烈，仅仅两天的交易时间无法充分满足市场主体的汇率风险管理需求。二是在卢布持续贬值的趋势下，莫斯科商品交易所既未安排有效的风险管理制度来应对单边持仓大增的局面，也未延长交易时间，导致外汇期货市场风险管理功能受限。此后，莫斯科中央交易所、莫斯科银行间外汇交易所（MICEX）等交易场所纷纷上市

① 后期延长至3天，1994年1月进一步延长至4天。

美元兑卢布期货。1995—1998 年，俄罗斯实行“外汇走廊”机制，该机制下的卢布汇率波动明显减弱，相应的外汇期货交易需求也有所降低。

（二）1998 年债务危机导致国内市场瘫痪，离岸卢布期货兴起

1998 年，俄罗斯债务危机爆发，导致大多数接受国债作为保证金的交易所遭受巨额损失，最终关闭或者停业，俄罗斯境内外汇期货市场也陷入发展困境。境外交易所卢布期货市场顺势崛起，如 1998 年 4 月 21 日，芝加哥商业交易所推出卢布兑美元期货，合约上市后吸引了大量投资者。

此后，随着国内经济逐步好转，俄罗斯境内外汇期货市场逐渐恢复。为活跃市场交投、提高流动性，MICEX 于 2004 年效仿芝加哥商业交易所引入银行充当做市商，为市场提供报价，并建立由数家银行组建的流动性池。同时，交易所也积极吸取 1998 年债务违约事件的经验教训，纷纷着手扩大资本金规模，构建多层次结算会员体系，加强监管力度，强化自身应对风险的能力。2005 年之后，俄罗斯境内外汇期货市场交易规模快速增长，美元兑卢布期货交易主要流动性回归俄罗斯，年交易量也从 2005 年的 900 万手大幅增长至 2007 年的 9000 万手。

（三）2008 年国际金融危机爆发，俄罗斯交易系统凭借多元化的投资者结构优势占领市场

2008 年国际金融危机爆发，当年 8—9 月受美元升值的影响，美元兑卢布期货交易量增长明显（见图3－16）。当时外汇期货交易主要集中在 MICEX，而银行贡献了大量交易，即在零售市场为客户提供风险对冲后，将风险敞口转移至 MICEX 集中平盘。受国际金融市场恶化影响，俄罗斯银行体系出现流动性危机，纷纷停止包括外汇期货在内的衍生品交易，对外汇期货市场的流动性造成较大影响。

与此同时，俄罗斯交易系统①（RTS）外汇期货交易同样遭遇了重挫，

① 莫斯科银行间外汇交易所（Moscow Interbank Currency Exchange，MICEX）和俄罗斯交易系统（Russian Trading System）是俄罗斯两大主要交易所，二者于 2011 年合并成为莫斯科交易所。

其外汇期货交易量由2008年9月的272.4万手迅速下跌70%至11月的74.3万手。在汇率波动剧烈时，银行倾向于减少交易，而非银金融机构特别是对冲基金倾向于增加交易。与MICEX不同的是，RTS市场70%的参与者由非银机构组成，投资者结构更为多元，这使其外汇期货成交量在经历下挫后开始逐步反弹。2009年1月RTS外汇期货交易量超过MICEX，市场交易份额也由2008年以前的不足10%上升至67%，并取代MICEX，成为俄罗斯最大的外汇期货市场。

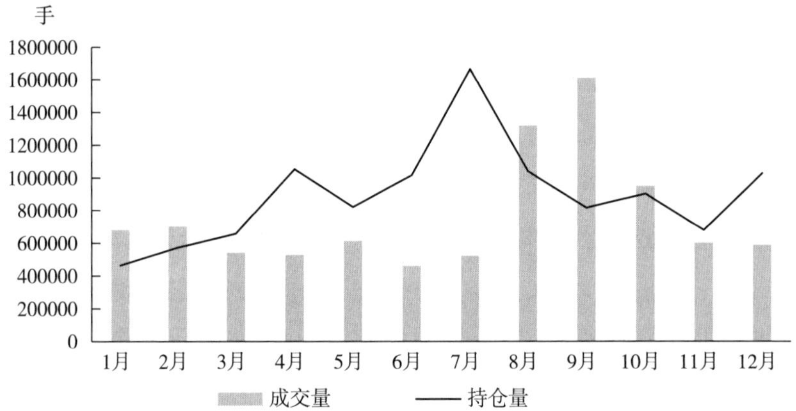

注：该数据为MICEX和俄罗斯交易系统的合并数据。

图3-16 2008年美元兑卢布期货成交持仓情况

（资料来源：彭博）

（四）俄罗斯外汇期货市场发展现状

2011年，MICEX与RTS合并成立了莫斯科交易所（MOEX），成为目前俄罗斯最重要的外汇交易场所。当前MOEX挂牌的主要外汇品种包括外汇现货、外汇掉期、远期、期货以及期货期权，其中现货和外汇掉期主要货币对包括美元、欧元、英镑、日元、瑞士法郎、港币、土耳其里拉和人民币对卢布等，以及欧元对美元，美元对日元等交叉货币对。外汇期货主要标的货币对包括美元对卢布、欧元对卢布、人民币对卢布、欧元对美元、阿联酋迪拉姆对卢布以及美元对人民币等，交易量较大的合约设计主要条款如表3-3所示。此外，MOEX还推出期限1天的日转期货，到期后自动展期，货币对包括美元对卢布、欧元对卢布和人民币对卢布，交割方式为现金交割，报价方式为1单位外币的卢布价格。

表3－3　　　　MOEX主要外汇期货合约设计

币种	美元/卢布	欧元/卢布	人民币/卢布	欧元/美元
合约面值	1000美元	1000欧元	1000人民币	1000欧元
最小变动价位	1	1	0.001	0.0001
交割方式	现金交割			
报价	1000美元的卢布价格	1000欧元的卢布价格	1人民币的卢布价格	1欧元的美元价格
合约月份	8个季月	6个季月	6个季月	3个季月
交易时间	07：00—18：45；19：00—23：50			
交割结算价	12：25：01 p.m. 至12：30：00 p.m. 的平均值			
最后交易日	交割月第3个周四			
交割日	同最后交易日			

资料来源：MOEX网站。

成交和持仓方面，以2022年为例，交易量最大的是美元兑卢布期货，月均成交408万手，月均持仓523万手；其次是欧元兑卢布期货，月均成交267万手，月均持仓53万手；排名第三的是欧元兑美元期货，月均成交218万手，月均持仓37万手；排名第四的是人民币兑卢布期货，月均成交156万手，月均持仓56万手（见图3－17）。

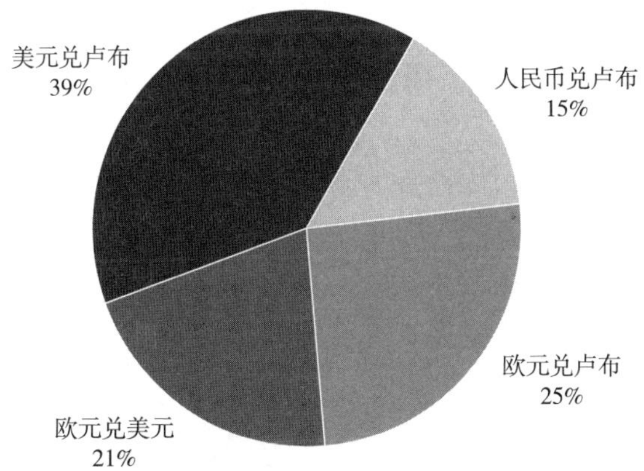

图3－17　2022年MOEX外汇期货分币种成交量分布

（数据来源：MOEX网站）

投资者结构方面，MOEX 外汇期货市场主要参与主体是机构投资者，主要包括银行和经纪商、国际投资者与公司，机构投资者以套期保值和风险对冲为交易目的。众多实体企业为提高交易便利性，降低交易成本，选择注册成为交易所外汇期货交易会员。个人投资者（零售投资者）不是 MOEX 的主要参与群体，这与俄罗斯发达的外汇保证金市场有一定关联（见图 3－18）。一些外汇经纪公司为个人提供高达 100 倍杠杆的外汇保证金交易，相对于 MOEX 10～20 倍的杠杆，保证金交易更加吸引个人投资者交易。

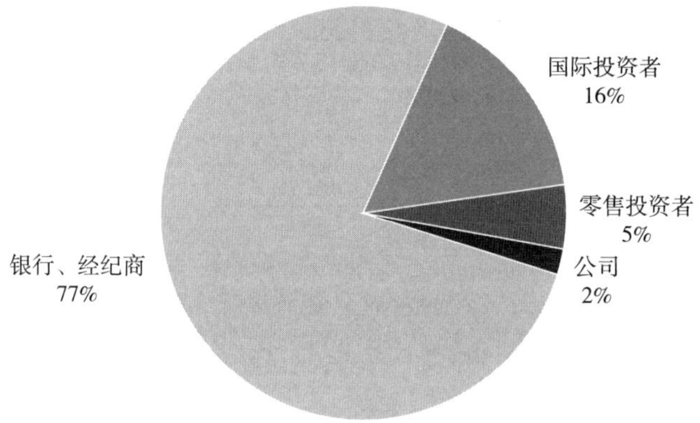

图 3－18　2021 年 MOEX 外汇现货和场外衍生品投资者结构

（数据来源：MOEX 网站）

三、俄罗斯外汇期货市场监管和衍生品法律改革

（一）2013 年之前俄罗斯金融市场实行分业监管

2013 年之前，俄罗斯金融监管体系与我国现行金融监管体系类似，实行分业监管模式。其中，银行业接受俄罗斯央行监管，保险业接受保险监管局监管，证券期货业接受金融市场服务局监管。金融市场服务局职能类似中国证监会，其监管范围主要包含交易所、证券发行和交易、证券发行人、专业投资者及其自律组织、俄罗斯联邦养老基金及管理公司等（见图 3－19）。具体到外汇市场监管，俄罗斯央行负责场外外汇市场的监管，而金融市场服务

局负责交易所外汇市场的监管。

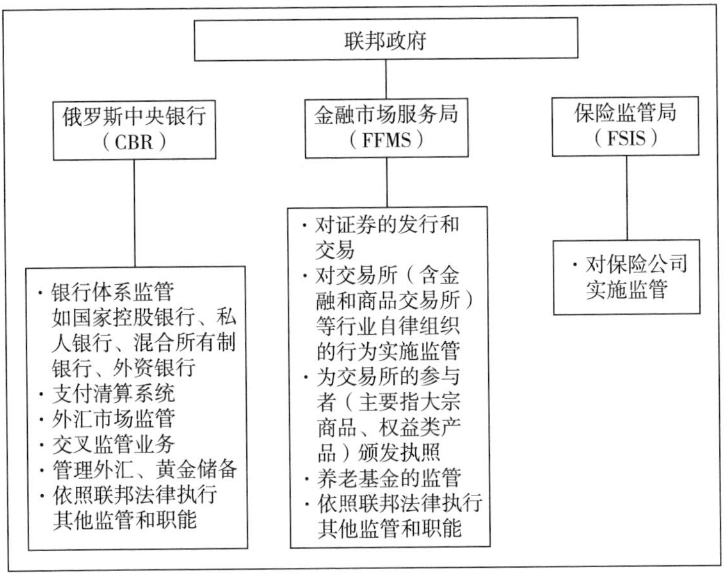

图 3－19　金融危机前俄罗斯金融市场监管框架

（资料来源：《国外现行的金融监管体制改革比较》，新华网思客智库）

20 世纪 90 年代，由俄罗斯央行、莫斯科市政府和部分商业银行共同成立的莫斯科银行间外汇交易所一度成为外汇期货交投最为活跃的交易所。[①] 虽然该交易所的主要股东为俄罗斯央行和数家商业银行，但作为一家提供证券期货产品的交易所，按照《俄罗斯联邦证券法》规定仍需接受金融市场服务局监管。[②] 金融市场服务局针对外汇期货市场的交易结算等日常业务实施监管，并审批外汇期货的上市场所。[③] 俄罗斯央行作为银行业监管机构，负责监管商业银行在外汇期货市场的交易行为。

① 根据 ZEW 研究院于 2007 年发表的 *Options, Futures, and Other Derivatives in Russia: An Overview*，2006 年 MICEX 外汇期货及期权的成交金额占据全市场总额的 90% 左右。

② 详见国际清算银行 *Payment, Clearing and Settlement System in Russia* 第 318 页。

③ 详见世界银行工作论文 *Development of Capital Markets and Institutional Investors in Russia* 第 43 页。

（二）2013年之后转向混业监管模式

1. 俄罗斯央行成为“超级央行”，对金融市场及金融机构实行集中统一监管

2008年国际金融危机之后，俄罗斯意识到原先的分业监管模式难以形成统一的金融政策。为提高金融市场运作稳定性和监督效率，解决监管机构职能重叠问题，俄罗斯财政部提议，将众多监管职能交由俄罗斯央行承担。2013年，《俄联邦中央银行监管权力修正案》颁布实施，决定撤销原金融市场服务局和保险监管局，相应监管职能统一并入俄罗斯央行。这一监管改革使俄罗斯央行有别于其他国家央行，以“超级央行”身份承担宏观及微观审慎监管职能，对金融市场及金融机构实行集中统一监管。

2. 俄罗斯央行下设金融市场基础设施司负责期货市场监管

俄罗斯央行实施统一监管后，为确保资本市场监管连续性和专业性，原金融市场服务局的核心人员调至央行新设部门——金融市场服务部任职。[①] 随着资本市场产品与技术不断革新，俄罗斯央行决定于2020年在原金融市场服务部的基础上设立金融市场基础设施司，以负责监管证券期货交易所、清算所等交易结算相关的金融基础设施，同时管理相关市场参与主体。与期货市场监管相关的司局还包括市场运行司、金融市场战略司及金融稳定局。

3. 俄罗斯央行在外汇期货市场的监管职责

在外汇期货市场监管方面，俄罗斯央行的监管职责主要集中在产品批复、市场准入、风控管理、市场监察等方面。产品批复方面，开展外汇期货业务需要获得俄罗斯央行的批复。同时，俄罗斯央行有权暂停交易所外汇期货交易。[②] 市场准入方面，成为MOEX外汇市场会员必须先获得央行的业务许可和批复。如若会员的外汇衍生品交易资格被央行撤销或终止，交易所也将相

---

① 详见The Law Reviews特约评论 *The International Capital Markets Review*：*Russia*，https：//thelaw-reviews. co. uk/title/the－international－capital－markets－review/russia。

② 详见《俄罗斯联邦中央银行法》第一章第4条。

应中止该会员的外汇期货交易资格。[1] 风控管理方面，信用机构类的结算会员应满足央行的强制性指标，并按要求向央行报送清算结果。[2] 市场监察方面，央行通过交易编码监控会员在外汇期货市场的交易行为。[3]

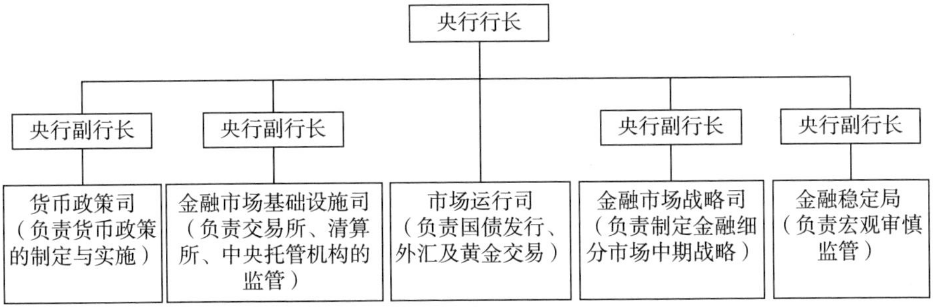

图 3－20　俄罗斯央行涉及外汇期货监管主要司局架构示意

（资料来源：俄罗斯央行官网）

（三）与 ISDA 合作完善衍生品交易相关法律法规

俄罗斯外汇期货市场能够取得长足发展，在一定程度上得益于其衍生品法律法规的相对完善。早期，俄罗斯国内法规缺乏明确立场，来赋予衍生品交易明晰的法律认定或实施国际掉期与衍生工具协会（ISDA）主协议的关键条款，特别是关于终止净额结算和抵押的条款。这种法律上的不确定性，意味着市场参与者不能通过净收益来评估他们面临的风险，并因此面临更多的资金占用成本。类似状况在美国衍生品市场发展早期也出现过，这会导致投资者更偏向离岸市场交易。

2011 年，俄罗斯与 ISDA 合作推动国内衍生品立法取得实质性进展，先后完成破产净额清算、内部信息披露规则以及清算法的制定，并将衍生品交易纳入 ISDA 主协议的伞状结构中，增加对可执行性、轧差及抵押的司法确定性。此外，俄罗斯还将衍生品合约排除在反赌博条例的适用范围之外，明

① 详见《莫斯科交易所衍生品市场准入规则》第一章第三部分第 1 条。
② 详见《莫斯科交易所衍生品市场清算规则》第一章第 5 条及第 11 条。
③ 详见《莫斯科交易所准入总则》第五部分第 2 条。

确了境外衍生品交易机构的法律地位，引入中央证券存管机制。以上改革有效降低了境内及跨境金融机构的交易风险，增强了参与者交易意愿。

四、外汇期货市场发展特点分析

（一）汇率危机中外汇期货避险功能显著

2014年，俄乌冲突升级后，西方国家对俄罗斯实施严厉制裁，叠加国际油价下跌等因素，卢布大幅贬值。在此期间，俄境内市场主体为应对卢布贬值，纷纷进入MOEX开展外汇衍生品交易，推动外汇期货交易量迅速攀升。2014年，俄境内外汇期货交易量达7.07亿手，同比增长55%。相比外汇远期，外汇期货交易成本更低。以3个月期产品为例，外汇期货买卖价差小于100个基点，而同期限的外汇远期价差达到250个基点。卢布危机期间外汇期货流动性充足，有效满足了市场主体低成本避险需求。

2022年俄乌冲突爆发后，美国及其盟国发表联合声明，宣布禁止俄罗斯几家主要银行使用环球银行同业金融电讯协会（SWIFT）支付系统，同时对俄罗斯央行实施“限制措施”。受此影响，在岸卢布对美元汇率一度跳空贬值30%。此次卢布大幅贬值期间，外汇期现货走势基本一致，期货并未对现货市场形成风险外溢，避险功能良好。与此同时，现货市场流动性大幅下降，且在一定程度上出现了外汇挤兑；相比之下，外汇期货报价基本连续、买卖订单均可成交，为市场参与者提供了更为顺畅的汇率避险渠道。此外，卢布汇率剧烈波动期间，俄罗斯境内不同银行外汇远期报价差异较大，外汇期货价格处于远期报价范围内，与主要远期报价走势接近。

（二）“去美元化”背景下人民币对卢布交易活跃

2008年国际金融危机以来，为实施“去美元化”战略，俄罗斯制定了完整的策略，采取包括降低美元在外汇储备中的比例、大幅抛售美国国债、拓展非美元融资、增持黄金、建立本国支付和金融信息交换系统等措施。外汇储备方面，俄罗斯央行不断增持黄金及人民币资产，美元资产占比从四成下降到不足两成。[①] 俄乌冲突推动“去美元化”加速，俄罗斯更加青睐人民币，人民币对卢布交易迎来良好发展契机。

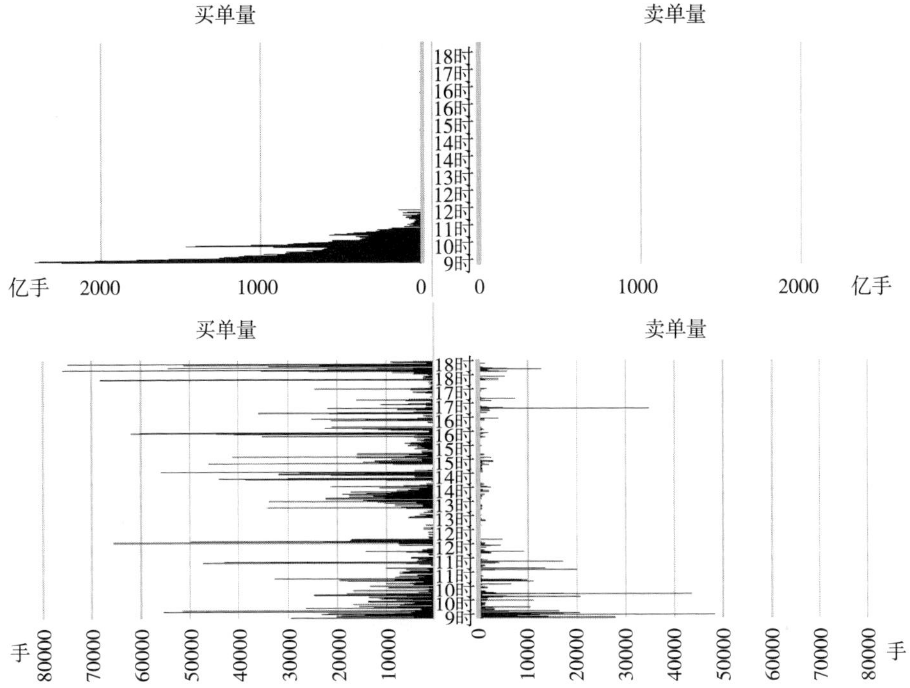

注：上图为现货，买单远多于卖单，下图为期货，买单多于卖单，但相对均衡。

图 3－21　2022 年 2 月底至 3 月初卢布期现货最优买卖订单数量

（数据来源：彭博）

随着中俄经贸合作深化，人民币对卢布交易需求与日俱增。2002 年 8 月中俄总理定期会晤期间，两国央行签署了《关于边境地区贸易的银行结算协定》，推进双边贸易采用本币结算。2010 年，中国外汇交易中心和 MOEX 相继推出人民币兑卢布即期交易。2015 年，MOEX 上市人民币兑卢布期货。

受俄乌冲突影响，人民币外汇交易在俄罗斯整体外汇市场交易中的占比

① 俄罗斯央行 2021 年上半年统计数据。

从2022年3月的3%上升至2022年11月的33%。[①] 2022年6月以来，人民币兑卢布期货成交量、持仓量迅速攀升。2022年前8个月，人民币兑卢布期货共成交1364万手，成交量超过历年的成交总量。截至2023年3月3日，人民币兑卢布期货已成为俄罗斯成交量最大的外汇期货品种，成交量、持仓量占比均超过一半。

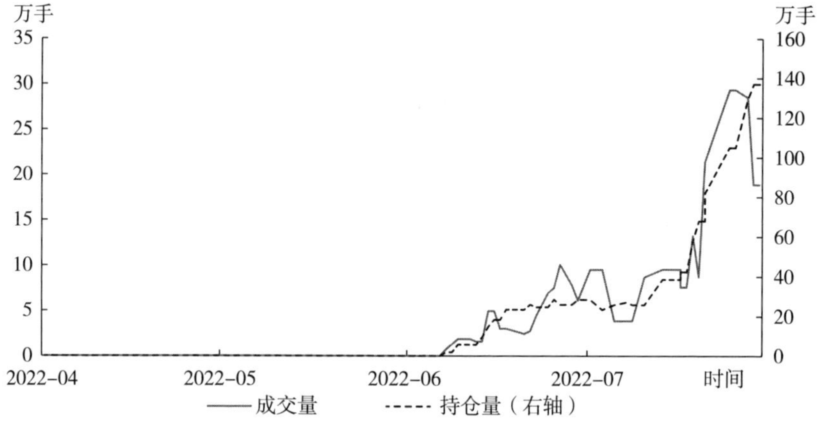

图3-22　2022年4—7月MOEX人民币兑卢布期货成交持仓量

（资料来源：MOEX网站）

（三）场内外外汇衍生品市场互为补充，协同发展

与国际衍生品市场普遍的场外市场铺路、场内市场跟随的发展顺序不同，俄罗斯外汇期货市场建设早于场外外汇衍生品市场。受违约风险高企、法律保障不健全等因素影响，俄罗斯场外外汇衍生品市场发展迟缓，于1994年才正式推出外汇远期。在相当长的一段时间内，俄罗斯场内市场发展明显快于场外。直到2004年外汇掉期交易被引入后，俄罗斯场外外汇衍生品市场发展态势才有所改观。

俄罗斯场内与场外外汇衍生品市场互动良好，形成协同发展的局面。场外市场以银行等金融机构为市场主体，场内市场则以非银金融机构、中小企

① 根据俄罗斯央行报告。

业等为主要参与者。银行等大型金融机构在场内市场充当做市商角色，促进了场内与场外市场的联通。当场内、场外交易价差超过套利成本后，就会吸引资金在两个市场间开展套利交易，推动价格收敛，促进市场平稳发展。

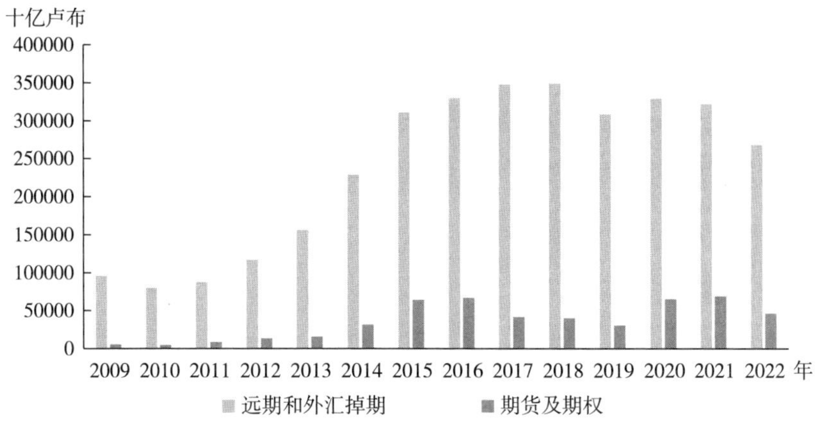

图 3－23　2009—2022 年俄罗斯外汇衍生品交易分布

（数据来源：MOEX 网站）

五、经验与启示

（一）外汇期货应汇率风险管理需求而生

俄罗斯经验表明，伴随汇率制度的改革过程，汇率波动加大是经济必须面对的问题，而相应的汇率风险管理需求也被不断激发。这种客观需求一方面催生了外汇期货市场，另一方面也验证了外汇期货对于汇率风险管理的重要性。1992 年，俄罗斯汇率制度改革之初，卢布汇率大幅波动，实体企业和金融机构等都存在借助外汇衍生品开展避险的需求。但当时俄罗斯信用环境恶化、外汇远期市场发展滞后，在此期间外汇期货应运而生。在 2014 年、2022 年卢布汇率大幅波动期间，外汇期货发挥了不可或缺的风险管理功能，帮助实体企业和金融机构有效应对汇率大幅波动对财务稳健性的冲击。

（二）建设有深度和广度的境内外汇市场有助于抵御外部冲击和市场波动

1998—2000年，俄罗斯外汇期货市场暂停交易，给芝加哥商业交易所美元兑卢布期货市场发展提供了重大机遇，后者迅速聚集了卢布期货主要流动性。随着俄罗斯境内交易所风险管理制度的不断完善，美元兑卢布期货主要流动性逐步回归俄本土。一个有深度和广度的外汇市场有助于抵御外部冲击和市场波动，为经济健康平稳发展提供保障。深化外汇市场建设的重点是建设在岸市场，规模过大的离岸市场可能导致金融调控难度增加。①

（三）多元化的投资者结构是促进外汇市场平稳健康发展的基础

2008年国际金融危机期间，MICEX外汇期货市场投资者结构较为单一，交易量主要来自银行。在银行体系出现大规模违约后，该交易所外汇期货市场交易热度迅速降温。相比之下，RTS外汇期货市场投资者结构更加多元，70%的参与者由非银机构组成。在危机到来之时，非银机构特别是对冲基金积极入市交易，为市场提供了充裕流动性。相比远期等场外衍生品，外汇期货采用保证金而非授信模式，适合非银机构和各类企业参与，有利于丰富外汇市场投资者结构，促进市场均衡发展。

（四）引入银行等金融机构作为外汇期货市场做市商对市场建设具有积极作用

面对外汇期货市场重建初期流动性匮乏的情况，俄罗斯境内交易所通过引入银行开展做市业务，旨在积极降低市场风险，节约投资者交易成本。充当做市商角色的主要是俄罗斯资本规模排名前十的银行，包括俄罗斯联邦储蓄银行、外贸银行、国际莫斯科银行等。2004年，MICEX引入做市商制度并构建交易流动池。此后，俄罗斯外汇期货交易量以年均400%的速度增加。2006年，美元兑卢布期货交易主场回归俄罗斯。在交易一度中断、市场流动性不足的处境下，能否重塑市场信心成为MICEX稳健发展的关键所在。做市

① IMI工作论文《开放没有回头路：中国应对资本流动冲击的经验及启示》，2021年。

商的引入恰恰在交易恢复初期确保了市场流动性的充裕以及交易效率的提升，进而推动俄罗斯外汇期货市场步入快速发展轨道。

第四节　印度外汇期货市场发展历程与经验借鉴

20 世纪 90 年代，印度施行经济自由化“一揽子”改革，并逐步推进资本项目可兑换和汇率市场化改革，印度卢比汇率波动性逐步加大。2007 年，迪拜黄金与商品交易所率先推出印度卢比外汇期货。在此背景下，印度财政部决定建立本土外汇期货市场，并推动印度证券交易委员会与印度储备银行成立常务技术委员会，共商共建外汇期货市场，最终于 2008 年成功上市美元兑卢比外汇期货。目前，印度卢比外汇期货已成为全球交易量最大的外汇期货品种。

一、印度外汇期货市场建设背景

（一）实施汇率市场化改革，汇率避险需求应运而生

1911 年，英属印度殖民政府宣布加入英镑区集团，印度卢比开始实行盯住英镑的固定汇率制度。受 1973 年石油危机冲击，盯住英镑的印度卢比大幅贬值，该事件促使印度卢比转为盯住一篮子货币。随后的十几年中，印度卢比汇率制度发生过数次调整，从围绕美元的准区间爬行（1979 年）到爬行盯住一篮子货币（1983 年）。1992 年，印度政府宣布允许印度卢比在经常账户下实现部分自由兑换，并在起始阶段采用汇率双轨制作为过渡。1994 年起，印度政府宣布采用有管理的浮动汇率制度。出于防范汇率过度波动的考虑，印度储备银行有权不定期通过直接入市或与授权交易商（Authored Dealers）间接开展外汇交易等非行政化方式实施外汇干预。伴随印度卢比汇率进一步市场化改革，印度卢比汇率波动幅度增加，实体企业、金融机构和居民面临的汇率不确定性越来越大，市场主体对汇率风险管理工具的需求日益强烈。

（二）稳步推进资本项目可兑换，建设外汇期货市场成为配套举措之一

20世纪90年代初，印度政府决定采取渐进式资本项目可兑换推进方案。为实现这一目标，印度储备银行于1994年成立“资本项目可兑换委员会”（FCAC），该委员会负责制定资本项目可兑换的政策路线图。此后，印度逐步放松对外汇和利率类衍生品交易的管理，例如1996—1997年，放开外汇经纪商从事利率互换、货币互换、期权、远期等衍生品交易限制；1998年，允许印度企业利用境外衍生工具开展套期保值。2006年，资本项目可兑换委员会在工作报告中指出，建立外汇期货市场是资本项目开放过程中的重要配套举措之一[①]，虽然该时期印度仍在外币账户开立、本外币兑换限制、外汇衍生品投机交易方面存在一定限制，但只要科学合理地设计期货合约、建立适当的交易机制以及尽可能完善的监管安排，就可以引入外汇期货作为本国汇率风险管理工具。

（三）外汇市场发展初具规模，奠定场内市场发展基础

2008年，印度外汇市场整体发展已取得阶段性成果。一是市场流动性相对充裕。国际清算银行统计显示，2007年，印度外汇市场总成交额达12.30万亿美元，印度卢比在全球外汇市场的成交份额由2004年的0.3%上升至0.7%。二是实体企业在外汇市场的参与度大幅提升。银行间与银行柜台外汇市场交易量之比显著下降，自1997年的5.2倍减少至2007年的2.4倍。三是市场主体对外汇风险管理工具的需求有所增强。外汇衍生品市场交易在外汇市场整体交易中的份额有所提高，由1997年的41%上升至2007年的58%。与此同时，印度储备银行也逐步引入更加多元化的市场主体参与场外市场交易。以市场初期仅允许本土交易主体参与的外汇远期市场为例，1997年远期市场向境外机构投资者放开，1998年又进一步向境外个人投资者放

---

① 工作报告指出，由于期货交易具有较低保证金和交易灵活的特点，因此更受到经济个体的青睐。由于与现货市场连接紧密，期货交易在为市场提供风险管理手段的同时，也促进了现货市场的扩张；风险偏好较高的投机交易逐渐由潜在的现货市场转移到期货市场，而后者能更好地组织与控制风险。

开。再如，外汇掉期交易初期只面向银行间市场投资者，2006 年之后允许拥有 3 年以上期限外币债务的印度居民参与交易。

（四）面临境外市场倒逼压力，印度金融监管机构合力推动外汇期货市场建设

阿联酋与印度经贸往来紧密，其国内规避印度卢比汇率风险的需求较为旺盛。2006 年，阿联酋迪拜黄金与商品交易所向印度储备银行提出卢比外汇期货上市申请。印度储备银行认为虽然其对离岸期货市场不具备审批权限，但出于不希望离岸卢比市场游离于境内监管的考虑，并未予以同意。尽管如此，迪拜黄金与商品交易所仍在 2007 年推出美元兑卢比外汇期货。在此背景下，印度财政部决定建立本土外汇期货市场①，并指导印度储备银行和印度证券交易委员会合力推动外汇期货市场建设。

二、印度外汇期货市场发展情况

2008 年 8 月，印度国家证券交易所（NSE）率先挂牌交易美元兑卢比外汇期货。同年 10 月，孟买股票交易所（BSE）和印度大都会证券交易所（MSEI）也上市美元兑卢比外汇期货。历经 10 余年发展，印度外汇期货市场已成为全球最活跃的外汇期货市场之一。根据国际期货业协会统计，2022 年印度外汇期货市场共成交 18.34 亿手，占全球总成交量的 43.68%，位居榜首。

（一）上市卢比外汇期货品种及合约设计

目前，NSE、BSE 和 MSEI 交易所已上市四大印度卢比外汇期货品种。2008 年，印度首先推出美元兑卢比外汇期货合约。2010 年，在此基础上又推出欧元、英镑和日元兑卢比外汇期货。但总体来看，美元兑卢比外汇期货仍是最受欢迎的品种。

① 2008 年 2 月，印度财政部部长在财政预算演讲中正式宣布要在印度建立外汇期货市场。

表 3 – 4　　卢比外汇期货占该交易所外汇衍生品交易总额比重

品种	NSE	BSE	MSEI
美元兑卢比	27.0%	46.1%	96.3%
欧元兑卢比	2.1%	0.0%	0.1%
英镑兑卢比	3.7%	0.2%	3.2%
日元兑卢比	0.5%	0.0%	0.04%

数据来源：《印度证券交易委员会 2021 会计年度报告》。

三家交易所卢比外汇期货合约条款基本相同：合约标的均为 1000 美元/欧元/英镑、10 万日元，最小变动价位、交易时间和最后交易日等信息完全相同，仅在合约月份设计上略有不同（见表 3 – 5）。印度境内卢比外汇期货具有以下两个特点：一是合约面值较小。相较于芝加哥商业交易所卢比外汇期货合约的 8 万美元以及迪拜黄金与商品交易所卢比外汇期货合约的 3 万美元面值，印度境内卢比外汇期货合约面值仅为 1000 美元，更加便利个人和中小企业开展套期保值交易。二是采用现金交割。鉴于实物交割的复杂性和推出时卢比不可完全兑换的现实，合约最终采用现金交割，交割结算价根据到期日印度储备银行公布的即期汇率确定。

2021 年 10 月，NSE 在原有产品基础上推出了美元兑卢比周外汇期货，合约面值为 1000 美元，合约期限涵盖 11 个连续周，最后交易日为到期周的周五。随后，MSEI 也推出周期货。但总体来看，周合约交投并不活跃。以 NSE 市场为例，周合约成交占比不足 0.2%。同时，为更好地服务市场参与者，印度证券交易委员会于 2021 年提高了外汇期货投资者的持仓限额。以美元兑卢比外汇期货为例，客户的持仓限额由此前的 1000 万美元提高至 2000 万美元。

表 3 – 5　　印度三大交易所卢比外汇期货合约

项目	NSE	BSE	MSEI
期货品种	美元/欧元/英镑/日元兑卢比外汇期货		
合约面值	1000 美元/欧元/英镑/100000 日元		
最小变动价位	0.0025 卢比		

续表

项目	NSE	BSE	MSEI
交易时间和合约月份/周	周一至周五：9：00—17：00 NSE：11 个周合约及 12 个连续月 BSE：12 个连续月合约 MSEI：5 个周合约及 12 个连续月		
最后交易日	合约到期月份最后工作日之前的第二个工作日		
交割方式	现金交割		
每日结算价	最后半个小时所有交易的交易量加权平均价		
最后结算价	印度储备银行公布的汇率		
初始保证金	按照 SPAN 系统计算		

资料来源：NSE、BSE 和 MSEI 官网。

（二）印度卢比外汇期货成交、持仓及流动性分布情况

2020—2021 印度会计年度[①]，印度 3 家交易所卢比外汇期货年总成交量达 9 亿手，年末总持仓量达 1097 万手。近 10 个会计年度，卢比外汇期货交易量总体略有下降，2018—2021 年年总成交量在 10 亿手水平徘徊，但年末总持仓量有所上升，2021 年约为 1000 万手（见图 3－24）。

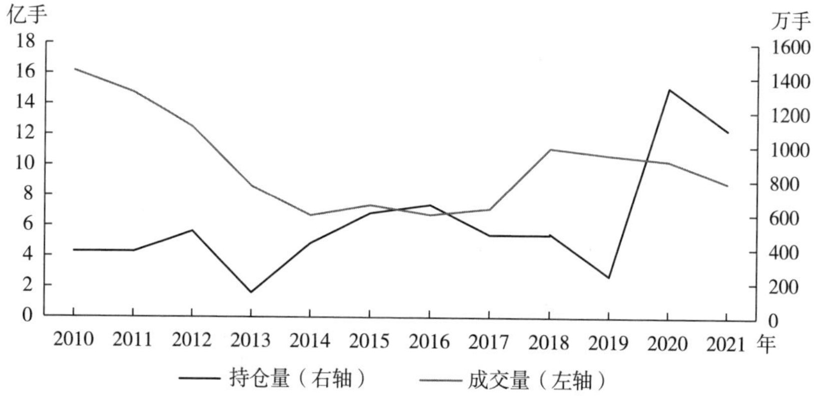

图 3－24　2010—2021 印度会计年度印度卢比外汇期货成交及持仓量变化

（数据来源：印度证券交易委员会）

① 印度会计年度时间区间为当年 4 月 1 日至次年 3 月底。

2021年，全球卢比外汇期货总成交11.9亿手，成交金额1.8万亿美元。从境内各交易所流动性分布看，虽然3家交易所推出的产品具有很高的同质性，但NSE聚集了印度境内卢比外汇期货主要流动性，而MSEI交易较为清淡（见图3－25）。从境内与离岸市场流动性分布来看，新加坡、阿联酋、美国、中国香港、俄罗斯等离岸卢比外汇期货市场总成交不及印度本土市场，这与其他新兴经济体货币外汇期货流动性分布特征一致。目前，卢比外汇期货本土成交金额占比为67.55%，离岸市场占比为32.45%，总体而言，印度等新兴经济体建设外汇期货市场具有一定的本土优势。

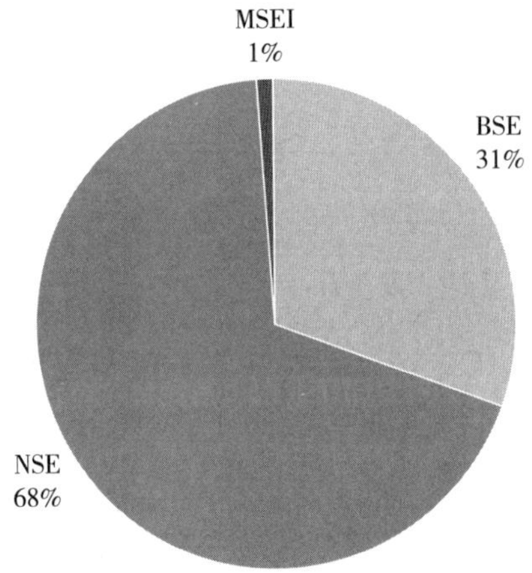

图3－25　2021印度会计年度卢比外汇期货在印度本土的流动性分布

（数据来源：印度证券交易委员会）

（三）印度卢比外汇期货投资者类别及合约期限分布

印度卢比外汇期货市场建立之初，印度证券交易委员会和印度储备银行仅允许印度境内居民与机构参与外汇期货交易。2014年，印度卢比外汇期货市场对外开放，允许外国合格证券投资者[①]（Foreign Portfolio Investors，FPI）

① FPI分为三类：1类包括政府相关投资者例如央行、政府机构、主权基金以及国际或多边组织机构；2类FPI主要包括银行、证券公司、保险、信托、对冲基金等金融机构；3类FPI主要包括慈善组织、基金会、公司实体、个人等。

进入交易所外汇衍生品市场。目前，印度卢比外汇期货市场投资者类型包括自营交易商、FPI、保险公司、商业银行、实体企业、个人等。根据印度证券交易委员会公布的数据①，外汇期货交易主要由以下几类投资者贡献，分别是自营交易商（60.45%）、FPI（5.02%）、包含实体企业、个人等的其他投资者（33.99%）（见图3－26）。

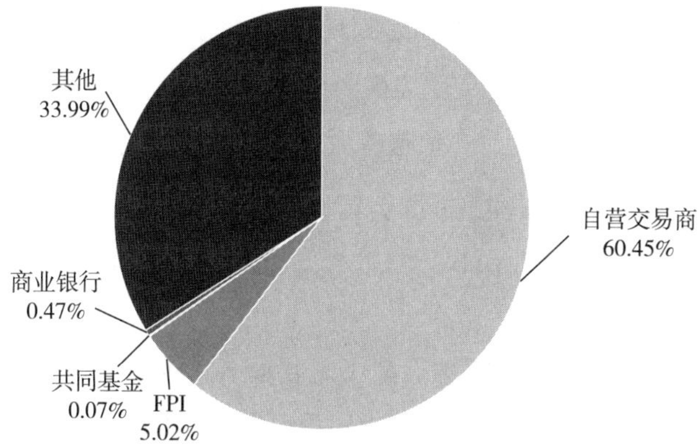

图3－26　2021印度会计年度外汇期货各类投资者成交金额贡献率

（数据来源：印度证券交易委员会）

从2021印度会计年度交易合约期限分布来看，印度卢比外汇期货交易主要以3个月内的短期合约为主，1个月与2个月期限合约成交占全市场比重为90%（见表3－6）。

表3－6　印度卢比外汇期货交易期限分布

期限	市场占比（%）
周期货	7
1个月	73
2个月	17
3个月	2
3个月以上	1

数据来源：印度证券交易委员会。

① 仅公布场内外汇衍生品的投资者结构，未区分卢比与外币对产品。

（四）印度外汇期货市场的实需管理落实

虽然印度已实现较高的资本项目可兑换水平，但是在外汇衍生品交易方面总体仍实行实需管理，即企业、个人参与外汇衍生品交易需要以具有外汇风险暴露为前提，并进行相关申报工作，具体要求如下：

1. 场外外汇衍生品交易须提交证明或声明等材料作为实需管理依据

在场外外汇衍生品市场实需管理中，印度储备银行要求进出口商根据过往的进出口经营情况，与银行达成外汇远期交易，且远期签约规模不可超过进口/出口额的100%。印度储备银行规定，中小企业或个人投资者在提供交易用途为对冲真实或潜在外汇风险的声明后，可以在1000万美元额度①内交易外汇远期及外汇期权，且允许平仓和重新签订，但交易期限限定1年以内。

2. 外汇期货市场在持仓限额内的实需管理方面保留了一定灵活性

与外汇远期交易不同，外汇期货通过持仓限制来落实实需管理要求，具有一定的灵活性。由于期货交易采用匿名集中撮合的交易方式，这使交易所无法逐一检验客户的实际需求。为此，印度储备银行与印度证券交易委员会组成的常务技术委员会商定如何在外汇期货市场实施实需管理。2009年，常务技术委员会发布了外汇期货交易者在持仓限额内不受实需管理限制的规定，并修改了对客户和非银行交易会员的持仓限额标准：对于单个交易所，客户的持仓不应超过市场总未平仓合约的6%或者2000万美元（取两者高位数）；若该交易会员不是银行，其持仓不应超过市场总未平仓合约15%或者5000万美元（取两者高位数）。② 随着卢比外汇市场的发展变化，外汇期货交易者的持仓限额几经调整。当前，印度储备银行与印度证券交易委员会规定，本国客户在没有任何外汇头寸暴露风险的前提下，可在国内交易所单边合计持有不超过1亿美元等值的场内外汇衍生品头寸。

---

① 外汇远期与外汇期权总额度，Master Circular on Risk Management and Inter – Bank Dealings 2020年4月7日。

② 印度证监会2008—2009年年报。

3. 外汇期货交易者持有超过持仓限额的头寸须提交交易真实性背景证明

针对超过持仓限制的头寸，印度监管机构要求交易者提供真实性背景证明。具体规定如下：一是进出口商的套保额度依据其前3年平均进口/出口额或者最近1年进口/出口中的较高者设定；二是交易者应向交易会员提供法定审计师关于上述额度的证明书，及首席财务官签署关于“未平仓场外衍生品及场内衍生品头寸与真实进出口合同金额相匹配”的承诺书；三是基于上述证明，交易会员可以为客户签订不超过上文第一条所指限额50%的合约，超出部分合约的签订需要首席财务官以及公司秘书签署承诺书，以确保公司未平仓场外及场内衍生品头寸与上述限额相匹配；四是除进出口商外的一般企业、个人等参与者，需要通过银行经纪商来执行持仓限额外的交易，银行通过合并计算客户场外与场内外汇衍生品头寸，审核其场内持仓限额。交易所有权对持仓限额加以检查，一旦发现违规，则会报告给印度储备银行有关部门。

（五）印度建立自贸区离岸卢比外汇期货市场

2020年5月，在已上市本土外汇期货的基础上，印度又在其自贸区古吉拉特邦上市离岸卢比外汇期货，旨在推动离岸卢比市场主要流动性回归本土。

1. 印度自贸区情况介绍

古吉拉特邦位于印度最西部，接壤巴基斯坦，西邻阿拉伯海，自古以来商贸活动活跃，其交通网辐射全国。印度现任总理莫迪在2001—2014年担任古吉拉特邦首席部长期间，积极学习中国经济特区的建设经验，推动古吉拉特邦在2004年首先通过经济特区立法，大力推进区域内基础设施建设和招商引资，使该地区实现领先全国的增长。2007年，古吉拉特邦政府开始兴建古吉拉特国际金融科技城（GIFT）。GIFT承担着吸引外资、促进金融业发展、创造就业、推进城镇化等使命，其定位是印度本土的“新加坡式”自由贸易区。

2015年，为进一步扩大金融业开放、提升印度在国际金融市场的影响力，印度财政部宣布在古吉拉特国际金融科技城建设国际金融服务中心

（IFSC），计划在建成后10年之内成为商品类、外汇类、股权类、利率类等产品的定价中心。IFSC通过制度创新、税收优惠、人才优势等吸引境内外企业前来开展业务。在IFSC内注册的公司，可享受印花税豁免、期限10年的所得税分级优惠、一次性的IT建设补助等扶持政策。

2. 印度自贸区布局离岸卢比外汇期货的动因和愿景

近年来，离岸卢比场外外汇市场快速增长，日均交易金额接近印度在岸场外外汇市场的两倍，离岸对在岸市场价格发现功能以及在岸汇率管理有效性的影响显著增强，这引发了印度监管部门对离岸市场的极度担忧。2019年2月，印度储备银行组建离岸卢比市场特别研究小组①，该小组肩负着深度研究离岸卢比市场发展情况并围绕境内卢比市场发展提出可行性政策建议的重任。同年7月，特别研究小组向印度储备银行正式提交《关于离岸卢比市场的特别研究报告》，当年10月印度储备银行采纳了特别研究小组关于在GIFT－IFSC建立印度自贸区离岸卢比外汇衍生品市场的政策建议。

2020年5月，印度决定在GIFT－IFSC的印度国际交易所（India INX）和印度国家证券交易所国际金融中心公司（NSE－IFSC）同步上市离岸卢比外汇期货②，旨在推动离岸卢比市场主要流动性回归本土。印度监管部门认为在自贸区开展离岸卢比外汇期货交易存在如下潜在收益：一是吸引离岸卢比市场主要流动性回归本土，维护本国经济利益；二是掌握离岸卢比市场交易信息流，便于集中统计、监测与监管；三是完善GIFT－IFSC金融交易产品序列，提升国际吸引力。

3. 印度自贸区离岸卢比外汇期货市场定位与发展情况

印度自贸区离岸卢比外汇期货市场对标迪拜、新加坡等境外离岸卢比外汇期货市场，并与在岸市场错位发展。上市初期，自贸区离岸卢比外汇期货

---

① 印度储备银行前副主席Usha Thorat担任特别研究小组组长，研究成员包括Aditya Birla集团首席经济学家Ajit Ranade、JP Morgan India首席经济学家Sajjid Chinoy、HSBC India首席执行官Surendra Rosha等市场机构代表以及来自印度政府、印度储备银行以及印度证监会等监管部门代表。

② 同时挂牌交易的还有离岸卢比期权合约。

交易量较为可观，其中 India INX 成交金额一度超过芝加哥商业交易所和香港交易所，在整个离岸卢比外汇期货市场中占比接近 10%。但上市 3 个月后，成交量持续萎缩至 4%（见图 3－27）。

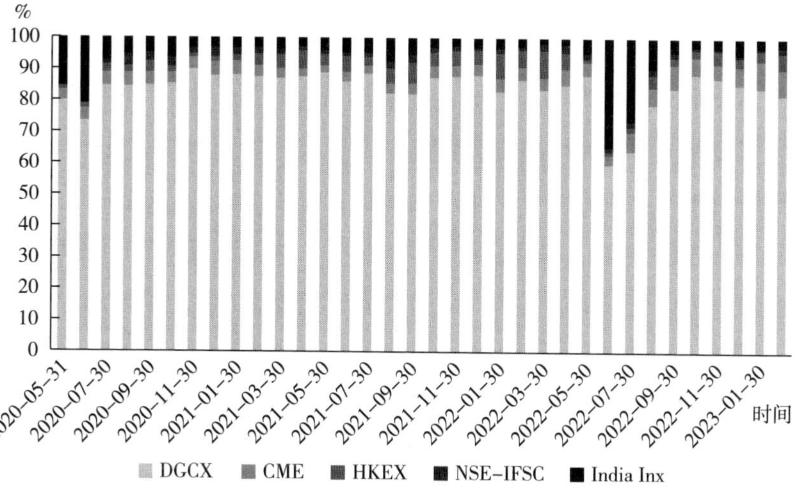

图 3－27　自贸区卢比外汇期货成交量占离岸卢比外汇期货市场比重

（数据来源：彭博）

三、印度外汇期货市场的监管框架与法律基础

（一）印度外汇期货市场的监管机构及相关法律

印度最高宏观经济金融监管机构是以印度总理为主席的内阁经济事务委员会，印度财政部负责执行内阁经济事务委员会制定的政策，并监督金融市场运行。2008 年国际金融危机后，印度全面加强宏观审慎监管和金融监管协调，于 2010 年成立“金融稳定与发展委员会”，以加强印度储备银行、证券交易委员会、保险监管与发展局等监管部门间协调合作，同时加强系统重要性金融机构监管。该委员会主席为财政部部长，成员包括印度储备银行行长、印度证券交易委员会主席、保险监管和发展局主席等（见图 3－28）。就法律赋权而言，印度财政部具有金融市场更高监管权，包括印度储备银行、印度

证券交易委员会等在内的金融监管机构均受其监管。①

印度外汇期货市场监管机构主要包括印度证券交易委员会与印度储备银行。根据《印度证券交易委员会法》，印度证券交易委员会负责证券期货业的监管，主要负责规范、管理证券期货交易所及其上市的产品；负责登记和管理证券期货经纪商及其他与证券市场关联中介机构；打击内幕交易；惩处欺诈及不公平交易行为等。根据《印度储备银行法》和《外汇管理法》，印度储备银行作为中央银行，主要负责制定和实施货币政策、管理场外外汇市场，同时对银行业实施监管。印度储备银行虽不直接监管交易所，但可以对交易利率、外汇类产品的市场主体进行指导。为达到宏观审慎管理目的，印度储备银行可以要求市场主体提交相关信息、报表或其他需要的详情材料。

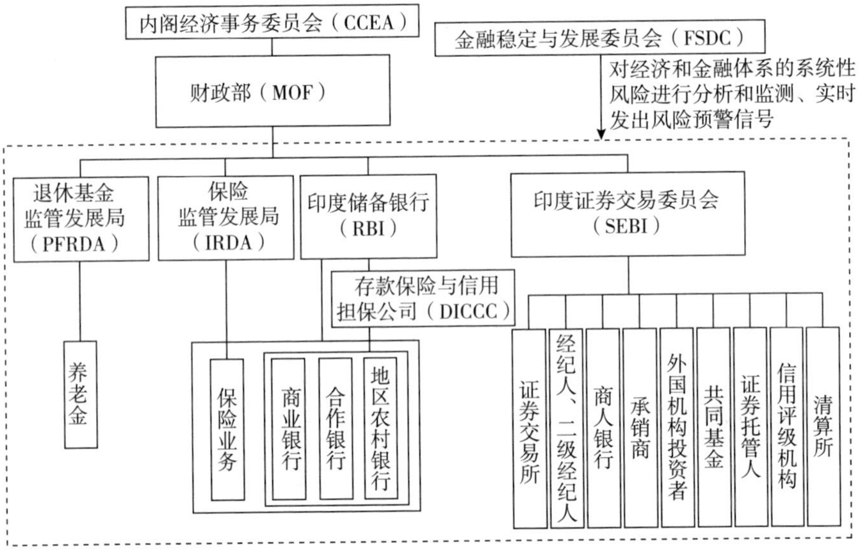

图3-28　印度金融监管框架

（资料来源：《中国金融风险与稳定报告2016——改革与风险的平衡》）

① 详见 *Development Planning in India*：*The Role of Ministry of Finance*，*The Role of Securities and Exchange Board of India in Regulating the Primary Market for Securities*，http：//www. legalservicesindia. com/article/1919/The－Role－of－Securities－and－Exchange－Board－of－India－in－Regulating－the－Primary－Market－for－Securities. html。

虽然按照相关法律规定，印度期货市场应由印度证券交易委员会实行集中统一监管。但在外汇期货市场建设过程中，印度储备银行与印度证券交易委员会曾就外汇期货监管权属有所争议。[①] 印度储备银行希望依托银行间外汇市场开展外汇期货交易[②]，但期货品种特有的交易、结算及风控属性需要印度储备银行单独设立交易所或相关平台；印度证券交易委员会则希望在现有期货交易场所开展外汇期货，与相关期货品种发挥系统集成效应。最终，综合规模经济角度、投资者结构、监管有效性、国际惯例等多方面考虑，外汇期货市场最终被纳入期货市场集中统一监管，并在期货交易所实现上市。目前，印度境内卢比外汇期货的上市场所均为印度证券交易委员会监管的交易场所。

（二）外汇期货市场监管具体分工

自印度外汇期货市场建立以来，印度证券交易委员会及印度储备银行各司其职，印度证券交易委员会侧重外汇期货市场监管，印度储备银行侧重外汇期货市场的宏观审慎管理。

1. 印度证券交易委员会侧重外汇期货市场监管

印度证券交易委员会更侧重与市场运行有关的监管。具体到外汇期货产品，印度证券交易委员会主要负责产品上市批复、会员审批与规范、设定持仓限额、制定并发布保证金水平、市场监测及信息披露、交易所及清算机构批准等监管事宜。[③]

在产品上市批复方面，在印度证券交易委员会与印度储备银行确定各项产品上市细节后（如合约条款、保证金、持仓限额、交易所设立外汇衍生品

---

① Currency futures through RBI or SEBI?, Business Standard, June 2007, https：//blog. theleapjournal. org/2007/06/currency – futures – through – rbi – or – sebi. html.

② 印度于 2003 年建立场外交易平台 FX – CLEAR，这是基于银行间外汇市场的即期、掉期等交易平台，具有订单匹配、协商交易两种模式。平台以印度清算公司 CCIL 为中央对手方进行清算。

③ 详见 *Workbook for NISM – Series – I：Currency derivatives Certification Examination*, National Institute of Securities Markets, pp. 98 – 104, https：//www. bseindia. com/downloads/Training/file/NISM – Series – I%20Currency%20Derivatives%20（new%20workbook%20effective%2021 – Feb – 2012）. pdf。

板块的要求等)，由印度证券交易委员会向交易所发布通知。同时，交易所在推出外汇期货之前，也需要向印度证券交易委员会提交上市申请。在会员审批与规范方面，由于外汇期货会员资格应与权益类衍生品会员、现货会员资格相隔离，成为外汇期货市场交易会员、清算会员需要先在印度证券交易委员会完成注册，在参与市场过程中应严格遵守印度证券交易委员会发布的会员准则。在制定持仓限额方面，印度证券交易委员会负责设立全市场各类投资者的持仓限额，并向市场发布指引。在保证金水平方面，印度证券交易委员会不定期发布关于外汇期货保证金水平的指引，清算公司或清算机构应确保参与者保证金充足。在市场监测和信息披露方面，印度证券交易委员会负责制定相应的指导方针。在交易所和清算机构批复方面，交易所或清算所从事外汇期货业务须设立独立的外汇期货业务板块，该板块设立需要事先获得印度证券交易委员会认可。如新设立交易所从事外汇期货交易也需要得到印度证券交易委员会的批复。

2. 印度储备银行侧重外汇期货市场宏观审慎管理

印度储备银行从外汇期货市场功能及影响金融稳定等方面进行考量，对外汇期货市场进行宏观审慎管理。同时作为银行业监管机构，制定银行参与外汇期货市场相关政策。具体而言，印度储备银行在银行准入、银行持仓限额、交易所及清算机构许可、期货市场对外开放等方面具有话语权。[①] 同时，从维护外汇市场稳定角度出发，印度储备银行保有不定期修改投资者准入条件、调整特定投资者持仓限额、修改保证金水平等特别权利。

在银行准入方面，印度储备银行规定：（1）常规银行[②]（Scheduled Bank）需要得到印度储备银行相关司局批准后参与外汇期货交易；（2）对于

---

① 详见 *The Currency Futures* (*Reserve Bank*) *Directions*, 2008 和 *The Currency Futures* (*Reserve Bank*) (*Amendment*) *Directions*, 2014, https://www.rbi.org.in/Scripts/NotificationUser.aspx? Id=4410&Mode=0。

② 印度银行体系与其他国家不同，银行种类的区分方式也比较特殊。常规银行具体指进入1934年《印度储备银行法》二级名单的银行，成为常规银行要具备两个条件：一是实收资本和不少于50万卢比；二是银行的任何行为不得对储户利息产生负面影响。

指定银行[①]（AD Category I Bank），印度储备银行制定最低审慎要求[②]（Minimum Prudential Requirement）作为该类银行成为交易会员和清算会员的准入条件；（3）不满足最低审慎要求的指定银行（包括城市合作银行、国家合作银行等），需要得到印度储备银行相关部门的批准，方可以客户的身份参与外汇期货市场。在银行持仓限额方面，印度储备银行要求指定银行的外汇期货交易在净持仓额度（Net Open Position，NOP）和综合错配额度[③]（Aggregate Gap Limits，AGL）内，且自营头寸须计入其净持仓额度和综合错配额度。在期货市场对外开放方面，在市场建设初期印度储备银行仅允许境内机构及个人参与外汇期货市场，后期期货市场开放后允许符合条件的境外投资者参与市场。

同时，《2008年外汇期货（印度储备银行）指引》规定，基于维护外汇市场稳定发展的考虑，印度储备银行保有以下特别权利：（1）不定期修改投资者准入条件；（2）调整商业银行及印度储备银行认为有必要管理的特定投资者持仓限额；（3）修改保证金水平（或针对特定投资者设定特别保证金水平）；（4）修改指定银行最低审慎要求；（5）印度储备银行认为必要的其他举措。此外，在市场出现极端行情或其他必要情况下，印度储备银行可直接进入外汇期货市场干预，以抑制市场大幅波动。[④]

（三）监管沟通与协调模式

为解决印度证券交易委员会负责场内衍生品市场与印度储备银行负责外汇和利率市场的监管重叠问题，印度证券交易委员会与印度储备银行于2008年组建了外汇及利率场内衍生品的常务技术委员会（RBI - SEBI Standing Technical Committee on Exchange Traded Currency and Interest Rate Derivatives），

---

① 指定银行是根据外汇管理目的进行分类的银行。按照《印度外汇管理法》规定，此类银行是指根据储备银行一事一议的指引，从事相应经常项目和资本项目交易的银行。

② 主要包括银行净值、资本与风险资产比率、不良资产率和净利润四个方面。

③ 银行在交易期限不同的外汇期货时，将所有头寸价值折算成现值，并对现值的总额进行规定。

④ 详见 *Functions and working of RBI*, Reserve Bank Staff College, p. 34。

以共商共建外汇期货市场。该委员会在外汇期货及利率期货市场的具体建设和落地方面发挥了积极作用，也成为后续市场运行监督、市场重要制度协商、新产品上市协调中重要的监管沟通协调平台。

表3-7　　常务技术委员会职责范围

序号	印度外汇及利率场内衍生品常务技术委员的职责范围
1	协调印度储备银行与印度证券交易委员会间有关场内外汇、利率期货的监管规则
2	为现存和新建的外汇、利率期货交易所提供有关资格规范的建议
3	为交易所会员资格标准的制定提供建议
4	不断审查产品设计、保证金要求以及其他风险防范措施
5	为监管制度的设计提供建议，公布与宣传市场信息
6	以金融稳定性为出发点，考虑市场的微观结构问题

资料来源：*Report of the RBI – SEBI Standing Technical Committee on Exchange Traded Currency Futures*。

常务技术委员会主要由印度证券交易委员会及印度储备银行专家组成。在外汇期货市场建设过程中，两大监管机构依托常务技术委员会平台制定外汇期货上市落地方案及宏观制度设计，包括确立了产品设计、风险管理制度、监管要求等基本内容，并商定了交易所资格标准（包含交易所资产净值、会员数量、附带灾难恢复功能的交易系统、第三方独立结算公司等要求）及会员资格标准（包含独立的外汇期货会员资格、净资产要求、会员及销售人员需要通过认证等要求）。外汇期货上市后，常务技术委员会定期就市场重要制度进行讨论，包括持仓限额、市场准入和风险控制措施等重点领域。① 另外，常务技术委员会也针对上市新产品条线开展讨论。②

---

① 2009年3月，根据常务技术委员会的建议，印度证券交易委员会发布了调整持仓限额的通知。详见 *Sub*：*Revised Position Limits for Exchanged Traded Currency Derivatives*，p. 1，https：//www. sebi. gov. in/legal/circulars/mar – 2009/revised – position – limits – for – exchange – traded – currency – derivatives_ 5238. html。

② 如上市外汇期权、91天国库券期货产品时，常务技术委员会就相关事项进行协商。

表 3-8　　　　常务技术委员会成员（2008 年）

姓名	职务
Manas S. Ray	印度证券交易委员会执行董事
Nagendra Parakh	印度证券交易委员会主任
Sanjeevan Kapshe	印度证券交易委员会特别顾问
K. V. Rajan	印度储备银行司长
Prashant Saran	印度储备银行司长
Salim Gangadharan	印度储备银行司长
Chandan Sinha	印度储备银行司长
H. S. Mohanty	印度储备银行副司长
Sujit Prasad	印度证券交易委员会主任

资料来源：印度储备银行。

四、印度外汇期货市场发展特点

（一）监管部门通力合作，助推印度外汇期货市场建设与发展

面对外汇期货市场建设过程中印度证券交易委员会和储备银行监管职责交叉与重叠的问题，印度财政部作为更高一级的金融监管机构，在统筹协调监管安排上发挥了积极作用。2007 年，针对境外交易所率先推出卢比外汇期货的竞争事件，印度财政部作出建立本土外汇期货市场的决定，并在财政预算报告中公开宣布上市外汇期货。印度证券交易委员会、印度储备银行应财政部要求，着手推进外汇期货市场建设。与此同时，两家监管机构成立了常务技术委员会，负责推进外汇期货市场建设落地，并有效解决了监管协调问题。

（二）监管部门推动建立本土离岸卢比外汇期货市场

虽然印度本土外汇期货市场已取得一定发展，但受资本项目开放程度影响，部分境外投资者仍选择在迪拜黄金与商品交易所开展离岸卢比外汇期货交易。与此同时，离岸卢比 NDF 市场快速增长，日均交易金额接近在岸场外外汇市场的两倍，离岸对在岸市场价格发现功能以及在岸汇率管理有效性的

影响显著增强，这引发了印度监管部门对离岸市场的极度担忧。在此背景下，印度开展了在本土建立离岸卢比外汇期货市场的可行性研究。印度监管部门认为在自贸区开展离岸卢比外汇期货交易在吸引离岸卢比市场主要流动性回归本土、掌握离岸卢比市场交易信息流、完善自贸区金融交易产品序列以及提升国际吸引力等方面存在潜在收益。

（三）外汇期货被纳入央行汇率政策调控箱

印度储备银行于2015年9月开始将外汇期货纳入外汇市场干预工具箱，干预量逐步加大。具体来看，印度储备银行下属的金融市场操作局负责外汇市场干预，干预方式包括直接入市干预和通过指定银行进行间接干预两种。印度储备银行主要运用即期、远期、掉期及期货干预外汇市场。印度储备银行认为使用外汇期货干预市场具备两方面优势：一是外汇期货采用现金交割方式，不存在外汇远期等面临的到期交割实物问题；二是采用外汇期货进行干预不需要动用外汇储备。公开数据显示，印度储备银行进入外汇期货市场实施干预交易的占比均值为18%，最高时达66%，高于同期外汇期货交易占外汇市场交易量的比重。截至2022年11月末，印度储备银行在外汇期货市场单月干预量最高可达96.8亿美元，同期场外市场干预量为479.2亿美元。

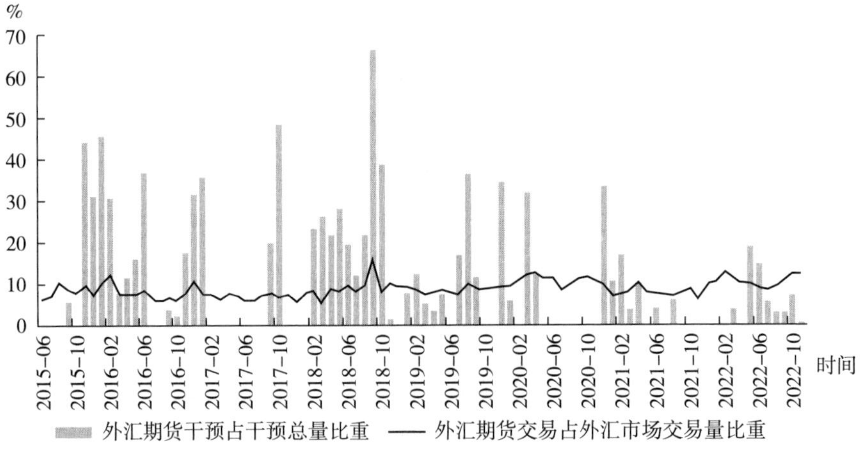

图3－29　外汇期货干预占比及外汇期货交易占比情况

（数据来源：印度储备银行官网，美国期货业协会官网）

五、经验与启示

（一）新兴经济体在推进资本项目开放过程中建设外汇期货市场具有一定的本土优势

20 世纪 90 年代初，印度政府推出了经济自由化“一揽子”改革方案，开始逐步放开资本项目管制。印度储备银行下属的资本项目可兑换委员会负责制定资本项目可兑换的政策路线图，并采取了渐进的、可计量的资本项目可兑换推进方案。直到印度境内卢比外汇期货市场建立时，印度证券投资这一子项目仍存在一定限制，印度本土投资者不可自由交易境外外汇期货。印度推出卢比外汇期货后，境内投资者流动性有效地聚集在了本土市场，并推动该市场成为全球最活跃的卢比外汇期货市场。2014 年，印度储备银行允许境外投资者参与境内外汇期货市场。由于本土市场流动性更佳，也吸引了一部分境外投资者参与。

（二）监管机构沟通合作顺畅有利于外汇期货市场发展

国际经验表明，央行一般负责汇率政策实施、场外外汇市场、宏观审慎等方面监管，而证监会负责证券期货行业监管。外汇期货不仅是外汇市场也是期货市场的有机组成部分，因此央行与证券监管部门在市场监管方面存在一定的职能交叉。印度经验表明，金融监管机构不仅在市场建立时就可发挥顶层设计作用，在市场建立后也可就市场稳定运行和风险防范等开展监管协调。同时，金融监管机构共同组成的技术委员会为监管机构间沟通交流提供了平台，方便双方定期就一些重点规则和事项开展会商。

（三）根据实体经济需要和外汇市场现状设计外汇期货产品

印度外汇期货市场的成功经验表明，合约设计需要充分考虑实体企业的需要，并结合当时外汇市场发展和管理的具体情况。例如印度在设计交割方式时，因考虑到当时卢比不可完全兑换的状况，且场外已有 NDF 产品，因此采用现金交割方式以满足投资者需要。同时，根据市场参与者和监管机构的需要，不断优化外汇期货持仓限额设定，确保外汇期货的设计满足外汇管理政策。在印度外汇期货市场建立时，印度场外外汇衍生品交易仍然需要提交证明材料接受实需审核。但在外汇期货市场采用持仓限额内不审核单证的灵活方法，使印度外汇期货市场在建立初期就聚集了良好的流动性。

第五节　巴西外汇期货市场发展历程与经验借鉴

巴西是新兴国家中较早上市外汇期货的国家。自20世纪60年代起，巴西备受经济衰退与通货膨胀的困扰，法定货币频繁更迭，汇率波动剧烈。推出外汇期货被巴西政府视为维护外汇市场稳定，向市场主体提供汇率避险渠道的重要手段之一。伴随资本项目逐步放松及汇率制度市场化改革，巴西外汇期货市场于1987年落地生根。巴西国家货币委员会、巴西证券交易委员会（以下简称巴西证监会）、巴西中央银行（以下简称巴西央行）是外汇期货市场的主要监管机构，按照职责分工，共同实施外汇期货市场监管。近年来，巴西外汇期货市场蓬勃发展，市场成交持续放大，全球份额稳步增长，这与巴西当局对场内市场的政策扶持及交易所多元化的激励举措密切相关。

一、巴西外汇期货市场建设背景

（一）频繁更迭的货币改革导致汇率波幅加大

20世纪60年代，巴西经济失去工业化带来的高速增长动力，实际GDP增长率从1961年的10.3%下滑至1964年的2.4%。1964年新政权[①]上台，一系列拉动经济的政策开启了巴西的“经济奇迹”年代。此后，受1973年、

① 1964年3月巴西政变，若昂·古拉特政府被推翻，政变军人建立了巴西历史上第一个军人独裁专制政权。

1979 年第一次、第二次石油危机[①]爆发影响，巴西国内通胀率不断攀升，贸易条件严重恶化。为解决国际收支失衡和高通胀问题，巴西决定放缓经济发展速度，加速本国货币贬值，并逐步取消出口刺激计划。

1986 年，为解决通货膨胀高企问题，巴西发布克鲁扎多计划，即推出新币种克鲁扎多以取代原来的克鲁塞罗（1 克鲁扎多相当于 1000 克鲁塞罗）。法令中虽没有设定新货币汇率水平，但巴西政府明确表示计划采取 1 美元兑 13. 84 克鲁扎多的固定汇率。然而，国内消费需求的激增及实质性通胀使市场形成了对克鲁扎多的单向投机。在汇率波动日益加剧的背景下，巴西当局实践发现，可以通过向市场提供避险工具的方式避免系统性金融风险的发生，由此意识到汇率避险机制对于稳定外汇市场的重要性，并决定推动外汇衍生品市场的发展。1987 年，巴西商品期货交易所（BM&F）推出外汇期货，次年推出外汇期权。

巴西汇率制度改革以 1994 年、1999 年为界分为三个阶段。1994 年前，巴西采用多重汇率制度[②]，外汇市场无序发展。1967—1994 年，通胀顽疾导致巴西货币当局先后 6 次更改法定货币安排（见表 3 - 9）。1994—1999 年，转而实行以美元作为“名义锚”的爬行盯住美元的汇率制度。1999 年，开始实行自由浮动汇率机制，并赋予中央银行在银行间市场间接干预最终汇率的权力。[③]

---

① 第一次石油危机从 1973 年延续至 1974 年，又称 1973 年石油危机，由于 1973 年 10 月第四次中东战争爆发，石油输出国组织（OPEC）为了打击对手以色列及支持以色列的国家，宣布石油禁运，暂停出口，造成油价上涨。第二次石油危机，又称 1979 年石油危机，发生在 1979 年至 20 世纪 80 年代初，当时原油价格从 1979 年的每桶 15 美元左右最高涨到 1981 年 2 月的 39 美元，是 20 世纪下半叶三大石油危机之一。

② 1967—1990 年，巴西主要采取爬行盯住美元并适时低估的汇率制度。其间，为抑制国内快速增长的通货膨胀水平，巴西央行于 1986 年一度实行了固定汇率制度，但并未取得成功。1990—1994 年，巴西主要采取了爬行盯住的汇率制度（伴随一定的名义汇率贬值）及有管理的浮动汇率制度，造成了高贸易顺差与境外资本流入带来的高通胀并存。

③ 1997 年金融危机袭击巴西，大量资本迅速流出，导致雷亚尔不断贬值，随后为摆脱金融危机，1999 年 1 月，巴西政府宣布进一步扩大雷亚尔汇率波动区间，此后雷亚尔开始急剧贬值。1999 年 2 月，巴西央行宣布实行自由浮动汇率机制。

表3-9 巴西法定货币及汇率制度演变情况

时间	巴西法定货币及汇率制度演变情况
1967年2月	新克鲁塞罗取代旧克鲁塞罗。采用“爬行盯住”或“动态盯住”的汇率安排，并采用实际的适度低估策略
1983年2月	相对美元最高23%的贬值，同时调整进出口税率
1986年2月	更换货币，1克鲁扎多相当于1000克鲁塞罗，并设置新的固定官方汇率，继续适度贬值的“爬行盯住”汇率制度
1989年1月	更换新货币。1新克鲁扎多相当于1000旧克鲁扎多，相当于货币贬值14.1%。由此开始采用市场参与者决定的浮动汇率
1990年3月	更换货币，1克鲁塞罗相当于1新克鲁扎多
1993年8月	更换货币，1克鲁塞罗雷亚尔相当于1000克鲁塞罗，汇率由银行间汇率市场决定
1994年7月	更换货币，1雷亚尔相当于2750克鲁塞罗雷亚尔。巴西央行设立1雷亚尔兑1美元的底线汇率，并利用外汇储备加以维持，但该底线汇率最终未能守住，巴西央行放弃干预并表示认同市场决定的汇率水平
1995年3月	巴西开始采用爬行带制度，设定0.86~0.98雷亚尔对1美元的爬行带
1999年2月	汇率完全由市场决定，为“独立浮动”汇率制度类型

资料来源：黄薇、陈磊，《金砖国家汇率制度演进研究》。

（二）逐步放松的资本管制为外汇期货迎来发展契机

20世纪80年代，拉美地区发生数次经济危机，在巨额外债和畸高通胀的影响下，巴西经济陷入持续衰退。1980—1994年，巴西年均通胀率超过700%，同期GDP年均增长率只有2.4%。其间，巴西货币一直无序贬值，债务负担加剧，国际收支平衡难以维系。1998年，巴西向国际货币基金组织寻求援助，并按照“华盛顿共识”① 全面推行经济自由化改革，推动资本项目可兑换就是其中的一项重要内容。

巴西资本项目可兑换进程始于跨境证券投资。1987年3月，巴西允许境外机构投资者进入国内股票和债券市场。受法定货币更替及汇率波动影响，

① 华盛顿共识（Washington Consensus），是1989年出现的一整套针对拉美国家和东欧转轨国家的新自由主义政治经济理论。美国国际经济研究所的约翰·威廉姆森（John Williamson）对拉美国家的国内经济改革提出了已与上述各机构达成共识的10条政策措施，称作华盛顿共识。

上述境外机构投资者亟需汇率风险对冲工具，外汇期货的推出满足了其汇率风险管理需求。1991 年，巴西进一步将直接投资和国际信贷纳入放松管制范围，全面推行资本项目可兑换。巴西并未在某一时点正式宣布资本账户实现完全可兑换，而是在相继废除各项管制措施后逐步实现资本账户的完全可兑换。[①] 伴随这一过程，外汇期货市场亦快速发展。

（三）高企的外债风险推升市场主体对汇率避险工具的需求

20 世纪 60—70 年代，巴西将经济复苏的重点放在了控制通胀、吸引外资和加大基础设施和重工业领域的公共投资上。在政策刺激下，巴西实际 GDP 增长率从 1963 年的 0.3% 迅速增长到了 1973 年的 14.0%，其中工业增加值的年增速达到了 12.6%。在此期间，由于国内资金利率高企，迫使企业转向境外借贷资金，巴西外债规模大幅增长。截至 1987 年末，巴西外债总额为 1214 亿美元，其中 62% 的外债由巴西联邦政府担保，其余由州市政府或国营企业经济集团担保。汇率大幅波动导致企业及私人部门外债偿还压力激增，从而催生了市场主体对汇率风险的管理需求。1999 年，巴西国内资金利率水平高达 20%。私人部门外债规模在 1992—1999 年增长近 9 倍，存量达 1135 亿美元，私人部门外债占外债总额比重也从 17% 上升至 50%。随着巴西外债的不断增加和巴西雷亚尔的不断贬值，各类市场主体更加依赖利用外汇衍生品进行汇率风险管理。

二、巴西外汇期货市场的发展历程

1987 年 4 月 23 日，巴西商品期货交易所推出外汇期货，次年推出外汇期权。伴随汇率制度变迁，巴西外汇期货市场发展经历以下四个阶段。第一阶段：1994 年前实行多重汇率制度，外汇期货市场迅速发展；第二阶段：1994—1999 年汇率稳定贬值，外汇期货市场成交数据缓慢回落；第三阶段：1999—2008 年，经受住金融危机冲击，外汇期货市场稳步发展；第四阶段：

① 一般将 1996 年年中作为巴西资本账户完全开放的时点。

2008年至今，巴西几大交易所经历数次合并重组成立巴西交易所控股集团公司，外汇期货市场逐渐成熟并蓬勃发展。

（一）1987—1994年巴西外汇期货市场

1987—1994年，巴西汇率制度由爬行盯住美元转向有管理的浮动汇率制度。在此期间，高通胀作为巴西经济运行中的顽疾并未得到有效解决，通胀率不断攀升导致货币不断贬值。1987年，巴西外汇期货年成交量为1701手；1988年，年成交量增长超过10倍至2.52万手；1989年，年成交量高达86.21万手。1994年，外汇期货交易量从每月100万手快速增长到每月500万手，年成交量接近4000万手。该时期，巴西外汇期货市场发展受货币改革计划影响较大，交易所需要根据货币改革情况及时调整更新外汇期货合约条款。

（二）1994—1999年巴西外汇期货市场

1994—1999年，巴西货币当局决定重新实行爬行盯住美元的汇率制度。为抑制通胀，巴西政府推出“雷亚尔计划”。1995年之后，雷亚尔汇率呈现单边贬值趋势。市场主体对于汇率走势预期的一致性增强，汇率避险需求相应减弱，导致外汇期货市场交易量持续萎缩（见图3-30）。

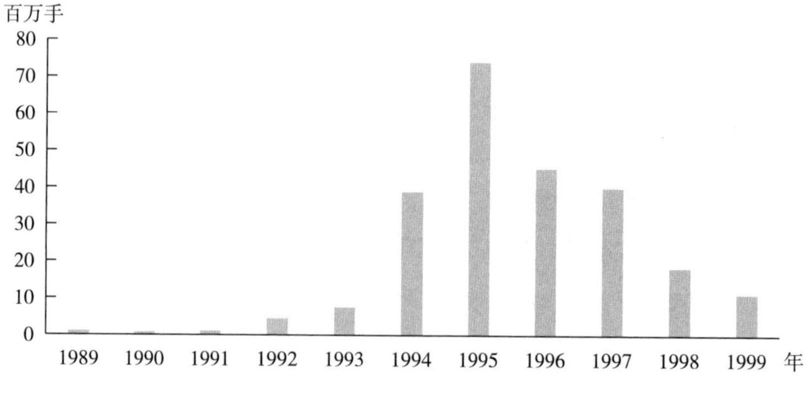

图3-30　1989—1999年巴西外汇期货市场年度成交量

（数据来源：FOW Data）

（三）1999—2008 年巴西外汇期货市场

1999 年 1 月，巴西进一步改革汇率制度，将雷亚尔对美元汇率浮动区间从 1 美元兑换 1.12～1.20 雷亚尔扩大至 1.22～1.32 雷亚尔，雷亚尔随之迅速贬值。1999 年 1 月 18 日，巴西央行发布公告，宣布雷亚尔完成了向自由浮动汇率制的转变。为适应新的汇率制度安排，交易所将外汇期货合约面值由 1000 美元调整至 50000 美元，便于机构进行套期保值。此后，巴西雷亚尔汇率弹性持续增强，1999—2003 年经历了快速贬值，2003—2008 年经历了逐步升值（见图 3－31），外汇期货市场也再度进入稳步发展阶段。2008 年国际金融危机爆发时，巴西外汇期货市场年交易量接近 1 亿手，日均交易量达到约 40 万手（见图 3－32）。

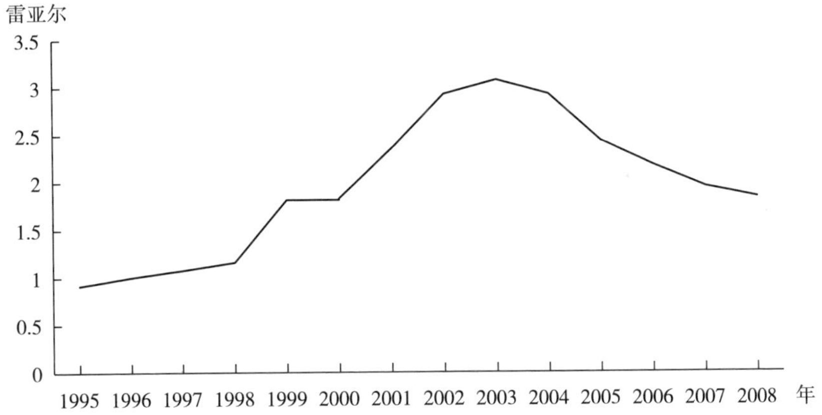

图 3－31　1995—2008 年美元兑巴西雷亚尔年均汇率

（数据来源：彭博）

（四）2008 年以来巴西外汇期货市场

2008 年，巴西商品期货交易所和巴西圣保罗证券交易所宣布合并，成立巴西交易所控股集团公司（以下简称巴西 B3 交易所）。此后，巴西外汇期货市场品种创新进入“快车道”，2010 年，巴西推出日元、加元、英镑、澳元和墨西哥比索兑雷亚尔等外汇期货品种。2011 年，巴西推出南非兰特、瑞士法郎、人民币、智利比索、新西兰元兑雷亚尔等标准外汇期货合约，以及美元、欧元兑雷亚尔迷你外汇期货合约。除外汇期货外，巴西 B3 交易所还推出美元期货展期合约（Rollover，DR1）、美元期货远期点合约（Forward Point，FRP）① 等结构性产品。

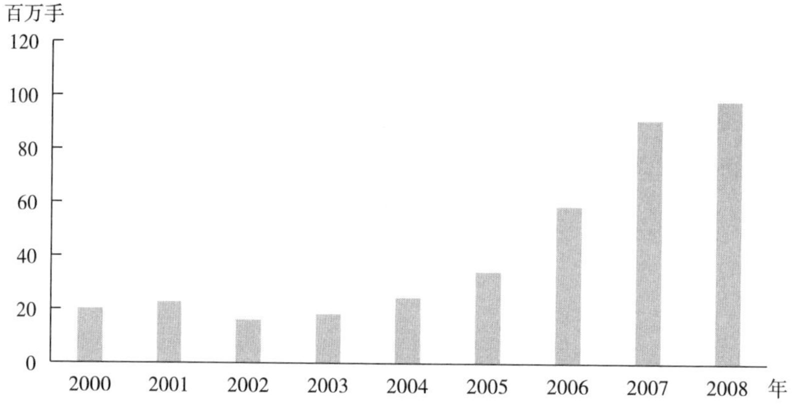

图 3－32　2000—2008 年巴西外汇期货年交易量

（数据来源：FOW Data）

2008—2012 年，巴西外汇期货市场日均交易量稳定在 40 万手左右，日均成交金额超过 200 亿美元。自 2017 年以来，巴西外汇期货市场蓬勃发展，日均成交量由 2017 年的约 79 万手增长至 2022 年的 373.8 万手。在巴西所有外汇期货品种里，挂钩美元的期货品种占据了绝大部分成交量。

截至 2023 年 1 月末，巴西 B3 交易所已挂牌巴西雷亚尔兑美元、人民币、欧元、澳元、英镑、加元等 16 个本币外汇期货，挂牌离岸人民币兑美元、美元兑欧元、美元兑澳元等 16 个外币对期货，共计挂牌 32 个外汇期货、3 个外汇期权产品，涉及 30 个货币对（见表 3－10、表 3－11）。

① 这些结构性合约其实不是一个新的合约，而是一种交易策略。比如展期合约就是允许交易者同时交易最近两个月份合约，远期点合约允许交易者可以交易美元期货和现货之间的基差。

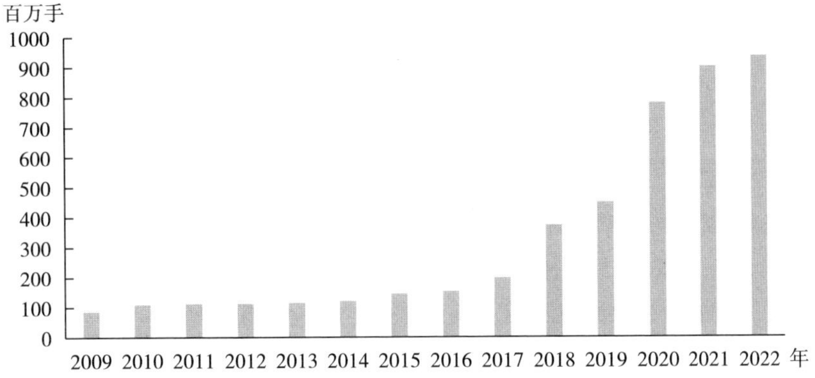

图 3－33　2009—2022 年巴西外汇期货市场年成交量

（数据来源：美国期货业协会）

表 3－10　巴西 B3 交易所挂牌外汇期货合约（截至 2023 年 1 月末）

序号	合约名称	合约面值	序号	合约名称	合约面值
1	阿根廷比索兑美元	USD10000	17	墨西哥比索兑美元	USD10000
2	巴西雷亚尔兑澳元	AUD60000	18	巴西雷亚尔兑新西兰元	NZD75000
3	巴西雷亚尔兑加元	CAD60000	19	美元兑新西兰元	NZD10000
4	加元兑美元	USD10000	20	挪威克朗兑美元	USD10000
5	智利比索兑美元	USD10000	21	美元兑英镑	GBP10000
6	巴西雷亚尔兑智利比索	CLP25000000	22	俄罗斯卢布兑美元	USD10000
7	巴西雷亚尔兑人民币	CNY350000	23	巴西雷亚尔对南非兰特	ZAR350000
8	离岸人民币兑美元	USD10000	24	南非兰特兑美元	USD10000
9	巴西雷亚尔兑欧元	EUR50000	25	瑞典克朗兑美元	USD10000
10	美元兑欧元	EUR10000	26	巴西雷亚尔兑瑞士法郎	CHF50000
11	小型巴西雷亚尔兑欧元	EUR10000	27	瑞士法郎兑美元	USD10000
12	巴西雷亚尔兑阿根廷比索	ARS150000	28	巴西雷亚尔兑土耳其里拉	TRY75000
13	美元兑澳元	AUD10000	29	土耳其里拉兑美元	USD10000
14	日元兑美元	USD10000	30	巴西雷亚尔兑美元	USD50000
15	巴西雷亚尔兑日元	JPY5000000	31	小型巴西雷亚尔兑美元	USD10000
16	巴西雷亚尔兑墨西哥比索	MXN750000	32	巴西雷亚尔兑英镑	GBP35000

资料来源：巴西 B3 交易所官网。

表3-11 巴西B3交易所挂牌外汇期权合约（截至2023年1月末）

序号	合约名称	合约面值
1	巴西雷亚尔兑美元	USD50000
2	小型巴西雷亚尔兑美元	USD10000
3	小型巴西雷亚尔兑美元（周期权）	USD10000

资料来源：巴西B3交易所官网。

三、巴西外汇管理法制及外汇期货市场监管框架

（一）巴西外汇管理法制概况

过去10年中，为建立一个更宽松的监管框架，巴西对相关外汇法规进行了修改，现存400多部有效的外汇法规。[①] 尽管巴西已于1996年中宣称实现了资本项目可兑换，但事实上仍实行较为严格的外汇管制，中央银行是巴西外汇市场的监管机构，美元及其他外币在市场上不可直接流通，即所有外汇进入巴西需要折算成巴西雷亚尔后方能提取。任何企业及个人进行外汇买卖，需要在巴西中央银行授权的商业银行进行，超过一定金额的外币交易必须申报备案。

2021年12月30日，巴西联邦参议院通过外汇新法案——第14286号法律（第5387号法案）。[②] 该法律涉及巴西外汇市场、巴西海外资本、国内的外国资本以及向中央银行汇报信息等各个方面。在此基础上，巴西国家货币委员会和巴西央行在2022年出台具体规章制度，以进一步促进巴西经济开放。该法律为巴西外汇市场管理构建了新的法律框架，其修订了6部、撤销了15部、整合了40多部法律，已于2022年12月31日生效。新规对外汇市场和国际资本立法进行调整，简化了对外贸易外汇管理，在遵守中央银行有关信息汇报方面的要求下，使外汇市场相关交易更为宽松。

---

① 详见https：//www. ey. com/en_ gl/tax - alerts/brazil - enacts - legal - framework - for - foreign - exchange - market。

② Banco Central Do Brasil Law Nr. 14286, of 29 December 2021.

（二）巴西外汇期货市场监管框架

1. 国家货币委员会是巴西金融领域最高决策机构

国家货币委员会是巴西金融领域最高决策机构①，负责领导并管理巴西证监会、巴西央行、私营保险监管局和补充养老金监管局，实行银行、证券、保险及补充养老金分业监管。随着国内金融系统复杂度的提升，加强金融监管协调的重要性凸显。2006 年，巴西政府决定依托财政部成立金融、证券、保险和补充养老金监管委员会，以促进金融监管机构之间的协调和信息共享，相互签署监管合作备忘录。2010 年该委员会又下设金融稳定小组委员会，专职监测国家金融系统稳定性（见图 3－34）。与此同时，巴西央行内部成立金融稳定委员会，以更好地识别和监测系统性风险来源，并为缓释系统性风险制定相关政策。

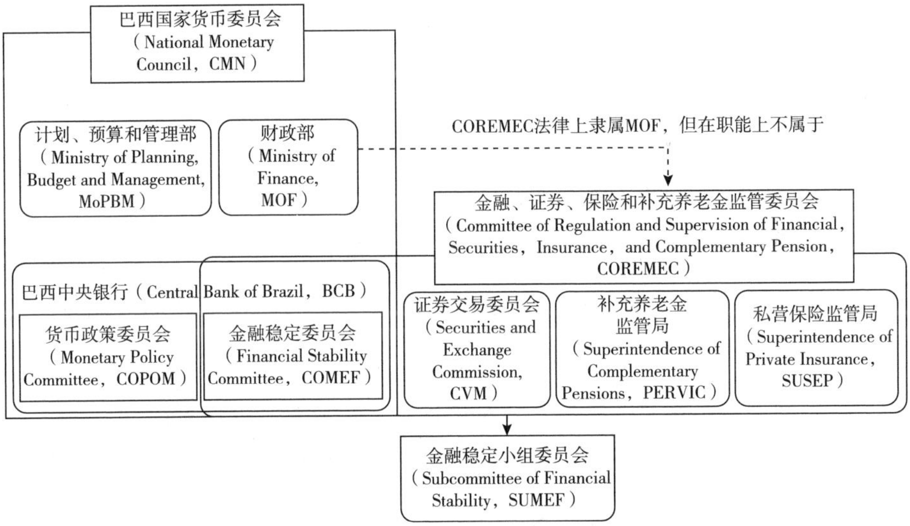

图 3－34　巴西金融监管框架体系

（资料来源：巴西证监会官网）

① 其目前的结构包括财政部部长，计划、预算和管理部部长以及巴西央行行长。

在国家货币委员会的指导下，巴西证监会与巴西央行各司其职，共同监管国内金融基础设施。其中，证监会负责监管场内交易所、有组织的场外交易场所及相关清算所的日常运作。巴西央行负责监管支付清算机构，并与证监会共同监管包括中央对手方在内的证券清算机构。①

2. 巴西证监会负责期货交易所及清算所日常监管

巴西证监会第467号指引规定，拟在国内有组织的证券交易市场上市交易的衍生品合约（或协议）需要获得证监会批准，后续其条款变更也需要获得证监会批准才能生效。衍生品合约（或协议）必须包括标的资产、交易单位和报价形式；交易时间、到期和结算日期；结算价格、保证金计算标准等要素。交易场所提交巴西证监会的材料须包括合约（或协议）的形式及附件，对标的资产、交易市场和参与者特征情况的详细描述，对特定投资者适用的准入限制等内容。②

2008年，巴西证监会发布第468号指引，针对巴西有组织的证券交易市场以及无组织的场外交易市场的成立、组织、运作和清算出台实施细则。有组织的证券交易市场是指为一定数量的、有权参与交易的投资者提供证券交易撮合或登记业务而设计的物理场所或电子系统，包括证券、期货交易所及有组织的场外交易市场。③ 此外，根据国家货币委员会2021年发布的第4952/2021号决议，巴西证监会与巴西央行共同授权管理机构运行期货清算所，巴西证监会负责监管清算所日常业务运营。

3. 巴西央行以期货清算所支付及风控体系为重点开展监督活动

巴西央行认定巴西B3交易所属于系统重要性金融基础设施，对其下属清算所以支付及风控体系为重点开展监督活动，确保不发生系统性风险。期

---

① IMF Country Report No. 18/340：*Brazil Financial Sector Assessment Program Detailed Assessment of Observance – Basel Core Principles for Effective Banking Supervision*，p. 12.

② 还包括针对投资者和中介机构的头寸限制；确定标的资产参考价值方法的适当性说明等内容。

③ 区分有组织的交易所和有组织的场外市场，主要取决于各自交易系统使用的定价规则、这些系统上的交易量以及每个市场所针对的投资者类型。

货清算所在风控方面同时接受巴西证监会和巴西央行的监督。主要包括批准新的风险管理政策和修订现有风险管理政策[①]；批准修改清算所规则和手册[②]；授权风险控制模型及制度；分析保证金方法的回溯测试、头寸限制和流动性测试等报告；开展年度审计。[③] 巴西央行对国内支付系统所涉及的金融机构实施持牌许可及监管，以维护货币政策传导有效性和金融市场稳定。巴西央行根据其第 3057/01 号通知，要求清算成员与期货清算所之间涉及巴西雷亚尔的资金划转必须经由央行储备转移系统（STR）。[④]

4. 巴西央行和证监会监管协作机制

在国家货币委员会的统筹指导下，巴西央行和巴西证监会通过签署监管备忘录，建立信息共享机制。[⑤] 内容主要包括共享与期货市场运行或市场各方参与主体行为的相关信息。双方通过书面或电子方式交换信息，内容应包括情况描述、数据处理方式等。巴西证监会制定或修订期货交易所及清算所的监管规则若涉及宏观审慎管理，均应事前征求巴西央行意见；巴西央行在出台或修订会对证券市场运行或市场各方参与主体行为产生影响的监管规则前，也应征求巴西证监会意见。联合出台或修订指引，互相访问信息管理系统等。

四、巴西外汇期货市场发展近况及特征

（一）外汇期货交易规模迅速增长，居全球第二

2020—2022 年，巴西外汇期货市场年成交金额及成交量快速增长。在成

---

① Principles for Financial Market Infrastructures B3 Information Disclosure，2020 年 9 月，第 36 页。

② Principles for Financial Market Infrastructures B3 Information Disclosure，2020 年 9 月，第 38 页。

③ 相关内容详见 *Principles for Financial Market Infrastructures B3 Information Disclosure*，2020 年 9 月，第 33 页。

④ *Principles for Financial Market Infrastructures B3 Information Disclosure*，2020 年 9 月，第 86 页。巴西央行营运和监督两项主要清算服务：储备转移系统（STR）、结算和托管特别系统（Selic），清算范围包括政府交易及证券市场交易。

⑤ 根据巴西 B3 交易所反馈的相关材料整理形成。

交金额方面，由2020年的11.53万亿美元增长至2022年的12.05万亿美元，年均增长16.91%，在全球外汇期货总成交金额的占比稳定于30%左右，连续3年全球排名第2，仅次于美国。在成交量方面，由2020年的7.85亿手增长至2022年的9.35亿手，年均增长42.59%，全球外汇期货总成交量的占比在22%~25%区间（见表3-12），连续3年全球排名第2，仅次于印度。

表3-12　巴西B3交易所外汇期货年成交情况

年份	成交金额（亿美元）	全球占比（%）	同比增长（%）	成交量（百万手）	全球占比（%）	同比增长（%）
2020	115325.14	30.82	30.19	784.75	23.68	74.56
2021	118435.79	32.54	2.70	899.83	25.17	14.66
2022	120548.91	29.56	17.84	934.52	22.26	38.55

资料来源：美国期货业协会。

2022年，全球巴西雷亚尔外汇期货总成交金额为12.09万亿美元，按币种计算排名第二，仅次于美元外汇期货，其中99.38%的流动性集中在巴西本土。巴西B3交易所挂牌交易的巴西雷亚尔兑美元期货贡献了巴西本土外汇期货市场99%以上的成交金额及成交量，2022年其成交量为9.31亿手，成交金额为12万亿美元。[①] 巴西雷亚尔外汇期货满足了各类市场主体管理本币对外币汇率波动风险的需求，本土优势较为明显。

（二）境外投资者是巴西外汇期货市场的最大参与主体

由于巴西雷亚尔兑美元期货贡献了巴西外汇期货绝大多数的成交金额与成交量，该品种的参与者结构可基本反映巴西外汇期货市场投资者机构整体情况。据巴西B3交易所官网公布[②]，2022年11月，巴西雷亚尔兑美元期货

① 同期芝加哥商业交易所（CME）的巴西雷亚尔外汇期货合约全年交易量仅为385.92万手，成交金额约为747.05亿美元。

② https://www.b3.com.br/en_us/products-and-services/trading/exchange-rates/u-s-dollar-futures.htm.

的参与者中，56%为境外投资者①、26%为金融机构、12%为机构投资者、3%为自然人、3%为其他投资者（见图3－35）。

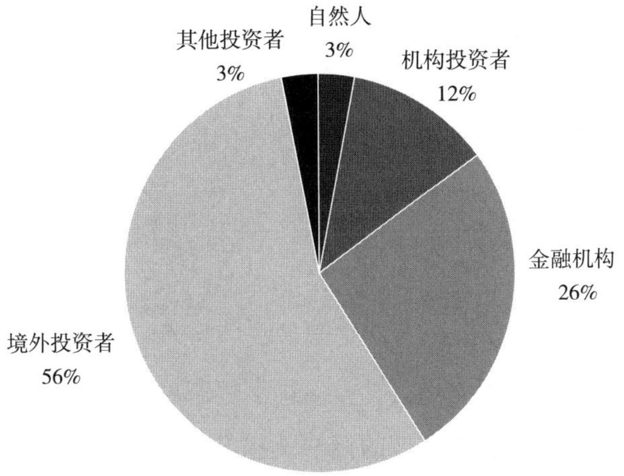

图3－35　巴西外汇期货市场参与者结构

（数据来源：巴西B3交易所官网）

巴西外汇期货参与者中境外投资者占比较高主要有两大原因。一方面，巴西作为南美第一大经济体，在近年的快速发展与整合中成为南美的金融中心。巴西拥有相对大型和发达的在岸衍生品市场，期货市场成熟健康、产品齐全，吸引了周边乃至全球各类投资者。另一方面，巴西B3交易所为吸引境外投资者采取了多元化的激励举措，如简化境外投资者的市场准入流程、提供多样化的交易连接方式、实施优惠税收甚至免税政策、扩大交易抵押品范围、降低交易手续费等。

（三）巴西外汇期货市场规模远大于场外外汇衍生品市场规模

有别于绝大多数国家场外外汇市场占主导地位的情况，巴西外汇衍生品市场的场内市场规模远大于场外市场。20世纪80年代，巴西国内经济形势

① 根据巴西有关规定，境外投资者是指住所或者主要经营场所在境外的包括自然人、法人、集体组织、基金或其他集体投资主体的投资者。

严峻，大量银行破产，政府遭遇主权信用危机，基于授信的外汇远期市场难以发展。2022年国际清算银行统计数据显示，巴西场外外汇衍生品（外汇远期、外汇掉期、货币掉期、外汇期权等）及外汇即期的日均成交金额分别为120.5亿美元和89.9亿美元。而同期，巴西外汇期货日均成交金额为480.8亿美元①，约为场外外汇衍生品成交金额的4倍。

推动巴西外汇期货市场规模壮大的因素有如下几点：首先，法律和监管原因限制了场外市场的发展。在税收规定方面，巴西对收入和现金流量征税，而不对收益或增值征税，当期货合约的利润和损失可被抵销时，市场参与者的税收负担将被减轻，由此外汇期货交易较场外外汇衍生品交易更具优势。②同时，巴西在场外外汇衍生品监管方面持审慎态度，要求每笔场外交易都要向中央登记机构报告，这使场外的报告负担与期货市场一样。其次，金融危机中外汇期货市场表现出良好的韧性，参与者更偏好使用场内产品管理汇率风险。在拉美地区发生的多次金融危机中，巴西外汇期货市场通过为参与者提供低成本、高流动性及透明的风险管理工具，防范了更严重的金融困境或信贷紧缩，参与者对场内市场信任度更高。③ 最后，中央银行的参与进一步促进了外汇期货市场的壮大。巴西央行会通过巴西B3交易所电子平台拍卖货币掉期来干预汇率，而该市场参与者常用交易所“掉期转期货”机制转换头寸，因此外汇衍生品市场的参与者更加关注场内市场交易情况。

（四）配合巴西央行使用货币掉期调控汇率，巴西B3交易所推出“掉期转期货”结构性产品

自2002年起，巴西央行通过公开拍卖货币掉期④来实施汇率调控，以完

---

① 以全年成交金额除以250交易日计算得出。

② Christian Upper, Marcos Valli, *Emerging Derivatives Markets*? BIS Quarterly Review, December 2016, p. 75.

③ Dodd, R and S Griffith – Jones, *Brazil's Derivatives Markets: Hedging, Central Bank Intervention and Regulation*, Informes y Estudios Especiales, NO. 20, United Nations Publications, December. 2017, p. 27.

④ 巴西央行拍卖的货币掉期期初与期末无本金交换，每天计算合约价值，且期末以雷亚尔差额清算。

善外汇市场功能，为市场参与者对冲汇率波动风险提供工具。伴随金融环境变化，巴西央行采用的货币掉期合约有所不同。2013 年 5 月 31 日之前，巴西央行拍卖“SCC – ID × US Dollar Swap”货币掉期合约；之后巴西央行拍卖“SCS – OC1 × US Dollar Swap with Reset”货币掉期合约。两者的区别在于前者的标的是银行间隔夜拆借利率与美元兑雷亚尔汇率波动（期初至期末美元兑雷亚尔即期汇率的变动值）之间的差额，而后者的标的是巴西国债基准利率与美元兑雷亚尔汇率波动的差额。

巴西央行通过巴西 B3 交易所电子平台发布货币掉期拍卖的通知，拍卖量由金融机构对货币掉期的需求决定。[①] 通常金融机构与巴西央行达成货币掉期交易后，会借助其他外汇衍生品来管理所持有的货币掉期合约头寸的汇率波动风险。为配合巴西央行调控汇率，巴西 B3 交易所推出“掉期转期货”结构性产品，旨在便利货币掉期合约头寸转为美元期货头寸[②]，以增强金融机构与巴西央行开展货币掉期交易的意愿。

具体而言，拍卖完成后，货币掉期可直接转换成交易所利率期货合约。货币掉期在巴西 B3 交易所场内市场中有相应的标准合约存在，即 DDI 合约（ID × 美元外汇期货）。DDI 合约的交易标的为资本化的 ID 利率[③]和汇率波动幅度之差，其经济意义为实际上的境内美元利率。金融机构接受交易后，掉期产品的一部分会以相同方式转移给实体企业以满足其避险需求，其余头寸则可通过巴西 B3 交易所的“掉期转期货”机制转换成交易所的 DDI 期货合约，也可以将掉期直接拆分成 ID 利率期货和美元期货持有。[④] 由于巴西外汇期货市场流动性远高于包括货币掉期在内的场外市场，价格发现功能强，为此金融机构通常会将货币掉期转换为期货头寸。

---

① 实际操作中巴西央行只与银行直接交易，银行再将货币掉期头寸转移给实体企业避险。

② 汪洋宇等：《巴西外汇期货市场发展及其借鉴意义》，《中国货币市场》2014 年第 11 期，第 39 – 43 页。

③ ID 利率是巴西托管结算所（CETIP）计算得到的日均银行间存款利率，以按日复利计算的年利率百分比表示（每年按 252 天计算）。

④ 谢洁玉：《巴西央行利用外汇衍生品干预外汇市场的经验》，《中国货币市场》2015 年第 3 期，第 38 – 41 页。

五、经验与启示

（一）外汇期货市场有助于促进金融体系稳定

在巴西外汇期货市场的早期发展中，为适应历次货币改革和汇率制度改革，期货交易所的外汇期货合约设计都进行了相应更改，甚至重推外汇期货合约。在此过程中，巴西外汇期货市场始终保持一定的流动性，在经济不稳定、汇率波动大及国际资本冲击的环境中形成了稳定增长的趋势。历经 35 年发展，巴西外汇期货市场展现出良好韧性，在拉美地区和巴西本国多次经济金融危机中，通过向市场提供透明、低成本及高流动性的风险管理工具，缓解了企业在汇率大幅波动时所面临的外债偿还压力，避免了系统性金融风险的发生，维护了国家金融体系稳定。

（二）依据国情发展外汇期货及场外外汇衍生品市场

外汇远期市场先于外汇期货市场建立是国际普遍规律，外汇期货作为外汇远期的标准化产品，通常是在远期市场发展较完善之后才在交易所挂牌的。但在 20 世纪 80 年代，巴西面临恶性通货和超高利率，政府遭遇主权信用危机，国内不具备发展场外外汇衍生品市场的客观条件。考虑到汇率剧烈动荡，市场主体亟需风险管理工具，巴西政府决定优先发展外汇期货市场。外汇期货实行集中交易，能较好地控制信用违约风险，比依赖授信的外汇远期产品更适合当时的市场状况。在巴西法律法规上对场外市场实施严格监管、在税收政策向场内产品倾斜等因素助推下，巴西外汇期货市场交易规模不断发展扩大，远远超过场外外汇衍生品市场。这种外汇衍生品市场建设差异是巴西依据自身特殊国情作出的选择和安排。

（三）紧跟市场变化，注重产品与制度创新

为不断满足各类市场主体的避险需求，巴西交易所及时调整外汇期货产品合约和制度设计。1999 年，巴西固定汇率体制崩溃，巴西商品期货交易所立即修改美元期货合约面值，从 1000 美元提升至 50000 美元，便利机构套期

保值。巴西 B3 交易所还立足市场需求进行产品创新。其“掉期转期货”产品综合考量了巴西高利率的金融环境、境内美元融资业务风险管理的市场需求和已有利率衍生品的不足，有助于参与者对冲境内美元融资利率变动的风险，受到市场参与者的广泛认可。此外，为吸引境外投资者，巴西 B3 交易所进行了多元化的制度创新，推出包括丰富境外投资者参与交易的连接方式、允许境外投资者直接参与特定市场、降低交易费用等方面的举措，并取得不错的市场反响。

第六节　韩国外汇期货市场发展历程与经验借鉴

20 世纪 90 年代末，韩国政府开始大力推动汇率市场化改革并逐步放松外汇管制。1999 年 4 月，韩国实施新的《外汇交易法》并逐步放开外汇交易限制，韩国交易所[①]顺势推出美元兑韩元期货。此后，2006 年 5 月推出欧元、日元兑韩元期货，2015 年 10 月推出离岸人民币兑韩元期货。为满足市场主体需求，韩国交易所持续优化产品合约和交易制度设计，以吸引银行、证券期货、外国投资者等各类投资者参与。目前，韩国外汇期货市场交易集中于美元兑韩元期货品种，交易量占比高达 98%。相较之下，离岸人民币兑韩元期货交易低迷，欧元、日元兑韩元期货交易量较小且波动较大。在韩国外汇期货市场运行中，市场投资者结构也出现一些变化，如境外投资者取代银行成为第一大交易主体，而银行却在逐步淡出市场交易。外汇期货市场的出现，促使场外外汇衍生品市场在降低清算成本、提高清算效率、优化清算机制等方面下功夫，实现了场内与场外外汇衍生品市场协同发展的局面。

① 时称韩国期货交易所。2005 年，韩国股票交易所、韩国证券交易商协会自动报价系统（KOSDAQ）和韩国期货交易所合并成立韩国证券期货交易所，2009 年更名为韩国交易所。此后，相应的外汇期货及期权交易便转移至韩国交易所。

一、韩国外汇期货市场建设背景

（一）外汇自由化改革情况

1997年亚洲金融危机爆发，韩国于1997年11月21日向国际货币基金组织寻求救援。按照救援协定，韩国加快了资本账户开放的速度。1998年6月，韩国宣布分两个阶段全面放开外汇交易。第一阶段的自由化开始于1999年4月1日，即实行修订后的《外汇交易法》。除少数特定交易外，企业和银行的经常账户项下的外汇交易完全自由化，资本账户项下的外汇交易实施负面清单管理。除法律、法令规定的特定交易外，基本取消了许可制度。第二阶段自由化于2001年1月1日起施行。主要包括取消个人经常账户项下外汇交易的限额、取消限制非居民在韩货币存款和期限在1年以下的信托以及精减外国人的证券投资流程等。

2002年4月，韩国宣布实施外汇市场发展计划以促进本国在2011年之前发展成为东北亚商业中心。作为计划的第一步，个人对外支付的管制得到放松，证券公司和保险公司也可以参与银行间外汇市场。自2006年起，韩国进一步放松资本项下的外汇交易，并出台刺激海外投资的措施，对居民境外房地产置业、个人境外直接投资、外汇银行[①]外汇净敞口等限制均有所松绑。随着对外经济活动的扩大，境外金融机构开展韩元兑换业务的需求也逐步增大，2006年4月，韩国向境外金融机构（包括外币兑换商）开放韩元兑换业务。2006年5月，韩国进一步调整外汇自由化计划，提出外汇市场发展计划时间表，将完成外汇自由化的预设时间由2011年提前至2009年。2023年2月，韩国企划财政部和韩国央行公布外汇市场结构改善方案，计划延长外汇市场交易时间并出台便利境外金融机构参与韩国外汇市场交易的举措。

（二）汇率形成机制市场化改革情况

1980年2月，韩国将固定汇率制度改为盯住多篮子货币汇率制度。在该

① 具备开展外汇业务资质的银行。

汇率制度下，美元对韩元基本汇率决定于两个篮子汇率的加权平均，即 SDR 篮子和由主要贸易伙伴货币组成的贸易加权篮子。具体公式如下：

$$韩元对美元汇率 = \alpha \times SDR篮子 + \beta \times 贸易加权篮子 + P[\alpha + \beta = 1, P:政策变量调整项]$$

但韩国央行未公布相应的计算权重，汇率形成机制并不透明。

1990 年 3 月，韩国实行市场平均汇率制度（MAR）以取代盯住多篮子货币汇率制度。这种汇率形成机制有如下特点：一是美元对韩元基本汇率原则上由外汇市场供需决定，但存在汇率涨跌幅限制；二是美元对韩元基本汇率取自上一交易日的外汇交易量加权平均汇率；三是其他货币对韩元的汇率由美元对韩元汇率和美元对其他货币的国际汇率决定。

1997 年亚洲金融危机爆发，泰国政府在当年 7 月 2 日宣布泰铢实行自由浮动，货币危机波及亚洲各国，韩元迅速贬值。在货币保卫战失败之后，韩国于 1997 年 11 月 19 日将韩元的波动范围从 ±2.25% 放宽至 ±10%，并最终于 1997 年 12 月 16 日废除韩元汇率涨跌幅限制，转向自由浮动。

表 3－13　　韩元汇率日涨跌幅限制一览

生效日	1990－03－02	1991－09－02	1992－07－01	1993－10－01	1994－11－01	1995－12－01	1997－11－19	1997－12－16
波幅（%）	±0.4	±0.6	±0.8	±1.0	±1.5	±2.25	±10.0	±∞

资料来源：韩国央行。

（三）场外外汇市场发展情况

国际清算银行统计数据显示，1999 年韩国场外外汇市场日均成交金额约为 70 亿美元，其中即期、远期①、外汇掉期、货币掉期和外汇期权等品种日均成交金额分别为 43.3 亿美元、6 亿美元、16.5 亿美元、1.2 亿美元及 3 亿美元，即期交易占比超过 60%。随着韩元汇率市场化形成机制改革及国内外汇自由化推进，场外外汇衍生品交易逐渐活跃，即期日均成交额占比回落至 2010 年的 40% 左右，此后基本保持在该水平。值得关注的是，20 世纪 90 年

① 韩元外汇远期品种主要包括 NDF 和 DF 两大传统类，其中 NDF 成交额远超 DF。

代初国际市场上出现了韩元NDF交易，1999年4月，作为外汇交易自由化改革的一部分，韩国政府允许外汇银行与非居民进行NDF交易。① 此后，NDF日均交易额急剧增加，由1999年的0.3亿美元增长至2000年的4.0亿美元，2021年已超过90亿美元。

表3-14　　1999—2003年韩国场外外汇市场日均成交金额　　单位：亿美元

品种	1999年	2000年	2001年	2002年	2003年
外汇即期	43.3	54.9	53.2	50.7	56.1
外汇远期	6.0	10.4	11.3	12.5	20.7
外汇掉期	16.5	18.3	19.5	19.6	30.1
货币掉期	1.2	3.3	4.9	6.4	10.2
外汇期权等	3.0	5.1	7.8	9.1	14.9
品种合计	70.0	92.0	96.7	98.3	132.0

数据来源：国际清算银行工作论文《韩国外汇干预及外汇市场发展》。

目前，韩国场外外汇市场交易时间为工作日的上午9点到下午3点半②，银行间外汇市场单笔最低交易额一般为100万美元，交易单位也为100万美元。韩国央行数据③显示，2022年第一季度场外外汇日均交易额为655.5亿美元，环比（570.4亿美元）增加85.1亿美元，增幅达14.9%④，其中外汇衍生品日均交易额约为405.9亿美元。外汇和货币掉期是日均成交额最大的外汇衍生品品种，交易占比超过60%，远期交易占比约为30%。货币掉期存续期从3个月到20年不等，但较为活跃的货币掉期存续期介于1~5年。银行是货币掉期的主要参与者，外国银行在韩分支行通常承担做市角色，这主要缘于外资银行具备调取长期外币资金的天然优势。此外，韩国寿险公司也是货币掉期市场的重要参与主体。在韩国，寿险公司因与客户签订较长期限

① 事实上，非居民之间也频繁发生NDF交易。

② 2023年2月，韩国企划财政部表示拟最早于2024年7月延长外汇交易时间至凌晨2点。

③ 数据来源：2022年4月韩国央行发布的《2022年第一季度外汇交易动向》。

④ 韩国央行认为，美联储加快紧缩节奏、俄乌冲突等引发的汇率波动刺激了外汇交易额上涨。

的保险合同，对长期债券的投资需求强烈，但是韩国境内债券市场又难以满足其需求，寿险公司只能投资于以外币标价的长期债券（存续期在10年以上的债券），同时使用货币掉期对冲汇率和利率风险。

二、韩国外汇期货市场发展情况

1997年之前，韩国外汇衍生品市场只有基于实需原则的远期交易以及始于1996年前后的离岸NDF交易，且交易都不活跃。韩元汇率自由浮动、外汇交易实需原则废除以及资本账户开放，极大地推动了外汇衍生品市场发展。在1997年股指期货与期权推出之后，韩国正式考虑建立一个覆盖面更广，包括利率和汇率在内的期货市场。① 1999年4月，韩国交易所（KRX）在釜山正式成立，并推出首个外汇期货品种1美元兑韩元期货合约②，随后又陆续推出欧元、日元及离岸人民币兑韩元期货，并不断优化产品合约设计及交易机制。

（一）外汇期货主要产品及合约条款

1999年4月1日，修订后的《外汇交易法》生效。同年4月23日，KRX推出美元兑韩元期货。目前，美元兑韩元期货合约面值为1万美元，包括12个连续月及8个季月合约。交易时间覆盖09：00—15：45时段，最后交易日交易时段为09：00—11：30。采用直接标价法（每1美元的韩元价格），最小变动价位为0.1（对应1000韩元变动价值），最后交易日（T日）为合约到期月份的第三个周一，交割日为最后交易日后的第二个工作日（T+2日），交割方式为实物交割。

2006年5月26日，KRX同时推出日元兑韩元期货以及欧元兑韩元期货。目前日元、欧元兑韩元期货合约面值分别为100万日元和1万欧元，均包括6个连续月及2个季月合约；均采用直接标价法，分别为每100日元的韩元价

① 1997年，银行间外汇市场引入外汇掉期交易。

② 1999年，银行间外汇市场引入外汇期权等外汇衍生品交易。

格和每1欧元的韩元价格；两者最小变动价位、交易时间、最后交易日、交割方式及交割日安排与美元兑韩元期货一致。

2015年10月5日，KRX推出离岸人民币[①]兑韩元期货合约。目前，离岸人民币兑韩元期货合约面值为10万元人民币，包括6个连续月及2个季月合约。采用直接标价法（每1元人民币的韩元价格），最小变动价位为0.01（对应1000韩元变动价值）。交易时间、最后交易日、交割方式及交割日安排也与美元兑韩元期货一致。

事实上，KRX在上市美元、日元、欧元及离岸人民币兑韩元期货合约时，也同步上市相应的价差（spread）期货合约。[②] 为更好地满足市场主体需要，KRX于2009年决定缩小美元、日元及欧元兑韩元期货合约面值，分别由先前的5万美元、500万日元及5万欧元缩小至1万美元、100万日元及1万欧元，同时增补合约覆盖月份并新增季月合约[③]，以满足市场主体的套期保值需求。

（二）市场总体成交情况及投资者结构

在市场总体成交方面，2008年国际金融危机之后，韩国外汇期货市场呈现爆发式增长，交易日趋活跃。市场总成交额从2007年的约290万亿韩元增长至2022年的约1658万亿韩元，成交额增长超过400%，成交量相应从约594万张增长至约12700万张，剔除2009年合约面值变动的因素，成交量增长约300%[④]。从2007—2022年各品种合约成交分布看，美元兑韩元期货年均成交额占外汇期货市场总额比重在98%左右，占据市场绝对份额（见图3-36）。

在投资者结构方面，KRX将外汇期货投资者划分为证券期货、保险、信托、银行、其他金融机构、养老基金及政府、其他机构、个人、境外投资者

---

① 中韩两国政府于2014年启动人民币兑韩元直接交易。

② 价差期货合约，实质上是一种跨期交易组合指令。

③ 2009年2月24日，韩国金融监督委员会与韩国交易所联合新闻发布“Remodeling Currency Futures Products Market”。

④ 以上交易统计数据包括价差（spread）期货合约交易，价差期货合约面值为普通期货合约面值两倍。

等类别。从2022年市场成交量分布看，境外投资者占比接近50%，是第一大交易主体；证券期货投资者占比约为29%，交易份额位居第2；个人投资者交易较为活跃，占比近8%，位列第3；银行、信托、保险等金融机构投资者参与度较低，其中银行交易约占4%（见图3－37）。

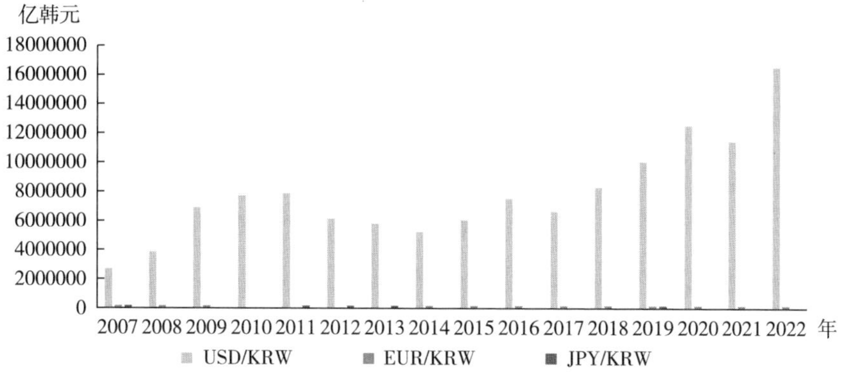

图3－36　2007—2022年韩国交易所主要外汇期货品种年成交额

（数据来源：韩国交易所官网）

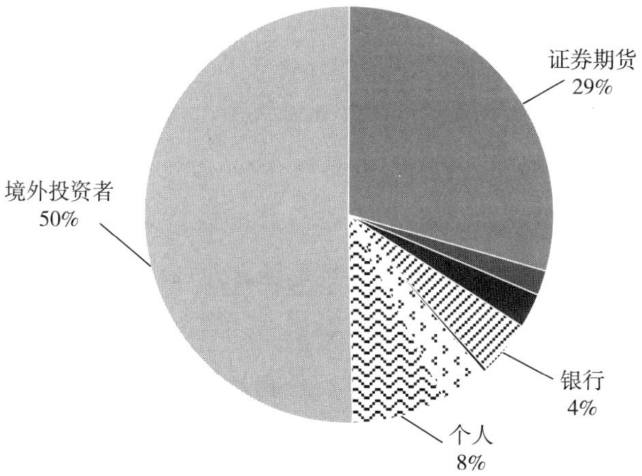

图3－37　2022年韩国外汇期货市场各类投资者成交量分布

（数据来源：韩国交易所官网）

（三）借助订单路由推出美元兑韩元期货夜盘交易

基于流动性以及成本收益等因素考量，KRX 于 2009 年首次通过订单路由（Linkage）接入 CME Globex 方式，推出 KOSPI 200 Futures 夜盘交易。2014 年，KRX 再次通过订单路由接入 CME Globex 方式为本国美元兑韩元期货夜盘交易提供撮合场所。美元兑韩元期货夜盘交易时段为 18：00 至次日 05：00（首尔时间），交易价格波动限制在日间交易收盘价的 ±2.25% 以内，日间交易价格波幅为 ±4.5%，单次订单最大下单量为 1000 张，并且只接受限价订单，日间单次订单最大下单量为 5000 张。夜盘交易支持交易错单（包括数量与价格）处理，但日间交易不支持。夜盘交易产生的清算与交割业务于下一日间交易收盘后合并处理。

三、韩国外汇期货市场监管情况

（一）外汇期货市场相关法律法规

外汇期货横跨外汇及期货两大市场，相应法律法规也包括外汇和期货两个层面。在外汇方面，可分为基本法规与相关法规，前者包括《外汇交易法》《外汇交易实施行令》和各种外汇管理章程，后者包括《对外贸易法》《外国人投资促进法》《韩国银行法》《关税法》《国税法》等。韩国企划财政部负责外汇政策的制定、修改及执行。2015 年 12 月，韩国推动《外汇交易法执行令暨交易规则修订案》[①] 立法工作。修订案扩大了证券、保险、资产管理公司等非银金融机构的外汇业务范围，允许小额外汇转账业务的发展，允许居民每年办理 2 万美元的外汇汇款业务。新法案实施后，韩国所有证券公司均支持外汇业务，保险公司也可向外籍居民放贷并直接操作海外房地产交易。根据韩国现行的《外汇交易法》[②]，韩国对民间的经常和资本项下交易已基本实现自由化，仅对涉及国家经济安全和金融市场稳定的部分交易进行

---

① 资料来源：中国驻釜山总领事馆官网。

② 资料来源：中国贸促会驻韩国代表处官网。

最低程度的限制，要求以负面清单管理方式进行申报。

在期货方面，韩国于 1993 年成立期货期权委员会，于 1995 年制定颁布《期货交易法》。1997 年亚洲金融危机过后，韩国金融监管当局认为证券交易相关法律法规存在规制差异①（Regulatory Arbitrage），不利于促进资本市场以及金融业发展，便下决心在金融法制方面予以大刀阔斧的变革。2005 年 2 月，韩国公布了将资本市场相关法律统一为“关于金融投资业及资本市场的法律”的计划。2007 年 7 月，韩国制定了《资本市场与金融投资业法》，经过 1 年多的专家论证，该法于 2009 年 2 月开始正式施行。《资本市场与金融投资业法》以促进资本市场的金融创新和竞争、提高资本市场的信赖度以及强化投资者利益保护为目的，将之前施行的《证券交易法》《期货交易法》《间接投资资产运用业法》《信托业法》《有关综合金融公司法》《公司法律企业重组投资》等六部有关资本市场的金融法律整合为单一法律。

（二）外汇期货市场监管机构及监管分工

1997 年亚洲金融危机对韩国冲击巨大，这也促使韩国下决心在金融监管和法制方面予以大力改革。首先是金融监管机关的统合，成立了统一的金融监管机构——金融监督委员会，结束了金融业分业监管的历史；接着是颁布实施《资本市场与金融投资业法》，实现整个资本市场法制的统一。改革前，韩国金融监管架构具有明显的分业特点，监管职能分布在韩国央行、企划财政部、银行监督院、保险监督院、证券监督院五个监管机构之间。各监管部门之间存在职能交叉、责任不明等情况。改革后，监管标准得到了统一，监管覆盖面明显扩大，银行、证券、保险之间的监管协作水平显著提高，既堵塞了监管漏洞，又提高了监管效率。

改革后，涉及外汇市场监管的部门主要有韩国企划财政部、韩国央行、韩国金融监督委员会以及韩国金融监督院。监管分工方面，韩国企划财政部

① 指证券、期货、资产管理、信托等金融公司由单独的法规进行规制，即履行同一职能的金融公司适用法律不同。

指定下辖的国际金融局外汇政策室负责相关外汇政策的制定与修订。韩国央行的主要任务集中于货币政策的制定、执行与调整，出于履职需要，韩国央行也通过一些间接的渠道参与金融监管重大事项决策，并有权参加与其金融监督职责相关的现场检查活动。为加强银行间外汇市场的日常管理，韩国央行、商业银行以及货币经纪商等银行间外汇市场参与主体联合成立了首尔外汇市场自律委员会。

韩国金融监督委员会是获韩国国务总理授权的合议制行政机构，下设证券期货委员会，其主要任务有四项：一是制定、修改和解释金融监管相关法律法规；二是负责所有金融机构（包括外资金融机构）营业执照的发放和吊销，审批机构设立、合并、业务转换及转让事项；三是检查、指导金融监督院的日常监管活动；四是对证券、期货市场的管理。韩国金融监督院是履行金融监管职能的实体机构，也是一个综合性的金融监管组织。其主要职责是金融机构的监督检查，但也接受金融监督委员会和证券期货委员会的委托从事其他监管检查任务。

四、韩国外汇期货市场特点分析

（一）离岸人民币兑韩元期货交易清淡

2014年，中韩两国就韩国开展人民币兑韩元直接交易达成共识，两国央行签署了《中国人民银行与韩国银行关于在首尔建立人民币清算安排的备忘录》，并指定交通银行首尔分行作为在首尔的人民币业务清算行。此后，首尔外汇市场自律委员会完善了货币经纪体系，引入做市商制度，并于2014年12月正式开展直接交易。[①] 韩国央行首批选定新韩银行、渣打银行、花旗银行、中国工商银行、德意志银行等银行作为首尔银行间外汇市场人民币兑韩

① 2016年6月，我国境内银行间外汇市场开展人民币兑韩元直接交易。

元直接交易做市商①，以活跃市场交投。2015 年，韩国境内人民币兑韩元即期日均交易额约为 23.9 亿美元，占同期美元兑韩元即期日均交易额的 28%。

从 2007—2022 年各品种合约成交额趋势看，离岸人民币兑韩元期货年成交额保持低位水平的稳定，交易清淡。自 2015 年上市以来，年均成交额约为 900 亿韩元，年均成交量约为 5000 余张，远低于其他外汇期货品种。造成离岸人民币兑韩元期货交易低迷的原因主要有两方面：一方面，尽管近年韩国境内离岸人民币兑韩元日均交易额保持在 20 亿 ~30 亿美元之间，但品种以即期为主，占比高达 90%，远掉期交易占比仅为 10%，场外外汇衍生品也并不活跃；另一方面，中韩贸易中仍以美元为主要结算币种。2019 年双边美元结算比例接近 90%，但人民币和韩元合计结算比例还不及 10%，市场主体避险需求不强烈。

（二）欧元、日元兑韩元期货市场交投波动大

相较美元兑韩元期货，欧元、日元兑韩元期货市场交投情况较不稳定，两者甚至在一定成交区间内呈现出“负相关性”联系。通过观察 2009—2012 年日元兑韩元以及欧元兑韩元期货成交量，发现前者在此期间爆发增长而后者却快速萎缩；但随后的 2013—2015 年趋势却发生反转，日元兑韩元期货成交量快速下跌而欧元兑韩元期货成交量探底拉升；在之后的 2016—2018 年以及 2019—2022 年，两者成交量也呈现出反向走势（见图 3-38）。

相关专业人士②认为欧元兑韩元与日元兑韩元期货成交量之间表现出的“此消彼长”，实质上并非存在经济意义上的关联性。由于欧元、日元兑韩元期货交投相对而言并不活跃，成交情况容易受诸如短时汇率波动以及对冲基金进出等外部因素影响。例如，2009—2012 年日元兑韩元期货成交量的显著增长，得益于当时日元汇率的大幅波动以及迅速增长的日元资产外汇风险对

① 截至 2021 年 12 月末，包括国民银行、企业银行、新韩银行、友利银行、KEB 韩亚银行、韩国产业银行 6 家韩国商业银行，以及中国交通银行、中国建设银行、中国工商银行、中国银行、香港汇丰银行、德意志银行等 6 家外资银行，共计 12 家做市商。

② 接近韩国外汇期货市场的相关专业人士。

冲需求，此后随着日元汇率波动性降低，成交量也随之降低。同样，2013—2015 年欧元兑韩元的大幅贬值也刺激了欧元兑韩元期货成交量增长。

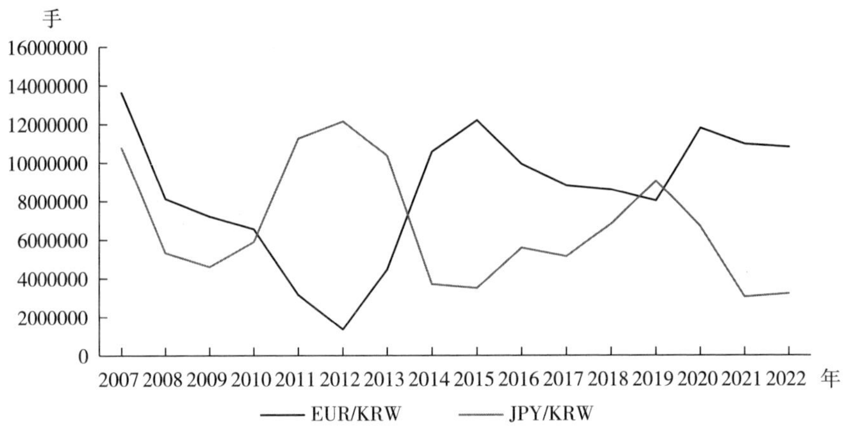

图 3-38　2007—2022 年欧元、日元兑韩元期货年成交量

（数据来源：韩国交易所官网）

（三）银行、信托大幅淡出外汇期货市场

2007—2022 年，美元、欧元、日元兑韩元期货市场的投资者结构呈现出银行、信托交易量逐年萎缩，最终淡出外汇期货市场的局面。数据显示，银行占美元、欧元、日元兑韩元三大外汇期货品种交易量的比重从 2007 年的 40% 以上，一路滑落至 2017 年的不足 2%。2018—2022 年，银行参与欧元、日元兑韩元期货的交易量更是接近 0。信托交易量也出现大幅缩减，其中在美元兑韩元期货的占比从 2007 年的约 28% 萎缩至 2022 年的不到 3%；在欧元兑韩元期货的占比从 2007 年的约 46% 降低至 2022 年的约 16%；在日元兑韩元期货的占比从 2007 年的约 42% 萎缩至 2022 年的约 17%。与此同时，证券期货投资者交易开始活跃，交易量占比超越银行和信托。2007—2022 年，美元、欧元和日元兑韩元期货证券期货投资者交易量占比分别从约 19%、约 0.1% 和约 10%，稳步上升至约 29%、约 52% 和约 42%（见附表 3-1、附表 3-2、附表 3-3）。

银行、信托退出韩国外汇期货市场背后的原因，可能与韩国银行间市场推出更为高效的清算效率、低廉的清算成本以及灵活的清算机制有关。1994年，韩国央行开发并上线运营了银行间支付清算系统——BOK - Wire。1999年，BOK - Wire 与韩国证券系统打通，开始为证券行业提供 DVP 清算服务，2004 年接入持续联接结算系统（CLS），为银行间市场交易提供清算服务。事实上，BOK - Wire 覆盖了以韩元标价的全品类金融交易，包括各类证券、货币以及外汇交易，极大地压缩了清算环节。2009 年，BOK - Wire 升级为 BOK - Wire +，主要是增加了净额清算模式并优化了全额清算的算法。2016年，BOK - Wire + 系统再次升级，新增可自动选择清算模式[①]的 Hybird 模块，进一步提升清算效率，最大化降低资金占用。2019 年，BOK - Wire + 规划将进一步升级金融消息传输机制以及延长清算时间。

（四）境外投资者成为美元兑韩元期货市场第一大交易主体

2007—2022 年，境外投资者在美元兑韩元期货的交易量占比从约 5%，逐年上升至约 50%，已经成为美元兑韩元期货第一大交易主体。相比之下，境外投资者在欧元、日元兑韩元期货的交易量占比较低。近 5 年，境外投资者在欧元兑韩元期货的年均交易量占比不及 0.6%，在日元兑韩元期货的年均交易量占比不及 1.7%，这主要是由美元的国际货币地位决定的（见附表 3 - 1、附表 3 - 2、附表 3 - 3）。事实上，在韩国推动资本账户开放，实施外汇交易自由化的过程中，外资持续流入国内资本市场，在很大程度上催生了境外投资者的外汇避险需求。

以债券市场为例，自 1998 年韩国债券市场全面对外开放后，境外投资者在韩国债券现货及期货市场发展上扮演了重要角色。韩国金融监督院统计数据显示，截至 2022 年 4 月末，境外投资者持有韩国债券现货规模达 140.9 万亿韩元，较 2013 年同期增加 43.5 万亿韩元。与此同时，境外投资者国债现货持仓规模逐年稳步扩大，持仓占比在 2021 年达到 19.4% 的历史高点。相

① 即实时全额结算（RTGS）模式和定时净额结算（DNS）模式。

较国债现货市场，境外投资者在国债期货市场中的交易更为活跃。2017—2021年，境外投资者国债期货成交量年均占比达39.3%，其中2021年成交量占比更是高达46.3%[①]，成为成交量最大的一类投资者。

五、经验与启示

1997年12月，韩国废除韩元汇率每日波动幅度限制，转向浮动汇率制度。1999年4月，韩国颁布实施新的《外汇交易法》，取消了外汇远期等衍生品交易的实需原则，这对韩国外汇衍生品市场的发展起到了重要的推动作用。目前，我国处于人民币汇率市场化改革及金融市场对外开放的关键时期，韩国外汇期货市场的发展历程及运行情况可为境内市场建设提供一定的启示和借鉴。

（一）外汇期货市场建设可在资本账户开放过程中实现和发展

1997年亚洲金融危机爆发后，韩国向国际货币基金组织寻求救援，并按照救援协定加快了资本账户开放速度。1998年，宣布分阶段全面放开外汇交易，第一阶段的自由化开始于1999年4月1日。韩国外汇期货市场正是诞生并发展于资本账户可兑换程度提升及韩元汇率逐步自由浮动的进程中，是韩国外汇改革的有机组成。伴随韩国资本账户开放程度不断提升，境外投资者逐步成为外汇期货市场第一大交易主体，体现出境外投资者对汇率避险工具的强烈需求。

（二）根据市场主体需求调整合约与制度设计

外汇期货具备信息公开透明、交易成本较低、使用高效便捷等特性，实体企业和资本市场投资者是重要参与主体。在外汇期货运行10年后，KRX认为本国外汇期货合约设计并没有完全满足市场主体的需求，特别是对于国际投资者和实体企业。2009年，韩国金融监督委员会准许KRX完善合约条

① 数据转引自《韩国国债期货市场投资者结构分析》。

款，包括缩小合约面值至原来的1/5，增补合约覆盖月份并新增季月合约，以满足市场主体的套期保值需求。2014年，KRX进一步借助CME Globex平台实现夜盘交易以满足境内外投资者对延长交易时间的需求。

（三）场内外市场协同发展，以竞促优

外汇期货市场的出现打破了韩国场外外汇衍生品市场在外汇风险管理领域的单一格局。外汇期货市场通过发挥“鲇鱼效应”，实现了与场外外汇衍生品市场的协同发展，以竞促优，共同提升了外汇市场整体效率。一方面，场内外汇期货市场独特的交易撮合及资金清算机制，促使场外外汇衍生品市场在降低清算成本、提高清算效率、优化清算机制等方面下功夫。另一方面，场外外汇衍生品市场清算服务水平的不断提升，反过来也推动了外汇期货市场效率的提升。

附表3-1　　美元兑韩元期货投资者交易量占比　　单位：%

年份	证券期货	保险	信托	银行	其他金融机构	养老基金及政府等	其他机构	个人	境外投资者
2007	18.64	0.74	27.60	42.67	0.05	0.00	2.61	2.72	4.97
2008	25.56	0.43	19.90	38.39	0.21	0.01	3.90	7.86	3.74
2009	38.87	0.21	8.48	25.83	1.12	0.00	4.06	15.57	5.86
2010	44.35	0.37	6.03	17.53	1.81	0.01	3.16	17.30	9.44
2011	45.16	0.36	4.29	14.50	2.55	0.01	2.27	15.76	15.10
2012	41.14	0.53	4.60	17.38	2.48	0.06	2.11	11.28	20.42
2013	40.82	0.89	4.53	15.34	2.25	0.00	2.39	17.37	16.41
2014	35.53	1.05	5.12	13.09	0.96	0.03	3.12	21.15	19.95
2015	28.04	1.22	4.14	10.41	1.49	0.02	3.51	23.67	27.50
2016	24.82	1.53	2.80	7.78	1.36	0.01	4.82	24.59	32.29
2017	22.79	0.13	0.18	1.60	1.12	0.01	3.78	24.58	45.81
2018	24.44	2.44	4.43	7.18	1.05	0.00	4.55	12.65	43.26
2019	26.20	1.87	3.32	5.77	0.05	0.00	3.90	11.33	47.56
2020	27.78	1.87	3.45	4.97	0.27	0.00	3.47	10.66	47.53
2021	30.02	2.53	4.05	6.70	0.21	0.00	3.26	7.80	45.43
2022	29.31	1.93	2.70	4.30	0.28	0.00	3.66	7.45	50.37

数据来源：韩国交易所官网。

附表3-2　欧元兑韩元期货投资者交易量占比　单位:%

年份	证券期货	保险	信托	银行	其他金融机构	养老基金及政府等	其他机构	个人	境外投资者
2007	0.10	0.65	46.22	53.01	0.00	0.00	0.02	0.00	0.00
2008	2.11	0.57	46.19	50.97	0.00	0.00	0.13	0.03	0.00
2009	0.65	1.26	37.89	59.18	0.00	0.00	0.90	0.12	0.00
2010	3.64	1.19	32.43	53.80	0.00	0.00	1.51	6.29	1.14
2011	9.34	3.22	34.42	45.12	0.00	0.00	2.61	2.70	2.59
2012	32.69	3.03	13.04	32.12	0.00	0.00	8.39	10.50	0.23
2013	24.45	4.75	9.26	28.55	0.00	0.04	13.06	19.88	0.01
2014	33.54	3.15	13.26	20.80	0.00	0.02	4.47	24.76	0.00
2015	39.74	7.34	26.82	14.07	0.00	0.00	2.39	9.32	0.32
2016	51.99	12.12	31.71	0.00	0.00	0.00	1.58	1.25	1.35
2017	49.59	31.51	15.24	0.00	0.00	0.00	1.63	2.03	0.00
2018	49.85	15.91	17.20	0.00	0.00	0.00	7.07	9.84	0.13
2019	52.17	13.89	16.24	0.00	0.00	0.00	7.40	10.18	0.12
2020	59.72	11.95	11.25	0.00	0.00	0.00	4.08	12.61	0.39
2021	50.71	15.96	15.86	0.00	0.00	0.00	1.94	14.55	0.98
2022	52.37	14.45	15.60	0.00	0.00	0.00	6.92	9.56	1.10

数据来源：韩国交易所官网。

附表3-3　　日元兑韩元期货投资者交易量占比　　单位：%

年份	证券期货	保险	信托	银行	其他金融机构	养老基金及政府等	其他机构	个人	境外投资者
2007	10.02	0.03	42.47	45.45	0.00	0.00	0.40	1.63	0.00
2008	0.28	0.14	41.34	53.91	0.00	0.00	0.85	3.39	0.09
2009	8.66	0.14	23.97	39.86	4.02	0.00	6.85	16.43	0.07
2010	6.08	0.15	13.25	30.25	4.47	0.00	13.39	29.58	2.83
2011	13.61	0.07	3.36	33.58	0.33	0.00	6.50	40.23	2.32
2012	20.03	0.24	1.24	30.11	4.49	0.29	3.72	39.85	0.03
2013	23.66	0.10	3.54	27.14	5.27	0.02	4.44	35.70	0.13
2014	24.38	1.17	8.70	18.66	1.55	0.14	13.29	31.98	0.13
2015	25.19	0.91	25.21	20.94	1.56	0.01	9.00	15.88	1.30
2016	45.79	0.44	11.27	0.45	0.94	0.00	10.19	26.68	4.24
2017	42.98	4.39	0.00	0.00	0.00	0.00	1.75	50.88	0.00
2018	46.70	2.55	11.82	0.00	0.26	0.00	17.86	20.51	0.30
2019	48.27	1.94	10.93	0.00	0.29	0.00	14.39	23.82	0.36
2020	58.30	1.52	13.08	0.00	0.02	0.00	11.26	14.37	1.45
2021	51.51	2.40	10.57	0.00	0.00	0.00	17.96	14.89	2.67
2022	41.63	2.04	17.27	0.00	0.00	0.00	19.37	15.99	3.70

数据来源：韩国交易所官网。

第四章　主要人民币外汇期货市场发展历程与经验借鉴

第一节　中国香港人民币外汇期货市场发展历程与经验借鉴

中国香港是连接中国和世界的重要纽带，也是全球主要国际金融中心和最重要的离岸人民币外汇交易中心。自2012年率先推出全球首个采用实物交割的人民币外汇期货产品以来，中国香港持续丰富人民币外汇期货产品体系，积极探索优化产品合约与制度设计，持续加强市场培育，推动人民币外汇期货市场稳健发展，构建起了完善的人民币汇率风险管理体系，在全球市场具有重要影响力。目前，人民币汇率双向波动成为新常态，境内市场主体对外汇期货等汇率风险管理工具的需求与日俱增。境内推出人民币外汇期货产品，有助于外汇衍生品市场协调、全面发展，更好服务各类市场主体管理汇率风险。

一、中国香港人民币外汇期货市场建设背景

（一）特殊的经济基础与联系汇率制度安排，奠定了中国香港建设离岸外汇市场的基石

中国香港外汇市场发展与其汇率制度的演进密不可分。香港最初实行银本位制，在经历英镑汇兑本位制、盯住美元的固定汇率制、浮动汇率制等发

展阶段后，于 1983 年开始实施联系汇率制并延续至今。联系汇率制是一种货币发行局制度，即将本币与某外币的汇率固定下来，并按照既定兑换比例，使货币发行量随外汇存储量联动的货币制度，其核心是基础货币的发行应得到十足的外汇储备支持。自联系汇率制实施以来，港元对美元汇率稳定在 7.75 ~ 7.85 港元兑 1 美元的区间。稳定的汇率区间、港元可自由兑换以及货物可自由贸易，促进香港发展成为国际贸易中心和国际金融中心。国际贸易商、金融机构等投资者的涌入，带来了充沛的资本流动，夯实了香港外汇市场的发展基础（见图 4 – 1）。

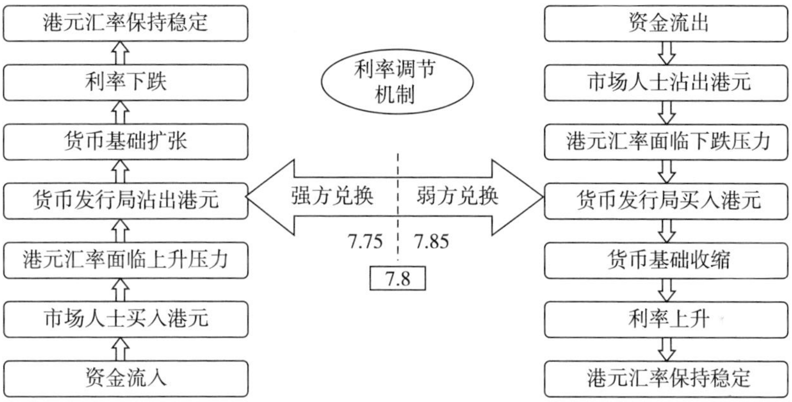

图 4 – 1　联系汇率制下的利率调节机制

（资料来源：香港金融管理局）

与伦敦、纽约等国际金融中心相比，香港的在岸与离岸外汇市场发展均较为发达。香港广泛聚集金融资源，基本涵盖了银行、非银金融机构、实体企业及个人等经济主体，为发展外汇市场奠定基础。从在岸外汇市场的发展来看，联系汇率制下，香港金融管理局需要频繁吞吐港元和美元来保障港元汇率稳定，市场主体也因此需要频繁调节港元和美元流动性。在联系汇率制下，尽管市场主体对于港元的汇率风险管理需求有限，但仍需要频繁利用掉期等衍生工具管理货币流动性，从而使港元即期和掉期交易较为发达。从离岸外汇市场的发展来看，作为转口型国际贸易中心，香港汇集了大量外币资金流。由于美元是国际主要货币，形成了美元兑换外币的交易需求，相关交易进一步催生了汇率风险管理需求。

（二）离岸人民币市场的不断发展，为建设人民币外汇期货市场奠定市场基础

香港是国际自由港，是联系国际市场与中国境内的纽带，其发展离岸人民币市场具有得天独厚的地理优势和制度优势。2003 年，中国人民银行允许香港地区银行办理个人人民币业务，离岸人民币市场萌芽发展。2007 年，香港推出人民币实时结算系统（RTGS），为离岸人民币外汇市场的发展奠定了基础。2009 年，跨境贸易人民币结算试点在香港启动，人民币国际化取得积极进展。此后，香港人民币业务不断丰富，从业机构类型由银行拓展至证券、保险和基金等非银机构，业务类型从存款拓展至存单、保单、债券、基金及贷款等。

目前，中国香港保持着全球最大离岸人民币市场的地位。随着粤港澳大湾区一体化建设的逐步推进，人民币计价的港股通等人民币业务愈发丰富，中国香港离岸人民币市场不断升级扩容，超过 60% 的离岸人民币业务生根于此，其全球离岸人民币中心地位得以持续巩固。根据国际清算银行的历年统计，中国香港地区从 2013 年起已超过在岸市场，稳居全球人民币外汇市场第一位。2022 年，中国香港继续位列全球第一，占比为 28.2%；英国紧随其后，占比为 21.9%；中国境内占比为 17.4%，位列第 3；新加坡占比为 14.9%，位列第4；美国占比为12.4%，位列第5。同时，中国香港人民币外汇市场产品种类也十分丰富，涵盖了即期、远期、掉期、期权等几乎所有的品种，2022 年日均成交额达 0.19 万亿美元。离岸人民币外汇市场在市场规模和品种结构上的不断发展和丰富，为人民币外汇期货的推出营造了良好的市场环境（见图 4 – 2）。

（三）中国香港在外汇期货上的积极探索，为人民币外汇期货创新积累了丰富经验

香港外汇管制的取消以及港元实现自由兑换，为其外汇市场的成熟发

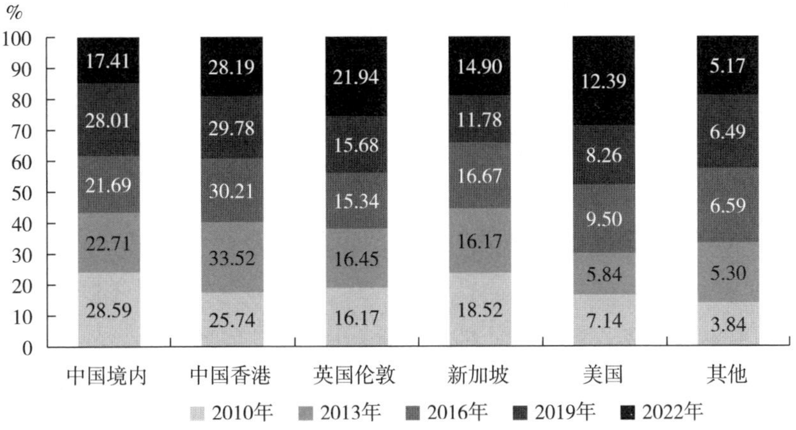

图4-2　全球人民币外汇市场交易地区分布情况

（数据来源：国际清算银行）

展提供了重要条件。[①] 1978 年，香港宣布撤销对外资金融机构申请银行牌照的冻结，吸引众多国际银行纷纷涌入开业。由于缺乏港元存款基础，这些外资银行或依赖同业拆借资金或通过外汇市场抛售外汇或进行掉期交易来换取港元头寸，这极大促进了当地外汇衍生品市场的发展。1986 年，香港推出了场外货币期权[②]，后又推出各类结构性衍生产品，初步形成完整的场外外汇产品体系。在场外市场不断发展的同时，场内外汇衍生品也因势而生。1995 年，由于当时场外外汇交易欺诈和舞弊行为频发，香港交易所推出了名为“日转期汇”的外汇期货产品。日转期汇是香港首个在交易所交易的外汇衍生产品，以货币对汇率为标的。其最大的特点是自动转期：每个交易日日终，日转期汇的所有未平仓合约都会自动转期至下一个交易日，即所有的日转期汇合约可以永续交易。日转期汇最先推出的是美元兑德国马克[③]和美元兑日元合约，后于 1999 年推出了美元兑英镑和美元兑欧

① 另外，还包括香港本身的优越条件，比如审慎监管的金融架构、有利的时区、优良的通信设备、特区政府的不干预政策及低税制等。

② 相关信息来源于《香港经济年鉴》，第一份货币期权由交通银行推出。

③ 欧元合约上市后下市。

元合约。由于市场规模较小等原因，日转期汇于 2002 年下市。虽然首次尝试以失败告终，但是交易所以及相关市场参与者在期货市场产品设计以及市场运行管理方面积累了一定经验，为人民币外汇期货的后续推出与成功运行提供了借鉴。

二、中国香港人民币外汇期货主要品种及业务制度

（一）顺应汇率避险需求，迅速推出人民币外汇期货

香港人民币外汇期货的推出主要是源于经济全球化、人民币汇率市场化改革以及离岸人民币市场不断发展壮大所带来的汇率风险管理需求。根据香港金融管理局公布的数据，2011 年跨境人民币贸易结算总额达 2.08 万亿元，其中经中国香港办理的跨境贸易结算额有 1.9 万亿元，占比为 90%以上；2011 年末，中国香港人民币存款总额已达 5889 亿元，约为 2010 年的 72 倍。随着中国与全球主要经济体经贸往来不断深入，市场主体对冲人民币汇率风险的需求也随之大幅提升。在此背景下，香港交易所（以下简称港交所）于 2012 年推出美元兑人民币期货，也是全球首个采用实物交割的人民币外汇期货产品，为全球投资者提供更为灵活和高效的人民币汇率风险管理工具。

（二）以美元兑离岸人民币期货为核心，中国香港构建了丰富的人民币外汇期货产品体系

截至 2022 年底，港交所共有 8 条产品线，分别为指数期货和期权、个股期货和期权、外汇期货和期权、短期利率期货、商品期货。经过 1995—2002 年日转期汇试点之后，港交所于 2012 年 9 月推出美元兑离岸人民币期货，于 2016 年 5 月推出日元兑澳元、欧元兑人民币和离岸人民币兑美元期货，于 2017 年 3 月推出美元兑离岸人民币期权，于 2019 年 11 月推出印度卢比兑离岸人民币期货，于 2021 年 4 月推出小型美元兑离岸人民币期货。上述产品推出之后，市场发展良好，规模不断扩大。

1. 美元兑离岸人民币和离岸人民币兑美元期货产品

目前，港交所推出了人民币兑国际主要货币的外汇期货产品，其中以美元兑离岸人民币期货的成交规模和市场影响力最大。港交所还推出了离岸人民币兑美元期货合约，与美元兑离岸人民币期货产品互相配合，方便不同地区市场主体灵活管理人民币对美元汇率风险。从合约要素来看，美元兑离岸人民币与离岸人民币兑美元期货二者合约条款设计基本相同，但略有差别。主要表现为：第一，合约面值不同，前者是 10 万美元，后者是 30 万元人民币；第二，报价单位不同，前者是每 1 美元兑人民币，后者是每 10 元人民币兑美元；第三，合约最小变动价值不同，前者是 10 元人民币，后者是 3 美元；第四，交割方式不同，前者是实物交割，后者是现金交割。但二者均有大宗交易机制安排，在提供了类似场外交易的灵活性同时也能降低对手方风险；有多个合约月份可供选择，合约存续期最长达 22 个月；交易时段长，覆盖了欧美时区，便利国际投资者参与市场交易（见表 4－1）。

表 4－1　　美元兑离岸人民币和离岸人民币兑美元期货合约比较

项目	美元兑离岸人民币期货	离岸人民币兑美元期货
合约面值	100000 美元	300000 元人民币
合约月份	即月、下 3 个历月及之后的 6 个季月	即月、下 3 个历月及之后的 6 个季月
报价单位	每美元兑人民币（如 1 美元兑人民币 6.2486 元）	每 10 元人民币兑美元（如 10 元人民币兑 1.5288 美元）
最小变动价位	0.0001 元人民币（小数点后第 4 个位）	0.0001 美元（小数点后第 4 个位）
最小变动价值	10 元人民币	3 美元
交易时间	上午 8 时 30 分至晚上 18 时 30 分（不设午休）及晚上 19 时 15 分至翌日凌晨 3 时正（到期合约月份在最后交易日收市时间为上午 11 时）	上午 8 时 30 分至晚上 18 时 30 分（不设午休）及晚上 19 时 15 分至翌日凌晨 3 时正（到期合约月份在最后交易日收市时间为上午 11 时）
最后交易日	最后结算日之前两个香港交易日	合约月份的第三个星期三之前两个香港交易日

续表

项目	美元兑离岸人民币期货	离岸人民币兑美元期货
最后结算日	合约月份的第三个星期三	最后交易日后一个香港交易日
交割结算价	香港财资市场公会在最后交易日上午11时30分左右公布的美元对离岸人民币即期汇率	香港财资市场公会在最后交易日上午11时30分左右公布的美元对离岸人民币即期汇率的倒数乘以10
结算方式	卖方缴付合约指定的美元，买方缴付以交割结算价计算的人民币	以美元现金结算

资料来源：港交所官网。

2. 小型美元兑离岸人民币期货合约

为满足不同市场参与者的差异化需求，尤其是中小型企业及个人投资者对现金结算产品和利用小面值合约进行风险对冲管理的需求，港交所于2021年4月推出小型美元兑离岸人民币期货，以更好地帮助投资者对冲其在股票和大宗商品等不同资产交易中面临的汇率风险。小型美元兑离岸人民币期货合约面值为20000美元，规模是港交所美元兑离岸人民币期货合约面值的1/5。合约月份为当月、下3个历月及之后的6个季月，结算方式为人民币现金结算，结算价为香港财资市场公会在最后交易日上午11时30分左右公布的美元对离岸人民币即期汇率。持仓限额为美元兑离岸人民币期货、小型美元兑离岸人民币期货、离岸人民币兑美元期货和美元兑离岸人民币外汇期权合约持仓加总，以所有月份合约净持仓8000手（多或空）为限。每张合约最低投资额要求较美元兑离岸人民币期货合约更低，初始保证金为2000元人民币（随市场波动进行定期调整）（见表4－2）。

表4－2　　小型美元兑离岸人民币期货合约情况

项目	小型美元兑离岸人民币期货
合约面值	20000美元
合约月份	当月、下3个历月及之后的6个季月
报价单位	每美元兑人民币（如1美元兑人民币6.2486元）
最小变动价位	0.0001元人民币（小数点后第4个位）
最小变动价值	2元人民币

续表

项目	小型美元兑离岸人民币期货
交易时间	上午8时30分至晚上18时30分（不设午休）及晚上19时15分至翌日凌晨3时正（到期合约月份在最后交易日收市时间为上午11时）
最后交易日	合约月份的第三个星期三之前两个香港交易日
最后结算日	最后交易日之后一个香港交易日
交割结算价	香港财资市场公会在最后交易日上午11时30分左右公布的美元对离岸人民币即期汇率
结算方式	现金交割

资料来源：港交所官网。

（三）港交所根据市场需求不断优化交割制度设计

目前，在美元兑人民币期货产品上，CME①、新交所、台期所、ICE新加坡等大多数交易所的离岸人民币期货采用现金交割，仅有港交所上市的美元兑离岸人民币期货采用实物交割。后期在上市离岸人民币兑美元以及小型美元兑离岸人民币期货时均采用现金交割。从调研情况来看，港交所2012年推出美元兑离岸人民币期货时，主要基于以下考虑采用实物交割机制：一是中国香港是最大的离岸人民币外汇市场，具备采用实物交割的现货市场基础。伴随着人民币国际化进程和中国香港积极建设离岸人民币中心的深入推进，其离岸人民币存量规模不断增加，能够充分支持实物交割的需要。二是香港证监会期望通过实物交割引导理性交易，增强期现货市场的联动性，促进期现货市场协调发展。三是交割规模有限，交割风险可以得到有效控制。外汇期货的核心功能是风险管理，实物交割仅是投资者实现风险管理目标的手段之一，大部分交易在合约到期前被平仓了结，仅有小部分交易最终进入交割环节。

目前，港交所共选择中国银行（香港）有限公司、花旗银行、恒生银行、渣打银行、东亚银行、汇丰银行以及华侨永亨银行7家银行作为美元兑

① CME人民币外汇期货早期采用实物交割，2018年起调整为现金交割。

人民币期货产品的指定清算银行。港交所和结算会员均在指定清算银行开立资金账户，外汇期货资金结算通过双方在指定清算银行开立的账户之间进行资金划转。资金划转业务开展前，清算会员和银行签署授权协议，授权银行根据港交所的资金划转指令将其资金直接划转至港交所账户。资金划转时，根据清算会员预先授权，由交易所向指定清算银行发出划转指令，将清算会员资金直接划出至港交所账户，或直接将资金划入清算会员账户。

整个交割流程在T+2日完成，具体可分为5个步骤：（1）港交所下属清算所在最后交易日（T日）上午11：30确定交割结算价；（2）T日，清算所的衍生品结算及交收系统计算出盈亏并明确具体交割信息（数量、账户等)；（3）T+1日，客户将人民币（或美元）划转至清算会员处；（4）T+2日，清算会员于上午9：15前将相应币种缴付给清算所；（5）T+2日14：30后，清算所应清算会员要求，将另一币种划转至清算会员处。另外，根据港交所《期货清算所规则及程序》第509条规定，如遇交割违约情形，交易所将认定一方清算会员为违约方，清算所代为向守约方履行交割义务。清算所向违约方收取罚金，罚金收取标准为“0.25%+X”，即交割货款的0.25%加上其他相关费用及损失。

三、中国香港人民币外汇期货市场运行情况及特点

目前，港交所、新交所、台交所、CME等13家交易所推出了人民币外汇期货产品。[①] 伴随离岸人民币外汇市场的快速增长，离岸人民币外汇期货市场进入高速增长新阶段。2022年日均成交15.81万手，日均成交金额达82.06亿美元，同比增长63.85%。其中，港交所日均成交1.8万手，日均成交金额14.8亿美元，同比增长114.64%，占人民币外汇期货成交总额的比重为18.04%。

① 分别是港交所、新交所、台期所、CME、ICE新加坡、莫斯科交易所、巴西交易所、南非证券交易所、韩国交易所、迪拜交易所、亚太交易所、土耳其伊斯坦布尔交易所、阿根廷罗萨里奥交易所。

（一）港交所人民币外汇期货发展迅速，但于2017年被新加坡交易所超越

作为全球离岸人民币外汇期货市场的重要场所，港交所人民币外汇期产品一经推出就受到了市场的广泛认可，市场规模不断扩大，在2017年之前交易量持续全球领先，后被新加坡交易所超越。2015年，港交所人民币外汇期货成交量约为新加坡交易所的1.09倍，2016年降至1.06倍。2017年，新加坡交易所迅速超越港交所，当年成交规模是港交所的2.56倍，成交量领先港交所116万手，成交金额超出港交所1171亿美元。2018年，新加坡交易所成交规模进一步扩大至港交所的2.97倍，成交量领先港交所345万手，成交金额超出港交所3455亿美元。无论是从成交量还是成交金额来看，新加坡交易所都已超越港交所，成为全球最大的人民币外汇期货市场（见图4－3）。

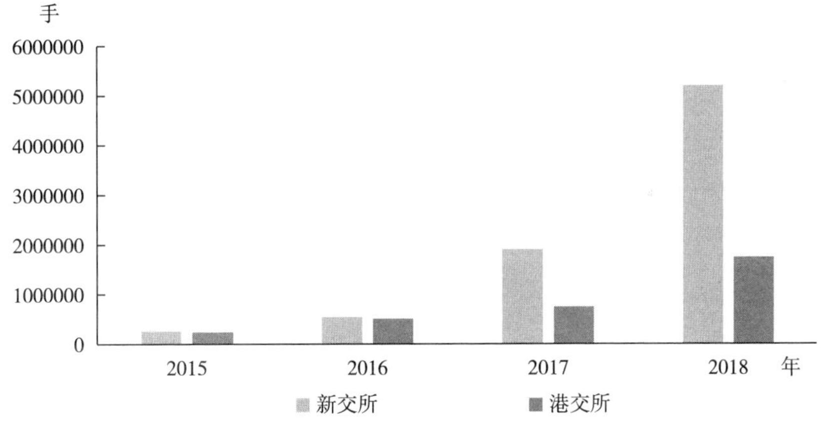

图4－3　2015—2018年港交所与新交所人民币外汇期货年成交量对比

（数据来源：彭博）

（二）美元兑离岸人民币期货市场规模总体增长

自推出以来，美元兑离岸人民币期货产品作为港交所明星产品，市场规模持续增长，风险管理功能发挥良好。上市以来，日均交易量从最初的不足2000手增至2022年的10000手以上；日均持仓量从最初的不足5000手增至2022年的20000手以上。伴随人民币汇率弹性的进一步加大，市场主体对管

理人民币汇率风险的需求持续升温，港交所人民币外汇期货成交活跃并创下多项新纪录。在2018年7月人民币对美元持续贬值期间，美元兑离岸人民币期货日均成交量大幅增加，7月3日、4日单日成交量分别达3.5万、3.9万手，连创历史新高。2022年末，人民币对美元呈贬值走势且大幅震荡，美元兑离岸人民币期货单日成交量再度刷新历史纪录，达到12万手（见图4－4、图4－5、图4－6）。

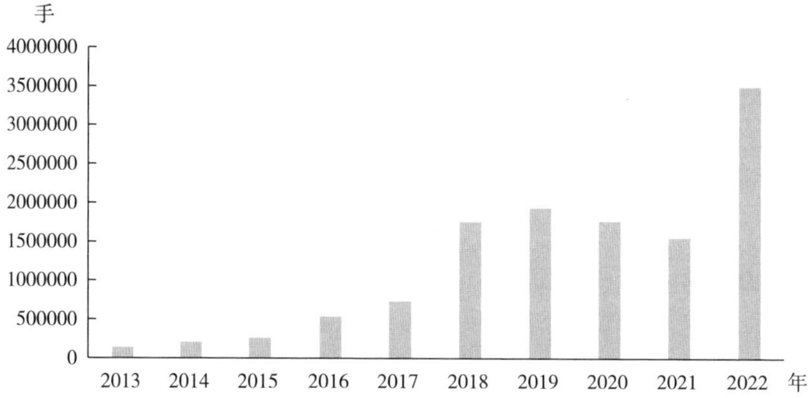

图4－4　2013—2022年港交所美元兑离岸人民币期货年成交情况

（数据来源：彭博）

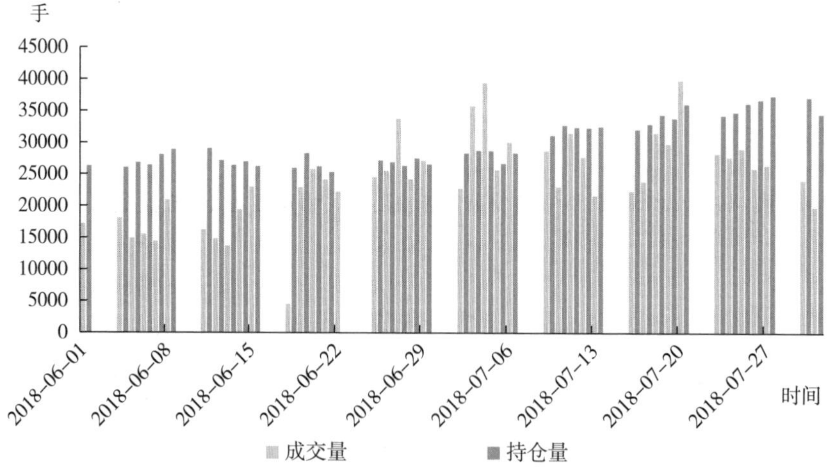

图4－5　2018年6—7月港交所美元兑离岸人民币期货成交持仓情况

（数据来源：彭博）

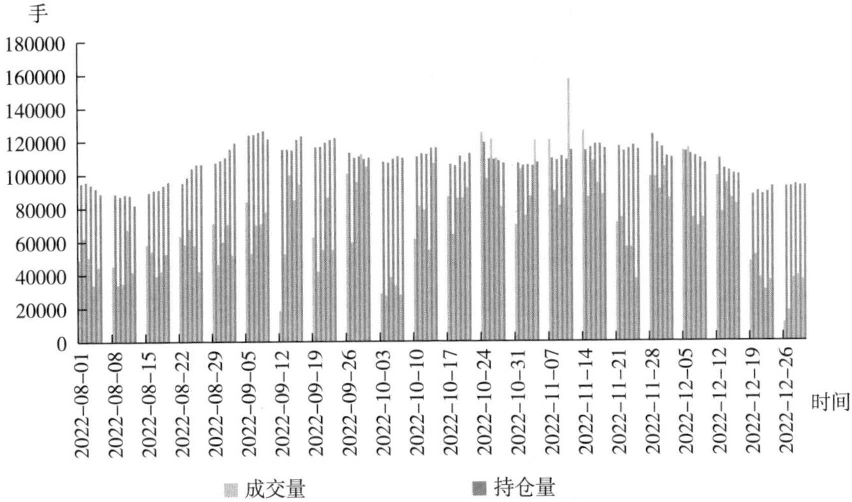

图4-6　2022年8—12月港交所美元兑离岸人民币期货成交持仓情况

（数据来源：彭博）

（三）小型美元兑离岸人民币期货成交增长迅速，成为港交所人民币外汇期货第二大活跃品种

2021年4月26日，港交所推出小型美元兑人民币期货。推出首日，小型美元兑离岸人民币期货成交量达9025手，为其近年来新产品首推日成交量最高值。截至2021年5月14日，小型美元兑离岸人民币期货累计成交量已逾100000手，5月13日单日成交高达11360张合约（名义价值约为2.27亿美元），创历史新纪录。2021年，小型美元兑离岸人民币期货共成交约80万手；2022年共成交超过100万手，市场规模不断扩大，成为港交所人民币外汇期货第二大活跃品种。小型美元兑离岸人民币期货的推出，拓展了港交所现有的人民币衍生产品种类，为投资者提供了更加丰富的汇率风险管理工具。

（四）差异化交割制度和多元化投资者结构，推动港交所人民币外汇期货市场不断增长

2021年，港交所在采用实物交割的美元兑离岸人民币期货基础上，推出采用现金交割的小型美元兑离岸人民币期货。这一举措丰富了美元兑离岸人

民币期货产品交割制度设计，更加方便投资者根据各自需求选择合适的产品和交割方式，进而也带动增强了相关品种的流动性。另外，在市场投资者结构上，港交所人民币外汇期货市场除引入做市商等流动性提供者外，还广泛吸纳了自营交易机构、零散投资者、互联互通计划参与者、货币管理人、资产管理人、银行、大型企业等不同类型市场参与者。多元化的投资者结构，也是推动港交所人民币外汇期货市场保持持续增长的主要动因。

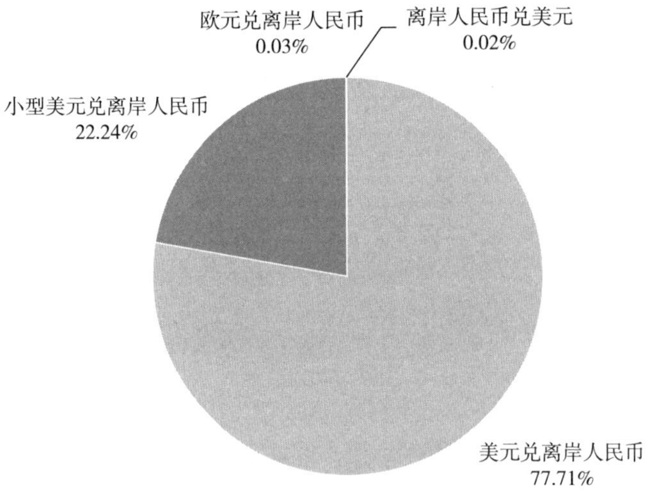

图 4－7　2022 年港交所主要人民币汇期货品种成交量占比情况

（数据来源：彭博）

四、中国香港外汇期货市场监管体系

中国香港实行金融混业经营、分业监管，金融监管呈现整体宽松、政府监管和行业自律监管并重、国际监管合作密切等特点。[①] 在分业监管的基本

① 香港金融监管体系的突出特点在于：第一，香港监管部门的监管自由度较高，每个监管部门都可以依据明文规定的授权，在职责范围行使职权，一般不会受到特区政府的干预；第二，香港的监管体系在一定程度上沿袭以行业自律为特色的英国，所以在其监管体系中，行业协会的作用非常突出；第三，香港各监管部门之间的协调合作机制比较健全，一般会通过联席会议、签署备忘录等形式避免出现重复监管和监管套利的问题；第四，投资者保障机制相对比较完善。

原则下，香港的金融监管框架由香港金融管理局（Hong Kong Monetary Authority，HKMA）[①]、证券及期货事务监察委员会（The Securities and Futures Commission，SFC，以下简称证监会）、保险业监管局（Hong Kong Insurance Authority，HKIA）、强制性公积金计划管理局四大监管机构以及相应的行业自律协会构成，分别对银行业、证券业、保险业和强制性公积金计划实施监管。[②] 依据这一监管分工体系，外汇期货市场隶属证券期货市场，由证监会进行集中统一监管。证监会通过指导港交所在外汇期货市场准入、交易秩序维护、违法行为处罚等方面，进行市场管理。香港金融管理局肩负金融业监管职责，也在外汇期货市场建设中和证监会有诸多的配合和协作。目前，香港金融管理局依托《外汇基金条例》《银行业条例》等法规对金融市场实施宏观审慎监管，并通过与证监会开展监管合作的方式，对外汇期货市场中相关交易主体实施监管。

（一）监管机构

20 世纪 70 年代以前，香港证券及期货市场整体上缺乏监管。1973—1974 年股灾爆发后，香港制定了监管证券及期货业的核心法例。1989 年，证监会依据当时的《证券及期货事务监察委员会条例》成立，负责监管香港证券及期货市场。2003 年，《证监会条例》及另外 9 条与证券及期货业相关的条例整合为《证券及期货条例》并于 4 月 1 日生效实施。2008 年国际金融危机突显了场外衍生品市场的监管不足。在此背景下，香港立法会于 2014 年 3 月 26 日颁布《2014 年证券及期货（修订）条例》，主要内容是针对场外衍生品市场的监管框架进行重塑。目前，证监会主要依据《证券及期货条例》，负责监管香港证券及期货市场。

目前，证监会下设 5 个部门，与外汇期货市场相关的主要有中介机构部、

---

① 金融管理局是特区政府组织架构中的一个组成部分，内设有六个部门：银行监理部、银行政策部、外事经研部、储备管理部、货币政策及市场部、经济研究部，另设法律顾问办事处。金管局不具有中央银行的发钞职能，也不作为政府银行，为政府服务。其主要职能是在联系汇率制度的架构内，通过外汇基金的稳健管理，货币政策操作和其他一些适当措施，维持货币稳定。

② 参见香港证监会网站：https：//sc. sfc. hk/TuniS/www. sfc. hk/TC/About - the - SFC/Our - role。

投资产品部、法规执行部和市场监察部。中介机构部负责制定及执行证券、期货等买卖中介机构的牌照发放规定，监察中介机构的操守及财务资源，以及监管向公众销售投资产品的活动；投资产品部主要负责制定并执行有关投资产品认可及注册的守则和指引，在促进市场发展及产品创新的同时保障投资者利益；法规执行部负责市场监控以确定须做进一步调查的市场失当行为，处理涉嫌触犯有关法例及守则的个案，包括涉及内幕交易及操纵市场等罪行的个案，以及向违规的持牌中介团体执行纪律程序；市场监察部负责监察交易所及有关清算所的运作、促进证券及期货市场的发展，以及推动市场团体的自律监管。

（二）监管权限

依据《证券及期货条例》的相关规定，证监会主要承担维持和促进证券期货业的公平、效率、竞争力、透明度及秩序的基本职责：一是制定及执行市场法规，包括调查违规个案及市场失当行为；二是向受证监会监管的中介机构发放牌照及予以监管；三是监察交易所、清算所、股份登记机构及另类交易平台等市场营运机构的运作，并协助优化市场基础建设；四是预先审批拟向公众发售的投资产品及其销售文件；五是监督适用于公众公司的收购合并规例，以及监察港交所上市事宜的表现；六是与本地、内地及海外的监管机构合作并提供支持；七是协助投资者了解市场运作、投资风险及本身的权利和责任。另外，证监会还负有监管同业的职能，即与其他3家监管机构紧密合作，确保相关市场参与者秉持正当操守，并遏制金融罪行及失当行为。

需要注意的是，香港金融管理局①作为地区中央银行机构，也与证监会等其他3家监管机构密切配合，共同保障相关市场的稳健运行。依据《外汇基金条例》②《银行业条例》③《存款保障计划条例》等有关条例的明确规定，

① 1993年4月1日由外汇基金办公室和银行专员办公室合并而成。

② 外汇基金根据《外汇基金条例》设立，并由财政司司长掌有控制权。该条例规定外汇基金须主要运用于影响港元汇价的目的。

③《银行业条例》赋予金融管理专员规管及监管银行业务与接受存款业务的职责及权力。根据《银行业条例》，金融管理专员的职责包括处理香港持牌银行、有限制牌照银行及接受存款公司认可资格的事宜。

香港金融管理局的四大职能：一是在联系汇率制度框架内维持币值稳定；二是促进包括银行体系在内的金融体系的稳定性和完整性；三是维持国际金融中心地位，包括维护和发展地区金融基础设施；四是管理外汇基金。香港金融管理局通过对银行业实施行为监管的方式，或者与证监会进行监管合作的方式，共同维护良好金融市场秩序。

五、经验与启示

中国香港在人民币外汇期货产品上率先发力并保持增长态势的建设经验，对境内发展外汇衍生品市场，特别是推出人民币外汇期货有着重要的借鉴和启示意义。

（一）积极推出外汇期货产品，促进形成场内、场外衍生品市场协同发展的格局

自2015年“8·11汇改”以来，人民币汇率形成机制市场化程度进一步提高，汇率双向波动已成为新常态，各类市场主体对外汇风险管理工具的需求与日俱增。香港外汇衍生品的发展路径表明，外汇衍生品市场建设一般都遵循政府主导、从简单到复杂、从场外至场内的渐进式发展道路。当前，我国境内场外外汇衍生品市场产品体系已经完善，发展场内衍生品可以和场外市场有益互补，推动场内外市场协同发展。推出外汇期货产品，可以更好满足中小企业汇率避险需求，切实发挥金融衍生品服务实体经济的功能。

（二）灵活设计人民币衍生产品，切实满足市场管理汇率风险的需要

香港人民币外汇期货市场的实践表明，合约设计要在符合外汇市场实际的前提下充分满足市场需要。比如合约标的首选是可以自由兑换的离岸人民币，对应货币选择风险管理需求相对集中的美元、澳元、日元和欧元；交割方式涵盖实物交割和现金交割两种，以方便投资者根据自身需要灵活进行选择。另外，还设计了做市商制度为市场提供流动性，充分降低投资者的交易成本。在综合考虑各类市场主体需要的基础上，科学设计合约条款、交割模

式、做市商等制度，保障外汇期货市场功能发挥。

（三）借鉴香港监管协作经验，保障外汇期货市场的稳健运行

当前，香港外汇期货市场的监管分工实践为：证监会依托《证券期货条例》对期货市场实行集中统一监管，香港金融管理局依托《外汇基金条例》《银行业条例》等一系列法规来实施宏观审慎监管，通过对银行业实施行为监管或与证监会开展监管合作等途径，间接对外汇期货市场中相关交易主体实施监管，共同维护良好金融市场秩序。香港在外汇期货市场的监管实践，为境内外汇期货市场建设及监管分工协作提供了有益借鉴。

第二节　新加坡人民币外汇期货市场发展历程与经验借鉴

新加坡是国际重要金融中心、航运中心和贸易中心，依托地理、时区和经济优势以及与中国经济社会源远流长和深入广泛的合作往来，逐步发展成为全球重要的离岸人民币资产定价与风险管理中心。20世纪80年代，新加坡尝试发展基于国际主要货币对的交叉汇率期货，但均未获得成功。2014年，新加坡交易所上市人民币外汇期货，市场规模赶超中国香港和美国，跃居全球第一大人民币外汇期货市场。

一、新加坡人民币外汇期货市场建设背景

（一）特殊的经济基础与汇率制度，决定了新加坡离岸外汇市场的建设定位

新加坡地处欧亚交通要道，国土面积有限，经济因贸易而兴，属于外贸依存型小规模经济体。金融高度开放使新加坡货币当局主动调节货币供应量和国内利率的能力较弱。为保障本国经济和货币政策不受外界冲击，新加坡金融管理局在20世纪80年代初选择了以汇率政策为中心的货币政策，实施

了有管理的浮动汇率制度，包括参考货币篮子调节汇率，汇率在一定区间内波动，中心汇率可以爬行调整等。新加坡实施的浮动汇率制度与小规模外向型经济体的特征相契合，并且以配套的宏观经济金融政策为保障，基本保持了汇率水平的合理稳定。由于小规模外向型经济易受外部冲击，新加坡明确坚持新加坡元非国际化政策，抑制非居民的新加坡元投机，确保货币政策有效性不受冲击。

尽管新加坡是全球第三大外汇市场，但原料和销售“两头在外”的经济特征与新加坡元的非国际化定位，决定了投资者对新元的需求有限。为此，新加坡外汇市场中涉及新加坡元的外汇交易整体占比较少，绝大多数为外币对交易。新加坡外汇市场协会发布的数据显示，2022 年 10 月①，新加坡场外外汇市场日均交易额达 8576 亿美元。在交易品种分布上，掉期交易额最大，占比为49%；即期次之，占比为25%；远期第三，占比为17%；外汇期权第四，占比为8%；在交易币种分布上，美元兑日元交易最为活跃，交易占比约为15%；美元兑欧元占比约为8%，美元兑新加坡元紧随其后占比为5%，美元兑澳元占比约为5%。相较之下，新加坡元兑其他币种的交易极不活跃，2022 年 10 月期间日均交易额仅为 31 亿美元，约占整个新加坡外汇交易金额的1%。新加坡元外汇交易中，相对较活跃的货币对是新加坡元兑日元、新加坡元兑欧元、新加坡元兑英镑等（见图 4－8、图 4－9）。

（二）新加坡离岸人民币外汇市场的发展，为离岸人民币外汇期货市场建设奠定了市场基础

新加坡离岸人民币外汇市场发展始于 2010 年 7 月的人民币货币掉期业务，并在 2013 年之后得到快速发展。2013 年 5 月，新加坡启动人民币清算业务，6 月发行首只人民币债券，7 月首次开展 RQFII 试点并在新加坡交易所上市了首只人民币股票。2013 年末，新加坡人民币存款余额超过 3000 亿元，存款规模超过同期的中国台湾（1826 亿元）和卢森堡（640 亿元）等离岸人

① 该协会一年发布两次数据，分别是 4 月和 10 月。

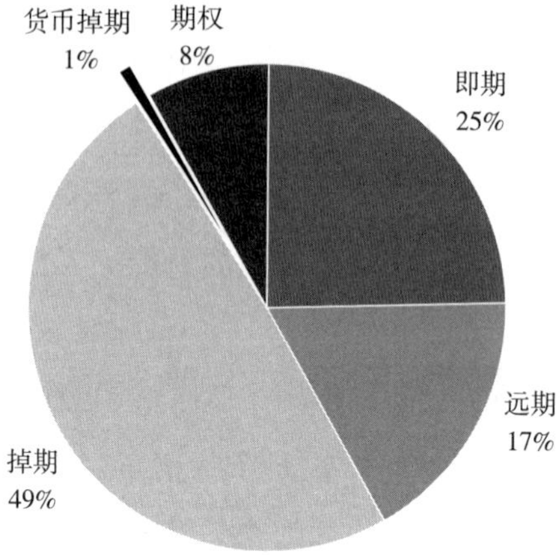

图4-8　2022年10月新加坡场外外汇品种交易分布情况

（数据来源：新加坡外汇市场协会）

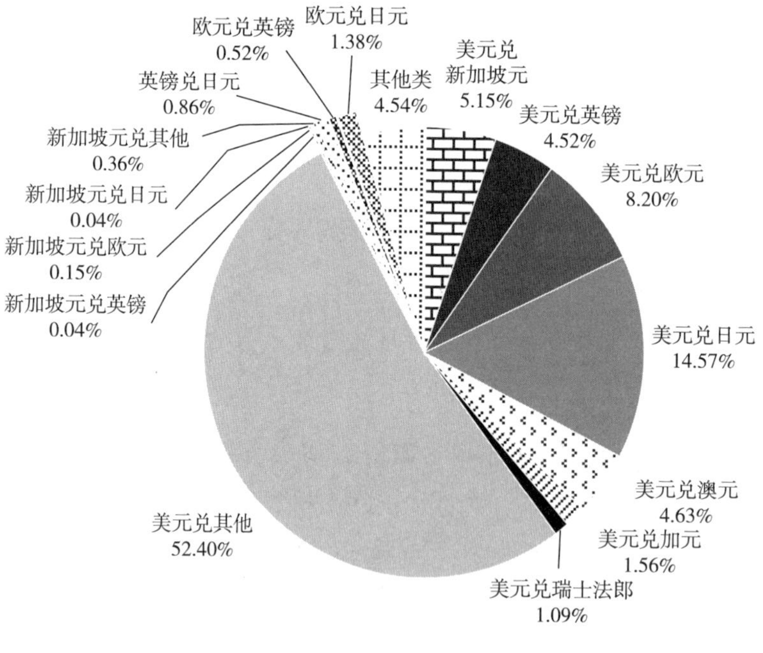

图4-9　2022年10月新加坡外汇市场货币对交易分布情况

（数据来源：新加坡外汇市场协会）

民币中心，仅次于中国香港。在人民币支付方面，环球银行金融电信协会（SWIFT）数据显示，2013 年新加坡离岸人民币市场支付额全球占比约为 23%，排在中国香港和英国之后，居境外人民币支付排名第 3 位。

（三）新加坡持续探索交叉汇率期货，为离岸人民币外汇期货创新积累了丰富经验

新加坡政府积极支持发展交易所市场，推进交易所国际化建设，外汇期货是交易所创新发展的重中之重。在新加坡政府和监管当局支持下，多个国际交易所竞相参与新加坡外汇期货市场建设。立足新加坡离岸外汇市场的发展基础和新加坡元非国际化战略等约束条件，各交易所纷纷探索交叉汇率期货市场建设，为人民币外汇期货市场建设积累了丰富经验。

1. 20 世纪 80 年代成立新加坡国际货币交易所，探索交叉汇率期货

1984 年 9 月，原新加坡黄金交易所与芝加哥商业交易所合作创立新加坡国际货币交易所（SIMEX）并率先在亚太地区推出外汇期货，先后上市了德国马克兑美元、日元兑美元、英镑兑美元等交叉汇率期货品种。除交叉汇率期货外，SIMEX 还推出了美元兑日元和美元兑德国马克现货延期等类似外汇保证金的衍生产品。SIMEX 外汇期货推出后，市场整体流动性并不理想，这可能与以下两方面因素有关：一是芝加哥商业交易所外汇期货市场已经运行多年，国际化程度高，市场交易活跃，投资者存在路径依赖；二是德国马克、日元、英镑等货币为国际货币，汇率避险和交易需求的国际化程度高，投资者更偏好参与芝加哥商业交易所外汇期货市场。SIMEX 交叉汇率期货交易量一直不大，在交易最活跃的月份，月总成交也不过 5 万手。1995 年之后，德国马克兑美元等交叉汇率期货成交量大幅减少，每月仅成交几十手。美元兑日元和美元兑德国马克现货延期产品也于 1998 年彻底丧失流动性。1999 年 12 月，新加坡证券交易所与 SIMEX 合并为新加坡交易所。

2. 2010 年成立新加坡商品交易所，接力探索交叉汇率期货市场

2008 年国际金融危机之后，场外外汇衍生品出现向场内市场转移的趋势，外汇期货市场的功能也被各监管机构所认可。在此背景下，新加坡于

2010年8月引入印度金融技术集团（Financial Technologies Group）设立新加坡商品交易所（SICOM），并上市基于实物交割的欧元兑美元等外汇期货合约。SICOM认为，一方面，欧元兑美元是国际主要货币对，相关金融产品具有充裕的流动性；另一方面，交易所致力于服务大宗商品贸易需求，其当时已上市以欧元结算的原油期货等商品期货，选择欧元兑美元作为标的货币对、采取实物交割的方式，有助于大宗商品交易者对冲欧元风险头寸。

随后，SICOM又分别于2011年4月推出美元兑日元、澳元兑美元期货，于2011年7月推出英镑兑美元、欧元兑美元期货，上述四款交叉汇率期货均采用现金交割。围绕产品设计，新加坡交叉汇率期货合约基本对标芝加哥商业交易所，除合约面值较小、合约月份更为密集、以伦敦外汇市场定盘价进行最后结算外，其他条款均与芝加哥商业交易所相应产品保持一致。

SICOM外汇期货市场在建立之初获得快速发展，单月交易量曾达30万手，日均约1.5万手，但此后交易量快速萎缩。上市期间，交易最为活跃的产品一直是欧元兑美元期货。尽管采用现金交割的欧元兑美元期货推出以后，逐渐取代采用实物交割的期货合约，但这并未改变外汇期货交易冷淡的局面。除澳元兑美元期货还存在少量交易外，英镑兑美元、美元兑日元期货成交量几乎为零。2013年11月，SICOM被洲际交易所（ICE）收购，原有外汇期货产品被摘牌。

二、新加坡人民币外汇期货的推出及其主要品种

（一）新加坡交易所与时俱进，重启人民币等新兴市场货币外汇期货市场建设

新加坡交易所（以下简称新交所）成立之初的衍生品分部主要负责组织股指类以及利率类衍生品交易。随着经济全球化趋势的加剧，汇率风险管理市场需求凸显，新交所决定再度进军外汇期货市场，并将开发重心放在新兴市场货币上。2013年11月，新交所推出了包括印度卢比、新加坡元、韩元等货币在内的6种外汇期货，其中5种为不涉及新加坡元的交叉汇率期货。

2014年10月，新交所又推出美元兑离岸人民币、在岸人民币兑美元、泰铢兑美元、美元兑日元期货等5款交叉汇率期货。新交所进军新兴市场货币期货，主要基于以下考虑：

一方面，随着巴西、印度、南非等新兴市场兴起，交易所纷纷进军新兴市场货币期货市场。2012年，香港交易所成功推出人民币外汇期货。欧洲期货交易所也宣布推出外汇期货。芝加哥商业交易所向伦敦监管机构申请成立欧洲分部，并计划推出人民币外汇期货等品种。与上述交易所相比，新加坡更具独特的连接亚太与欧美市场的区位优势。另一方面，新加坡交易所具有坚实的外汇业务基础，本国监管机构和银行普遍支持外汇期货市场建设。2008年国际金融危机也使监管机构认识到场外外汇衍生品存在不透明性等系统性风险，支持交易所建设外汇期货市场；银行也认识到外汇期货市场可以在危机时期为金融机构提供避险工具，也倾向于支持外汇期货市场发展。

（二）以美元兑离岸人民币为核心，新加坡交易所构建了丰富的人民币外汇期货产品体系

截至2022年底，新交所共上市22个外汇期货品种，涉及美元、欧元、人民币、印度卢比、韩元等币种。其中包括5个系列10个品种的人民币外汇期货（期权），分别是：（1）美元兑离岸人民币期货（期权）和迷你美元兑离岸人民币期货；（2）在岸人民币兑美元期货和在岸人民币兑美元期权；（3）在岸人民币兑美元弹性期货和美元兑离岸人民币弹性期货；（4）在岸人民币兑欧元期货和欧元兑离岸人民币期货；（5）在岸人民币兑新加坡元期货和新加坡元兑离岸人民币期货。

1. 美元兑离岸人民币期货

美元兑离岸人民币期货是新交所的龙头产品和典型代表。该系列产品主要包括美元兑离岸人民币期货、迷你美元兑离岸人民币期货等，除合约标的不同外，二者设计条款基本相同。如表4-3所示，主要合约设计如下：一是美元兑离岸人民币期货合约面值为10万美元，迷你合约面值为2.5万美元，是标准合约的1/4；二是合约月份为13个连续月加随后8个季月，合约月份

最长可覆盖 3 年的期限；三是连续交易时间接近 24 个小时；四是最后交易日均为合约到期月第 3 个周三前两个交易日，与境外其他交易所最后交易日的规定保持一致；五是交割方式为现金交割，交割结算价采用香港财资市场公会于香港时间上午 11：30 左右公布的美元兑离岸人民币即期汇率定盘价计算得出。

表 4－3　新交所美元兑离岸人民币和迷你美元兑离岸人民币期货合约

项目	美元兑离岸人民币期货	迷你美元兑离岸人民币期货
合约面值	100000 美元	25000 美元
合约月份	13 个月加接下来的 8 个季月	13 个月加接下来的 8 个季月
报价单位	每美元兑人民币（如 1 美元兑人民币 6.2486 元）	每美元兑人民币（如 1 美元兑人民币 6.2486 元）
最小变动价位	0.0001 元人民币（小数点后第 4 个位）	0.0001 元人民币（小数点后第 4 个位）
最小变动价值	10 元人民币	2.5 元人民币
交易时间（新加坡时间）	最后交易日之前 7：25 至 17：55　18：15 至次日 5：15 最后交易日 07：25 至 11：00	最后交易日之前 7：25 至 17：55　18：15 至次日 5：15 最后交易日 07：25 至 11：00
最后交易日	合约月份的第三个星期三前两个交易日	合约月份的第三个星期三前两个交易日
交割结算价	香港财资市场公会在最后交易日上午 11 时 30 分左右（香港时间）公布的美元对离岸人民币即期汇率	香港财资市场公会在最后交易日上午 11 时 30 分左右（香港时间）公布的美元对离岸人民币即期汇率
交割方式	现金交割	现金交割

资料来源：新交所官网。

2. 美元兑离岸人民币弹性外汇期货

2018 年 8 月 27 日，新交所宣布将依托现有外汇期货产品推出弹性外汇期货。弹性外汇期货是指市场参与者能够以场外交易的方式买卖某些合约条款可定制的外汇期货品种，并在新交所清算平台上进行交易登记和结算。

2019 年 1 月 23 日，新交所达成首笔美元兑离岸人民币弹性期货交易，交易双方为中国银行新加坡分行与中国工商银行新加坡分行。新交所弹性外汇期货共有印度卢比兑美元、美元兑离岸人民币、美元兑新加坡元等 5 个活跃外汇期货品种。

从合约条款设计看，弹性外汇期货合约与标准外汇期货合约在合约规模、最小价格波动、交割结算价、结算方式等方面基本相同，只是在合约月份、最后交易日上有所不同，具体表现为标准外汇期货合约月份和最后交易日是明确固定的，而弹性外汇期货合约月份和最后交易日则由双方私下约定（见表4－4）。从交易平台看，市场参与者主要通过新交所场外交易平台——Titan OTC办理弹性外汇期货的登记和清算业务。

表4－4　　美元兑离岸人民币弹性和标准外汇期货合约对比

项目	美元兑离岸人民币弹性外汇期货合约	美元兑离岸人民币标准外汇期货合约
合约面值	100000 美元	
合约月份	由交易双方约定	13 个月加接下来的 8 个季度月
最小变动价位	0.0001 元离岸人民币	
最小变动价值	10 元人民币	
最后交易日	买卖双方在登记弹性外汇期货时指定的合约到期日（决定最终结算价格的日期）	合约到期当月第三个周三之前的两个香港交易日
交易时间（新加坡时间）	最后交易日前： 7：10 至 18：00 18：00 至次日 5：15 最后交易日： 7：25 至 11：00	最后交易日前： 7：25 至 17：55 18：15 至次日 5：15 最后交易日： 7：25 至 11：00
日价格限制	无	无
持仓限制	标准合约与弹性合约总计 10000 份合约	
交割方式	现金交割（美元）	
交割结算价	香港财资市场公会于香港时间 11 点 30 分左右公布的美元兑离岸人民币即期汇率，四舍五入到小数点后四位	

资料来源：新交所官网。

三、新交所人民币外汇期货市场运行情况及特点

目前，全球已有13家交易所推出了人民币外汇期货产品①，其中新加坡人民币外汇期货市场发展迅速，位居全球第1。从成交量看，2022年全球人民币外汇期货日均成交约15.81万手，其中新交所成交约6.48万手，成交量占比约为40.99%。从成交金额来看，2022年全球人民币外汇期货总成交金额约2.05万亿美元，其中新交所成交金额约为1.6万亿美元，成交金额占比约为78.2%。从整体来看，新交所人民币外汇期货市场发展具有如下几方面特征。

（一）新交所人民币外汇期货市场发展迅速，交易规模于2017年超越香港交易所跃居全球首位

2014年，新交所上市美元兑离岸人民币期货，受到市场广泛欢迎。依托新加坡独特的市场优势以及新交所持续的市场培育，新交所人民币外汇期货市场的规模不断扩大。2017年，新交所人民币外汇期货成交量迅速超越香港交易所，跃居全球首位。当年，新交所成交规模达到191.08万手，成交金额约为2000亿美元，是香港交易所的2.56倍。2018年，新交所成交规模进一步放大至519.61万手，成交金额超过5000亿美元，已是港交所的2.97倍。2018—2022年，新加坡人民币外汇期货产品年成交量继续保持强劲增长势头，并于2022年达到了1600万手，约是港交所的4倍（港交所450万手），整体市场规模稳居全球首位（见图4－10）。

（二）美元兑离岸人民币期货稳步超越印度卢比兑美元期货，成为新交所持仓最大的外汇期货品种

截至2022年末，印度卢比兑美元期货是新交所成交规模最大、交易最活

---

① 分别是香港交易所、新加坡交易所、台湾期货交易所、芝加哥商业交易所、洲际交易所（新加坡）、莫斯科交易所、巴西B3交易所、南非证券交易所、韩国交易所、迪拜交易所、亚太交易所、土耳其伊斯坦布尔交易所、阿根廷罗萨里奥交易所。

跃的外汇期货品种。但近年来，随着人民币外汇期货市场规模增长迅速和市场功能的充分发挥，美元兑离岸人民币期货已经成为新交所持仓量最大的外汇期货品种。2022 年，美元兑离岸人民币期货持仓规模约为 127 万手，占交易所外汇期货市场总持仓的 56%；印度卢比兑美元期货持仓规模约为 86 万手，占交易所外汇期货市场总持仓的 38%。2022 年，美元兑离岸人民币期货总成交约 1590 万手，印度卢比兑美元期货总成交约 1660 万手。尽管美元兑离岸人民币期货的成交规模与印度卢比兑美元期货相差不大，但其持仓规模却是后者的 1.5 倍（见图 4 – 11）。

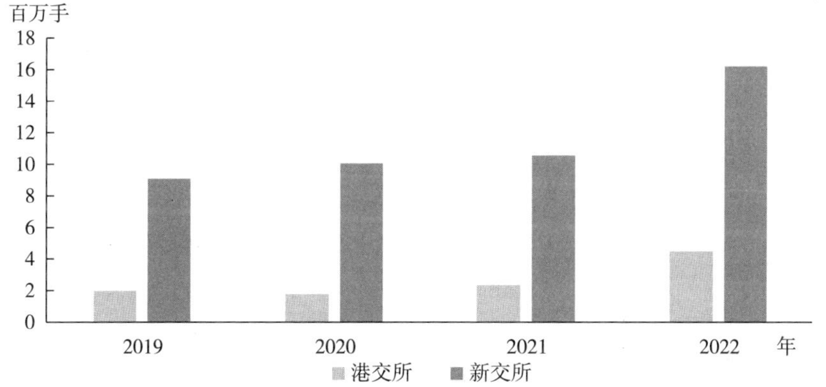

图 4 – 10　2019—2022 年新交所与港交所人民币外汇期货年成交量对比

（数据来源：彭博）

（三）迷你美元兑离岸人民币期货合约增长迅速，其他人民币外汇期货品种市场规模有限

2021 年 5 月，新交所上市迷你美元兑离岸人民币期货。该产品上市后，成交趋于活跃、市场规模平稳增长。2022 年 12 月底持仓达到 35070 手，是新交所第二大人民币外汇期货品种。相比之下，欧元兑人民币期货、新加坡元兑人民币期货以及美元兑离岸人民币弹性外汇期货成交清淡，2022 年总成交量仅分别为 9725 手、720 手和 220 手（见表 4 – 5）。

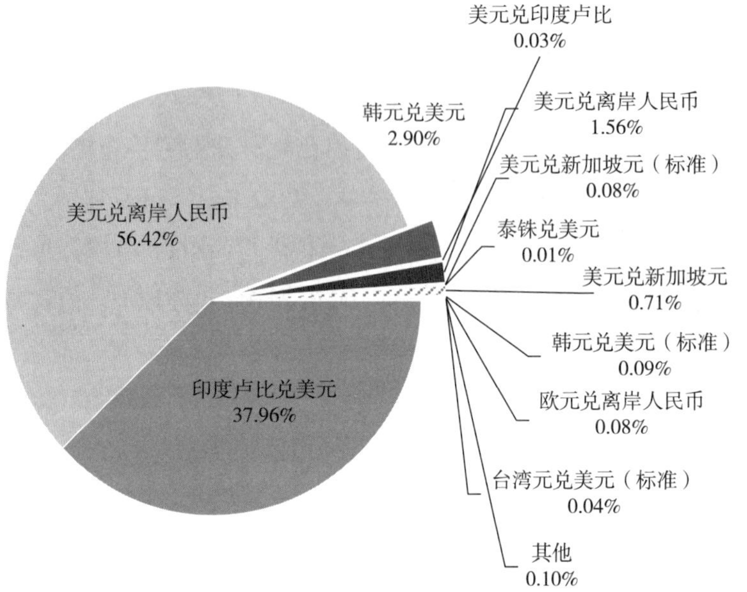

图4－11　2022年新交所主要外汇期货品种持仓情况

（数据来源：国际期货业协会）

表4－5　　2021—2022年新交所人民币外汇期货成交情况　　单位：手

品种	2021成交量	2022成交量	2021持仓量	2022持仓量
欧元兑人民币	751	9725	107	1871
新加坡元兑人民币	0	720	0	25
美元兑人民币	862278	15975854	97763	1271373
美元兑人民币（迷你）*	13700	216930	3541	35070
美元兑人民币（弹性）	0	220	0	300

数据来源：国际期货业协会。

（四）交易机制丰富，涵盖竞价、大宗交易和做市商交易等多种形式

新加坡人民币外汇期货市场建立了竞价交易、大宗交易、做市商交易等交易机制。其中，迷你美元兑离岸人民币期货大宗交易最低交易量为80手，美元兑离岸人民币期货标准合约大宗交易最低交易量为20手。新交所在人民币外汇期货市场引入了做市商交易机制，金融机构与交易所签订做市商协议

后，取得相应品种的做市资格。目前，摩根大通、中国银行新加坡分行、中国工商银行新加坡分行、中国建设银行新加坡分行等金融机构已经取得做市商资格。根据协议约定和做市开展情况，做市商享有手续费减收等权利。新交所做市商的财务标准、合规标准、商业可持续性等准入门槛较高，交易所主要从报价时段、报价数量、报价点差等方面实施做市商考核。

四、新加坡外汇期货市场监管体系

新加坡金融行业混业经营，采用综合金融监管体制。这种监管体制的灵活性较强、协同性较大，为外汇期货市场的蓬勃发展提供了有力支撑。

（一）监管架构

1970 年，新加坡议会通过《金融管理局法案》，并于 1971 年 1 月 1 日成立了新加坡金融管理局（以下简称金管局）。《金融管理局法案》规定了金管局既是新加坡的央行，又是金融业的监管机构，兼具中央银行金融调控和金融监管的职能，是新加坡最重要的金融监管主体。金管局在宏观调控和金融监管中有相当的独立性和权威性，可以对衍生品实施有效监管。

金管局采用了董事会、总经理办公室和各职能司局的三层分级管理结构。董事会由政府官员、财政金融界、法律界等资深要员组成。金管局将其职能细分为经济政策、市场发展、金融监管和公司发展四个方面；各职能下设置相应的分组和司局，各司其职，对新加坡金融市场的运行进行管理（见图4－12）。

其中，金融监管方向下设的市场政策与基础架构司，以及市场发展方向下设的货币及国内市场管理司与外汇期货市场运行关系密切。市场政策与基础架构司负责制定资本市场政策，以确保市场公平、有序、透明及金融市场基础设施安全高效。该司还负责监督金融市场基础设施，包括交易所、中央对手方、中央存管机构、数据报告库等。货币及国内市场管理司负责实施货币政策，包括在其设定的目标范围内管理汇率，开展货币市场操作以管埋银行系统的流动性，以及发行政府债券。该司也负责维持新加坡外汇及货币市场的稳定及功能发挥，并促进新加坡元市场的发展。

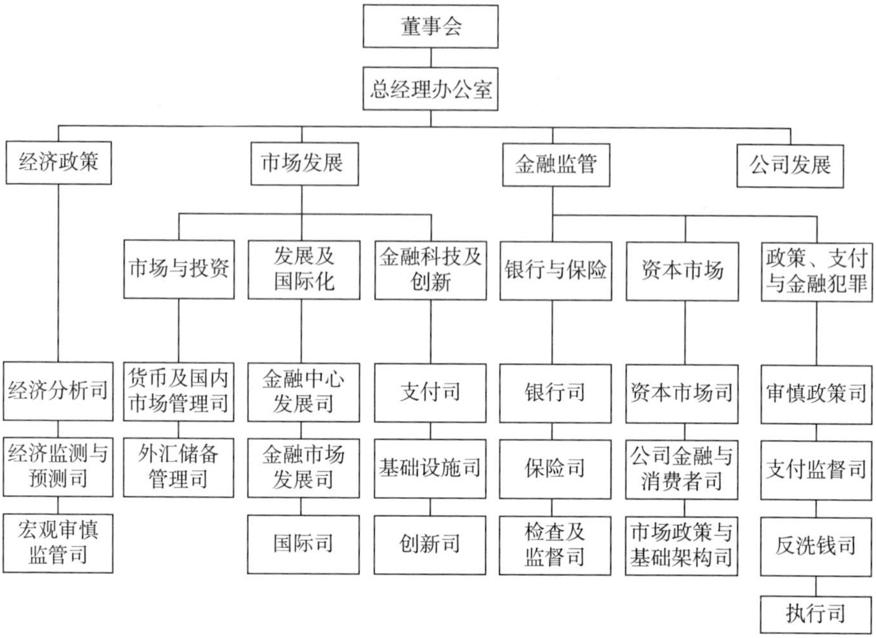

图4-12　新加坡金融管理局组织架构

（资料来源：新加坡金融管理局官网）

（二）监管分工

总体来看，金管局对期货市场的监管涵盖了从期货品种上市到持续运营全过程，但交易所自身具有较大的决定业务发展战略的权限，这有力促进了新加坡期货市场的快速发展。

具体来看，金管局和交易所之间的监管分工主要表现在以下几个方面：一是上市新产品由交易所进行自我分析评估，确保风险可控，并在上市两周前向金管局报告，即可直接上市交易。二是金管局制定相关的评估规则，供交易所参照执行。一方面，金管局要求交易所要有相关措施抑制价格过度波动，要确保每日结算价和交割结算价不易被操控，要有相关措施防范市场操纵风险；另一方面，金管局可协同交易所开展市场违规行为查处。交易所发现市场操纵行为的线索后，会与金管局进行沟通。普通的市场操纵行为，由交易所自行调查，情节严重的市场操纵行为，则由金管局与警方一起开展调查。三是金管局定期针对交易所开展现场检查工作。交易所在产品上市后要持续针对以上评估规则进行分析并记录在册，金管局会对交易所开展现场检查。对金融市场存在重要影响的交易所，则每年开展一次检查工作。

五、经验与启示

新加坡外汇期货市场发端于 1984 年，经历近 30 年探索，最终找到一条以人民币、印度卢比等新兴市场货币为突破口的成功之路。新加坡是全球第三大外汇交易中心，也是第三大人民币外汇交易中心，这为其发展人民币外汇期货奠定了坚实的市场基础。新加坡外汇期货市场后发优势明显，对我国境内外汇期货市场建设具有一定的借鉴及启示意义。

（一）以人民币为代表的亚洲货币崛起，为人民币外汇期货市场发展奠定基础

当前，亚洲新兴经济体发展迅速，对国际投资者的吸引力显著增强，推动人民币外汇期货等品种快速发展。一方面，G10 国家[①] GDP 占全球经济总量的比重逐年下降，亚洲新兴经济体 GDP 占全球经济总量的比重逐年上升，投资亚洲市场可以分享更优厚的经济回报；另一方面，G10 国家货币汇率与美元指数具有较高的正相关性，亚洲国家货币汇率与美元指数的市场走势、波动率的走势特征差异性较大。与其他亚洲经济体相比，中国经济体量更大，稳定性更强，国际社会影响力更广泛，人民币外汇期货市场发展的基础也更加扎实。

（二）新加坡外汇市场基础扎实，人民币外汇期货合约与制度设计科学

新加坡是全球第三大外汇交易中心，也是重要的大宗商品交易中心以及人民币离岸清算中心，发展人民币外汇期货市场具有更强的比较优势。同时，新加坡交易所本身的发展战略也起到了助推性作用：一方面，新加坡交易所

① 包括美国、日本、德国、英国、法国、意大利、加拿大、韩国、印度、澳大利亚。

是综合性交易所，上市交易品种涵盖股票、债券现货以及衍生品等，其中衍生品板块挂牌交易外汇期货、股指期货、国债期货、大宗商品期货等期货品种，从而构建起“一站式”避险管理服务体系。另一方面，新加坡交易所人民币外汇期货合约和制度设计科学，能够较好地满足各类投资者需求。其人民币外汇期货合约类型多元，涵盖标准合约、迷你合约、弹性合约，能够更好匹配各类投资者的风险管理需求；挂牌合约月份多、时间跨度长，可供短期、中期、长期投资者灵活选择；交易时间长，基本实现24小时不间断交易，可供全球投资者实时管理风险；现金交割机制设计合理，在确保交割结算价抗操纵性和公允性的基础上，能够更好满足交易商、对冲基金等投资者交易需求，从而为资管机构、实体企业等各类套期保值者提供流动性支持，形成良好的市场交易生态。

（三）人民币外汇期货市场发展需要精心培育

新加坡人民币外汇期货推出以后，历经数年悉心培育，才形成产品体系丰富、交易机制完善、投资者结构多元的发展局面。从市场培育的角度来看，新交所具有以下几方面特色：一方面，以商业银行为纽带，促进场内外外汇衍生品市场协同发展。外汇交易以场外市场为主，市场分层明显，商业银行是联结外汇批发与零售市场的纽带。新交所与商业银行建立密切联系，积极引入中资商业银行等开展做市商业务，为人民币外汇期货市场提供流动性，促进场内外外汇市场协同发展。这有助于调动商业银行积极性，为客户提供多样化的风险管理工具。另一方面，新交所重视依托中资背景期货经纪商渠道，双方在人民币外汇期货产品推介、投资者培育等方面积极开展合作，共同培育中资背景投资者参与人民币外汇期货市场。